复旦文史讲堂之一

八方风来

复旦文史研究院
中华书局编辑部
编

中华书局
ZHONGHUA BOOK COMPANY

图书在版编目（CIP）数据

八方风来／复旦大学文史研究院、中华书局编辑部编. —北京：中华书局，2008.2
（复旦文史讲堂之一）
ISBN 978 – 7 – 101 – 06003 – 4

Ⅰ. 八…　Ⅱ. 复…　Ⅲ. 社会科学 – 演讲 – 世界 – 文集
Ⅳ. C53

中国版本图书馆 CIP 数据核字（2008）第 007928 号

书　名	八方风来
编　者	复旦大学文史研究院、中华书局编辑部
丛书名	复旦文史讲堂
责任编辑	李　静
出版发行	中华书局
	（北京市丰台区太平桥西里38号　100073）
	http://www.zhbc.com.cn
	E – mail：zhbc@ zhbc.com.cn
印　刷	北京市白帆印务有限公司
版　次	2008 年 2 月北京第 1 版
	2008 年 2 月北京第 1 次印刷
规　格	开本/700×1000 毫米　1/16
	印张16　插页2　字数250 千字
印　数	1 – 6000 册
国际书号	ISBN 978 – 7 – 101 – 06003 – 4
定　价	36.00 元

序 言

　　人文学术自闭在象牙塔中已经很久了,自从知识升格为学术,而学术又锁闭在学院以来,人们常常抱怨,说如今的人文学者无论在论题、思路还是表达上,都仿佛是在喃喃自语,既失去了回应公众问题的力量,也丧失了关注知识问题的公众,仿佛一台失控的复印机,不断自我复制。也正因为这种自闭加上自得,使伪学术可以滥竽充数,非学术可以鱼目混珠,人们对那些满纸专门术语、排衙而来的引征和密密麻麻的注释的学术论著,渐渐敬而远之,却有可能把那些轻轻点缀了一些经典和胡乱攀附了历史的通俗娱乐,当成了真正的学术和历史。

　　2007 年 3 月复旦大学文史研究院成立,邀请了海内外一些著名学者前来观礼。因为不想把成立典礼变成纯粹象征性的仪式,便特别敦请其中八位来自美国、比利时、日本以及海峡两岸和香港的学者,在三天中分别为新创立的“复旦文史讲堂”演讲。复旦大学文史研究院从一成立起,就在提倡“从周边看中国”、“交错的文化史”等研究课题,演讲者们不同的身份和背景,不同的语言和内容,本身恰恰呈现了从周边看中国和交错的文化史,这里收录的,就是他们演讲时的“实录”。

　　为什么要出版“实录”? 这八位演讲人都是学有专攻的学者,他们讨论的话题当然都有深度和难度，但是，面对公众，特别是大学的师生，他们都尽可能地把问题说清楚，说浅显。可能至今复旦师生仍然记得当时的盛况（很多听众是坐在地上或站在走廊上，一个朋友比喻说，当时仿佛是被"挂在墙上"或"吊在天花板上"），这说明深入浅出的演说，是可以把艰深知识和清浅表述沟通，也是可以让专业学术和一般公众互动的。因此，这里把演讲做成"实录"，尽量保留主持人的评点、演讲者的口语，以及互动时的问答，就是想让后来的读者和当时的听众一样，有身历其境的"现场感"，换句话说，就是想更多地还原可以用耳朵听的真演讲，而不仅仅是用眼睛看的演讲稿。

古人常常重视"亲炙"，洋人则爱讲 face to face，那份现场的亲切和生动，和"遥看"是不一样的，"草色遥看近却无"。近年来，我在东洋和西洋的研究所或大学访问，常看到那里的学者们在休息日给公众办通俗讲座，或者在电台作系列历史或文化广播节目。要知道，能够获得这种演讲或广播的资格，并不那么容易，因为他要负担着"为公众传达真知识"这一使命，夸张一些说，"为公众"体现着民主价值，而"真知识"则象征着科学精神。可是，我们现在呢？却常常因为自高身价，而轻蔑地放弃了这种荣誉和责任，把这个直接面对公众的讲台拱手相让。

"复旦文史讲堂"还会不断邀请各国学者演讲，这里只是第一辑，第二辑也在编辑之中。选用了"八方风来"作为第一个演讲集的题目，来自《吕氏春秋·有始览》和《淮南子·天文训》，前者说，八风是来自东南西北八方之风，而后者则说，八风是一年中每四十五天不同的风，我们把八位学者的演讲集题为"八方风来"，兼取二义，不仅是说他们来自欧洲、美洲、亚洲四面八方，也表示我们希望，不断被邀请到"复旦文史讲堂"的演讲者，能够一年又一年地给我们带来思想和学术的新消息。

葛兆光

2007 年 12 月 21 日

目　录

放宽文史研究的视野

——复旦大学文史研究院成立典礼上的演讲辞

主讲人:葛兆光

葛兆光

　　北京大学中文系古典文献专业研究生毕业，曾任清华大学历史系教授，现为复旦大学文史研究院院长，历史系教授。主要研究领域是中国宗教史、思想史和文化史。主要著作有《禅宗与中国文化》、《道教与中国文化》、《汉字的魔方——中国古典诗歌语言学札记》、《中国禅思想史——从6世纪到9世纪》、《中国思想史》(两卷本)、《屈服史及其他：六朝隋唐道教的思想史研究》、《古代中国文化讲义》、《西潮又东风——晚清民初思想宗教与学术十论》、《古代中国的历史、思想与宗教》等。

　　今天大家欢聚一堂,庆祝复旦大学文史研究院的成立。复旦大学文史研究院成立于中国学术转型的关键时期,表面上看,传统的文史研究好像处在"瓶颈"状态,重复的复制和生产,让我们的文史研究越来越缺乏吸引力,也缺乏引导公众话题的能力,但是,正是这种令人烦恼的困境背后,却酝酿着新变化。为什么? 因为第一,这二十来年引进新理论、新方法、新观念,就好像吃压缩饼干,吞进去太多,现在到了要喝一口水、喘一口气的时候;第二,当下中国越来越多地出现的新资料,也在催促新的研究和解释范式;第三,特别是当下中国社会生活和文化状况的巨大变化,必然要求文史研究提供新的解释。所以,暂时的停滞是变化的开始,学术史常常就是这样一波接一波地变化的,我想,一个小小的文史研究院能否写入大大的中国学术史,要看我们是否能够参与学术史的变化。

　　说到近百年中国学术史,这里我想向大家报告一些感想。很长时间里,我特别关注两个现代中国办得最成功的研究机构,一个是1925年成立的清华学校研究院,就是俗称的"清华国学院";一个是1928年成立的中央研究院历史语言研究所,就是傅斯年开创,现在迁到台北的所谓"史语所"。这两个研究机构之所以能够办得成功,我想,从学术史的角度看,有以下三方面原因:第一,他们在研究领域上抓住了国际学界的关注点,而且在方法和工具上始终与国际学界同步。这就是陈寅恪讲的"预流",就是进入"世界学术之新潮流"。第二,不仅是"预流",中国学者的中国研究,并不简单等同于国外学者的"汉学研究",它必须建立中国的立场、问题和方法,当时的这些学者在这一点上有明确的思考。第三,仅仅有充分国际化的预流和相对中国立场的意识,可能还不够,清华学校研究院和历史语言研究所还得益于"天时地利",我所谓的天时地利,是说那个时代不断出现的新资料。像殷墟甲骨、敦煌文书、居延汉简和大内档案等,给他们提供了超出前人的材料,使得这两个研究机构在当时成为中国学界乃至国际学界引人瞩目的中心。

那么,时隔七八十年,新成立的复旦大学文史研究院,应当如何应对"世界学术之新潮流",它将在什么地方走自己的路呢?

第一,中国研究的新国际视野:从"虏学"到"从周边看中国"

对于以往历史和文化的研究,都是一种自我认识。今天,我想以"中国的自我认识"为中心,把以往的中国历史也分成三个阶段。

第一个阶段,是"以自我为中心的想像时代"。由于汉文明传统的强大,在没有其他文化传统对比的情况下,中国好像处在一个没有镜子的时代,这一方面形成了以自我为中心的天下观念,一方面形成以自身为天朝大国的朝贡体制。在很长时间里,尽管实际的世界知识早已经超越了汉族中国,但是在观念的知识世界里面,中国人仍然习惯地想像一个处在天下之中的、很大很大的"中国"。

第二个阶段是"一面镜子的时代"。我把晚明西洋人来到日本、中国和东南亚,看成是至今延续的这个"全球化"的开端。应该说,自从晚明,特别是晚清之后,在西方的冲击和比较下,中国人开始了对中国的重新认识,这当然是一个巨大的进步。然而,这种重新认识是以一个"西方"为基础的,从明清两代的"西学中源"说,晚清"中体西用"和"西体中用"的争论,经五四、科玄论战,一直到八十年代"文化热",其实,都是在这一面镜子下的自我认识。

　　第三个阶段是什么呢？即我常说的"在多面镜中认识自我的时代"。大家都知道，一面镜子是不够的，我们会问，这面镜子是正确的镜子呢？还是一面哈哈镜呢？它是认识自己的唯一镜子吗？它难道能够全面地让我们自我认识吗？就像我们在理发室里修剪头发的时候，仅仅靠面前的那面镜子是不够的，还必须后面有镜子才能看到后脑勺一样，我们是否还需要一面或多面西方之外的镜子呢？过去，好像中国人很少有意识地从自己周边的日本、朝鲜、越南、印度、蒙古等等的视角，来观察和对比自己。其实，中国与"西方"的差异对比，只能在大尺度上粗略地看到自我的特征，而那些看似差异很小，甚至曾经共享一个文化传统的不同国度的比较，才能真正认识什么才是"中国的"文化。

　　因而，从周边看中国，从周边各个区域对中国的端详中，可能我们会重新认知历史中国和文化中国。关于这个问题的思想史意味，这里无法详细讨论。从文史研究的角度，我更想讨论这一研究方向的学术史意义。如果我们回顾中国学术史，在某个角度上说，中国学术国际化和现代化的第一波，似乎应当上溯到清代中后期对于西北地理和辽金史、蒙元史的研究，在这一波中，关注视野不再仅仅是"汉语"、"汉文化"和"汉文献"，涉猎范围也不仅仅是儒家世界和传统经典，研究内容已经不仅仅局限在政治史的范围。在那个时代以后，中国学者的眼界才大大打开，这是一个巨大变化，也开拓了后来的学术新领域。第二波出现在二十世纪二十年代前后。这个时候，中国文史领域出现了一批学贯中西的学者，像王国维、陈垣、胡适、陈寅恪、傅斯年、汤用彤等等，他们接受了新的研究方法，又恰好有新发现的很多材料，这一机缘促成了中国学术国际化的第二波。"考古发现"刺激了地下和地上互证的两重证据法，"敦煌文献"刺激了语言学和历史学结合的研究方式，国外汉学的刺激，唤起了对中外文化接触的研究兴趣，各种非政府文书和非儒家文献的出现，引起了对经济史、宗教史、地方史的重视，而大内档案的使用，则促使研究者深入到政治深层、民间生活等等方面，促使历史研究传统的重心和边缘的移动。

　　那么,第三波究竟是什么呢? 我不能预言,但是我以为,"从周边看中国"这一课题,也许在某种程度上可以刺激思想和学术的变化。可以从三个方面来看:第一,我们注意到,在前两波的学术史变动中,关注的空间都在西北,与传统的丝绸之路重合,而比较少地注意到东边,比如日本、琉球、朝鲜、越南等等,可是,事实上这些区域所存的有关中国的文献相当丰富,大量的旧记载,如今恰是新材料。第二,近代以来我们习惯了中西文化对比,"西方"这个巨大而朦胧的背景,让人看起来中西文化差异似乎很清晰,但是实际上却相当朦胧。因此,也许通过那些看似文化差异不大的周边为对照,倒更能看出他们与我们之间,那些细微却又至关重要的文化差异。第三,这些不属于汉族的资料的使用和不在传统中国范围的历史和文化的讨论,会促进我们对于多种语文的关注。八十年前,傅斯年就曾经指出,要扩展研究的史料和使用的工具,借鉴比较历史和语言的方法,因为史料的扩充和工具的改进,就是学术的进步。

　　也许,现在是一个"需要多面镜子的时代",周边各个区域长期以来对于中国的不同认识,可能恰恰是很多面使中国自我认识更加准确的镜子,和这些曾与中国亲密接触、看上去有些相近的文明体比起来,那个长期以来当作比较镜像的"西方",似乎只是一面朦胧含糊的铜镜,虽然看得见整体中国文化的轮廓,却看不清具体文化中国的细部。所以,如果我们转身面向这个"周边",套一句经济学界常用的术语,也许,它将成为学术"新的增长点",因为这一研究领域的开拓,我以为引出的学术史变化,有可能是对语言工具的重新重视、对域外新资料的重视、对国际学术世界的了解。

第二,多元视野中的中国观点:与域外中国学的比较

　　其实,近百年来,对于"中国的周边"的研究并不是中国文史学界的特长,欧洲学者从十九世纪末二十世纪初,就已经开始了相当有成就的"中国周边研究",他们在这些研究中不仅使用了历史、文献、考古和语言学的方法,而且在地理、民族、宗教和风俗上甚为用力。受到欧洲的影响,明治以来

的日本中国学者更是关注所谓"满蒙回藏"以及中国周边,对于蒙古、朝鲜、安南、西域、西藏等等史地领域,都有相当深入的研究。

这是当年席卷欧美、日本以及中国的国际学术潮流,看起来,这一潮流有它的同一性,似乎是世界一致的风尚。不过,仔细考察就知道,无论在欧洲还是在日本,这一趋向自有其政治史和思想史的特殊背景。以和中国最为密切的东邻日本为例,如果说,从学术史上来说,它是学术近代化与国际化的推动所致,充分表现了它的现代意味,那么,从思想史的角度来说,这一学术风气中恰恰在看似纯粹的学术取向、学术方法和学术话题背后,隐藏了日本对于中国的某种特殊意图。

为什么这么说呢? 从学术史的角度看,所谓日本这一学术趋向的现代意味是很清晰的。他们采用和西方一致的工具、资料和方法,从事西方学界感兴趣的领域、课题和问题,并且采取和西方科学相同或相似的,被标榜为"中立"的客观主义立场和研究方法,追赶西方的学术潮流。甚至极力效仿欧洲来自传教士和人类学家的汉学传统,把"中国学"变成"东洋学",即把领域逐渐从汉族中国扩大到中国的周边,即所谓"中止了日本历来仅仅以中国史为中心的偏狭"。当时,日本学者多选择以满、蒙、回、藏为主的学术课题,都体现了这种追求现代性、融入国际潮流的趋向。然而,从思想史的角度看,这一学术转向背后却隐藏了很深的政治背景。明治以来逐渐膨胀的日本民族主义,对于过去亚洲最大的对手——中国,重新采取一种俯视的眼光来观察,不再把过去的"中华帝国"看成是庞大的"一个",而是借用欧洲流行的"民族国家"新观念,把过去所谓的"中国"解释成不同的王朝,这些王朝只是一个传统的帝国,而实际的"中国"只应该是汉族为主体,居住在长城以南、藏疆以东的一个国家,而中国周边的各个民族应当是文化、政治、民族都不同的共同体。自从明治时代以来,日本对于中国以及周边的领土要求越来越强烈。因此,当时的日本中国学者,对于中国"四裔"即朝鲜、蒙古、满洲、西藏、新疆出现了异乎寻常的热情,都有格外的关注。这种政治意图,在某种程度上激活了这一学术领域的研究取向,又逐渐从学术演变成一种理解中国的政治观念,这种纠缠了学术与政治的观念一直发展到二战前后,并在日本历史学界形成热门话题。

那么,我们讨论"从周边看中国",又如何建立和欧美和日本中国学研究相区别的立场呢?应该说,中国现代的文史之学,从一开始就与民族主义的立场和世界主义的潮流分不开,这是不必讳言的。我们提倡"从周边看中国",并不是打算重走过去欧美和日本对满蒙回藏的研究老路,我们提倡的"从周边看中国"仍然是聚焦中国史,这是不是有些逆现代学术潮流而动呢?我以为不是,因为在"中国"这个近世形成的文明空间和现代已经成型的政治国家,传统仍然在文化上和政治上强有力地笼罩这个地区,以中国这个"民族国家"为中心的历史研究,仍然有它的意义。

第三,交错的文化史研究:不必划地为牢

我们关注的重心在中国,也试图以"中国的文史"作为研究的主要领域,但并不是说我们想划地为牢,我们也想研究中国以及周边各个文明体在文学、宗教、学术、艺术等等方面的彼此互动。所谓"只知其一,便一无所知"确实是对的。尽管"看中国"是我们的研究重心,但了解彼此文化之间的交错,同样应当关注,只是我们不希望把这种接触、交错和影响,变成一种简单的流行的比较,而是希望透过文学、宗教、学术、艺术以及语言的具体接触史,看看这一文化的大链条,究竟是怎样一环扣一环地连接起来的。

我们不妨举两个例子。第一个是有关信仰的,早年宫崎市定曾经说到,1515年前后的欧洲在制作圣母像的时候,可能受到了东方观音形象的影响。也有人指出,因为观音和圣母形象的如此接近,所以,当时日本长崎的天主教徒受到迫害转入秘密之后,来自中国泉州制作的陶瓷观世音像尤其是童子拜观世音像,曾经替代了圣母玛利亚的塑像,被心中仍然向往天主的日本信徒膜拜。这个关系西洋、东洋和中国的文化现象是否很有趣也很令人深思呢?第二个例子有关祭祀乐舞。众所周知,明代中国国家祭典尤其是文庙祭祀孔子的乐舞,在古代中国是很重要的仪式和象征,根据比利时学者钟

鸣旦的研究,万历年间的宗室朱载堉在《乐律全书》中曾经对于这些乐舞有过富于创造力的阐述和改造,它引起了耶稣会士钱德明的注意,最早的一批有关舞蹈的图示被收录在1780年巴黎出版的一部书中。究竟这些整齐有序规模庞大的国家乐舞以及它背后的儒家涵义,对欧洲有什么影响,还需要研究。无独有偶,同样是万历年间,国家对于文庙祭祀孔子的乐舞,曾经由一个皈依了天主教的著名学者李之藻(1565—1630)进行修订,他的《泮宫礼乐疏》讨论乡校(即泮宫)中的圣祠,以及祭器、音乐和颂歌。然而,更有趣的是,李之藻的《泮宫礼乐疏》中记载的乐舞,又被明亡以后流亡到日本的虔诚儒家学者朱舜水,作为基本依据,用来为德川幕府制定祭孔典礼,因而成为后来日本孔庙祭祀乐舞的格局。从一个乐舞传播的过程中,我们是不是可以看到东洋、西洋和中国之间,文化接触中的连锁现象?

　　长期以来,我们的文史哲各个学科,不仅各自画地为牢,形成了各自的边界和壁垒,而且由于中国和外国的研究界限,使得我们的研究仿佛也像有了国界和海关一样,不办护照没有签证就绝不能出境,这也许在某种程度上限制了我们的视野。可是,文学、历史、宗教、学术、艺术、哲学等,常常并不需要护照和签证,自己就越境出界,构成交错的图景。只是需要注意,文化河流漫堤而出,会随着地势高低起伏的变化,改变流向,或急或缓,有时候积成大湖,有时候变成急流,一些看似相同的宗教、思想、学术和艺术,在不同区域生根,却会结出不同的果实。

结语:新资料、新方法和新典范

　　在文史研究领域,任何一个有意义的研究,都是从发现新资料开始的。在中国文史领域,过去百年中,有前面所说的四大发现,最近几十年里,不仅有大家所熟知的从马王堆到悬泉置的简帛大发现,也有包括陆续发现的石刻资料的收集,还有日益显出重要性的民众日常生活资料的发掘,将来,也许还会有"周边"关于中国的历史资料。资料仿佛是建楼的基础,没有一个坚实的基础,就好像在沙上建房,我以为,一个好的国际性的研究机构,当然需要在资料库的建设上下功夫,第一尽可能收集和保存新的文献资料,这是"预流"的第一步;第二,研究文史的文献资料不局限于传统的经典,也包括民间资料,不局限于文字文献,也包括图像与影像,不局限于中国的资料,也包括外国的资料,这是"拓宽文史研究视野"的必须;第三,尽可能形成一个自己的有特色的资料库,因为天下文献资料太多,没有什么研究中心可以包罗无遗。当我们有了新资料之后,如果还有新的方法,这些新资料将会向我们提出很多过去没有想到的新问题。无论这些问题将来被证实,还是被证伪,它都将引起学术研究典范的新变化。而因为有了新材料,又有了他们解读的新思路,学术史就会开辟出一个新天地,建立一个新典范。

最后,再让我们回顾一下现代中国学术史,1920 年代到 1930 年代,清华学校研究院和历史语言研究所,在文史研究的工具、资料、视野和方法上努力推陈出新,开出了中国文史研究的新局面,所以,这两个研究机构成了当时中国学界乃至国际学界引人瞩目的中心。七十年过去了,清华学校研究院已经成为历史,历史语言研究所则迁到了台北,那么,现在的中国大陆的文史学界,是否能够在这个国际国内形势越来越复杂的背景下重新出发,对传统中国文史有新的研究,不仅成为新的"国际学术潮流"的预流者,而且成为对中国文史进行新诠释的平台? 这将是复旦大学文史研究院成立的时候,时时要思考的责任。

谢谢各位,希望复旦大学文史研究院在未来一切顺利。

明末清初中国官方礼仪中的舞蹈

主讲人:钟鸣旦(Nicolas Standaert)

主持人:葛兆光

钟鸣旦

巴黎塞弗尔中心哲学神学学士、荷兰莱顿大学博士。比利时鲁汶大学汉学系系主任、教授。主要从事明清基督教传教史的研究。著有 *The Gospel and Cultures*；*The Fascinating God：A Challenge to Modern Chinese Theology Presented by a Text on the Name of God Written by a 17 th Century Chinese Student of Theology Methodology in View of Contact Between Cultures；The China Case in the 17 th Century*；《可亲的天主：清初基督徒论"地"谈"天"》；《本地化：谈福音与文化》、《杨廷筠：明末天主教儒者》等。

葛兆光 | 北京大学研究生毕业，曾任清华大学教授。复旦大学文史研究院院长、历史系教授。研究领域为中国宗教、思想和文化史。

葛兆光：

各位女士、各位先生，今天是复旦大学文史研究院主办的复旦文史讲堂的第一讲。复旦文史讲堂将会陆陆续续地推出。由于明天将要举行复旦大学文史研究院的成立典礼，所以我们特意请了很多朋友，请了很多学者明天来参加，在这两天会有八场演讲连续举行。当然以后就不大可能是这样了，但是我们也会长期坚持地做下去。今天第一讲，我们邀请比利时鲁汶大学钟鸣旦教授来讲，他讲的题目大家都看到了——《明末清初中国官方礼仪中的舞蹈》。

大家可能都知道孔子有一句名言："八佾舞于庭，是可忍也，孰不可忍也！"一个跳舞的事情会变得如此的严重，我们就可以知道舞蹈在古代中国，有什么样的非常复杂的涵义在里面。在我的印象里，传说中上古如果说是一个非常美好的社会的话，他会用一个"百兽率舞"这样的话来形容。可是如果到了一个要表达文化涵义非常复杂的时候，就会有"季札观乐"这样的事情。任何一次官方的礼仪活动里面的舞蹈，背后都有很多权力、象征，各种各样的东西在里面。

钟鸣旦教授今天给我们讲的明末清初这段时间，正是一个非常有趣的历史时期。大家都知道，凡是官方仪式中要举行的舞蹈，历来跟很复杂的政治意识形态是联系在一起的。钟鸣旦教授今天要讲的内容,是因为他发现了很多新资料,而且不仅仅是一个中国的官方的礼仪中的舞蹈问题,还因为这些礼仪中的舞蹈资料传到了很遥远的欧洲。我相信他今天讲的内容会是非常的精彩。我们现在欢迎钟鸣旦教授。

钟鸣旦:

各位教授、各位同学,大家好!首先我要特别感谢葛教授请我到这里来做演讲,对我来说,这是一个很大的荣誉。我也希望通过跟你们的交流,能加强彼此的了解。作为一名复旦大学的老校友,我曾经在1983年在复旦大学留学,当时我的导师是潘富恩教授。我特别高兴,因为今天潘教授也在座。在我留学时期,他给了我许多精心的指导和帮助,对我以后的研究有很重要的影响。

今天的题目就是《明末清初中国官方礼仪中的舞蹈》。我想用这些图示给你们介绍礼仪舞蹈,这是文史研究院的一个研究方向,不只是用文献,也想用图像来解释某一个文化的背景。所以,我也想用图像的方法给你们介绍这些舞蹈。

首先我想给你们介绍一下我研究的背景,因为它跟我的研究有密切的关系。我主要的研究,就是明末清初的中西文化交流。以往对于这个题目的研究,我们主要集中于思想与科学的交流,很少关注礼仪这方面。然而我们都知道,礼仪是中国文化很重要的一个特色,所以在研究礼仪在中西文化交流中的地位之前,首先要了解礼仪在中国文化中的地位。我希望研究礼仪舞蹈能帮助我们了解中国礼仪的一些特点。虽然舞蹈是一个微观的题目,但是舞蹈本身历史久远。最先把这些图示介绍给欧洲的,是清代中期的一位西方传教士——钱德明,所以我从他的资料入手研究舞蹈。

我演讲一共有六个题目,我先从礼仪中的舞蹈开始。钱德明是一位法国传教士,到中国之前已经对音乐感兴趣,在法国时已经会弹奏西方的乐器。他1750年到了北京,在中国待了四十多年。一开始在中国,他想把西

方的音乐介绍给中国人,可是中国人对他的音乐不太感兴趣,对我们来说
这很幸运,为什么呢?因为他从这个时候起,对中国的音乐开始感兴趣。
他在中国待了四年以后,已经可以给欧洲写一些报告,介绍中国的音乐,
1754 年的时候,他写了一篇文章,"De La musique moderne des Chinois",
就是《中国现代音乐》。现代音乐是什么意思?就是康熙皇帝以来的音乐。
这篇文章 1761 年在法国的一本杂志 Journal étranger 上发表了。我费了
不少时间去查他原来的资料是从哪里来的,发现他的资料实际是从《大清
会典》雍正朝的版本描摹过来的,原来的书稿就有这样的一些图。比如说
这些旗子,你们可以看到,这里是《大清会典》原来的图,从中国图上直接描
摹过来的,是完全一样的。这类的图在那个时代的书里很多,可是只有这
个图跟钱德明的图是完全一样的。在左边的图上,你们可以看到麾的实
物。这是另外一个图,比如说这是一个柷,奏乐开始的时候,或者结束的时
候,要击柷。这是你们都认识的乐器。这些乐器是什么时候用的?我想我
们可以用这幅相当有名的画来给你们介绍它们的用法。这幅画画的是祭
先农帝的情形。你们大概也都知道,先农是中国传统中最先教农民耕种的

祭先农图

神农。祭先农的活动在先农坛举行，这是雍正祭先农坛的一幅画。这个祭祀是什么样的祭祀？祭祀是宫廷中重要的典礼活动，属于所谓的五礼中的祭礼。五礼中的祭礼分三种：大祀、中祀和群祀，祭先农的属于中祀。

　　礼仪的图示有两种，一种是指定性的或者规定性的图示，prescriptive dist，意思就是说指定人应该怎么做。相反的是描述性的，描述性的就是 discriptive dist，意思就是说具体描绘情况怎么样，不是说应该怎么做。我们在这儿看到的这些《大清会典》的图片是指定性的文本，中间就是先农的

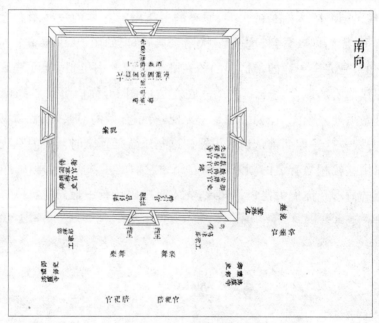

《大清会典》中的祭先农位次

牌位。对我们来说最重要的就是图中"舞"跟"乐"这两个字，因为"舞"跟"乐"的意思就是舞生跟乐生，我们后面会讲到他们。先继续看这个描述性的文本，因为我们刚才看到的这幅画就是一个描述性的文本，把两者放在一起可以很清楚地来比较，前面有羊有牛还有猪。那么我们回头看这幅画。这幅画，我们看这三个乐器，这就是刚才钱德明描绘的乐器，麾、柷还有磬都在。

　　我们现在来看一下这些舞生跟乐生他们属于哪个机构,这在明代到清代有一个变化的过程。明代礼部里面有一个太常寺,礼仪当中或者祭祀当中的舞生,都属于礼部的太常寺。乾隆时代,1742 年,新设了一个乐部。乾隆时代舞生属于乐部下辖的神乐署。我们再来看一下明代和清初有多少乐生和舞生。我们知道,1380 年左右,一共有三百个舞生跟乐生。当首都从南京迁到北京之后,就是 1421 年左右,有三百人留在南京,有三百人搬到北京去。1526 年,明世宗在位的时候,他非常关注礼,结果乐舞生的人数也增加了。可是从 1546 年以后,他的兴趣减弱了,结果乐舞生的人数也减少了,这一点我们可以看得很清楚。在 16 世纪中期,一共有一千一百五十三个乐生跟舞生,到清代,就只剩下四百八十个,我们现在很清楚地知道在这四百八十人中一共有三百人是舞生,一百八十人是乐生,所以你们会很清楚地看到,实际上舞生比乐生多。他们的身份是什么? 这也很有趣。《太常续考》里有一个很清楚的解释,实际上他们的身份,是所谓的道童。对这些道童我们也不完全了解,具体的年龄也不太清楚。我们知道道童大概指乐生跟舞生全体,由民间和军队选拔的少年俊秀,他们是从民间选出来的。后来过了一段时间,“文舞生于教官学生内、武舞生于军职舍人内选用”,舞生的身份发生变化,这里说得相当清楚。我们也会看得到原来的身份好像跟道教有一点关系,并且刚才看到的这些名字,也看得很清楚,这个神乐署也跟道教有关系。

　　我们回到那幅画,因为我们还没有注意到舞生前面都是当官的人,我们现在集中于这些人。武舞生为什么要在前面? 因为祭礼一共有三献,初献是武舞生的舞蹈,亚献跟终献是文舞生的舞蹈,所以武舞生排在前面。我们可以看到他们的道具,道具有什么? 就是矛跟盾,也就是干跟戚,这是原来的名字。并且你们会看到舞生一共有四列、八排,这是刚才提到的八佾的一部分,我们在这儿只看到四列,对面还有四列,一共有八列跟八行,所以八佾的意思就是八行跟八列,一共有六十四个舞生。我们现在看到这些文舞生正在等待,可能一会要上去舞蹈,他们在亚献和终献时会有舞蹈,

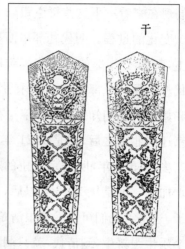

干和戚

同样的一共有四列八行。他们的道具是什么？都是翟和籥，翟是用野鸡的
羽毛做的。他们的衣服都是用红绢做的。皇帝祭祀的时候，会用八佾。但
是在地方的孔庙里面，只有六佾。在孔庙举行的祭祀孔子的活动，名为丁
祭。丁祭的意思是什么呢？就是从清代以来，大型祭孔活动，每年两次，时
间为仲春上旬的丁日，和仲秋上旬的丁日，这叫丁祭。实际上在历史上这
些道具也有一些发展过程，比如说翟在明代有三根羽毛，从清代康熙时代，
只有一根羽毛，我知道有这样的一个演化过程，虽然我现在还不知道这种
演化的原因是什么。

　　你可能会问这些舞生的性别是什么？他们都是男性，没有女性。在宫
廷里面，会有女性舞蹈，可是女性的舞蹈，都是宴乐时候的舞蹈，她们属于
另外一个部门，她们是教坊司的，不是我们刚才提到的太常寺。只有在一
个很短的时间内也有女性参加的一种祭祀，就是所谓的先蚕祭祀活动。明
世宗的时候，因为他对礼非常感兴趣，所以他想设计一个像祭祀先农那样
的祭祀先蚕的礼仪，这个祭祀只有女性参与，连乐生也都是女性的。可是
这个祭祀没有舞生，为什么呢？在《明史》里面有这样一个解释，皇帝以为
"舞非女子事，罢不用"。所以这里面没有女性当作舞生。

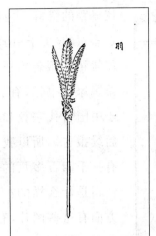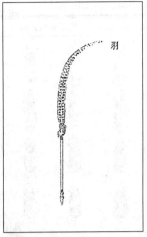

明代和清代的翟

　　好,这是一个简单的介绍,我们继续看钱德明的资料。钱德明在中国待到第四年的时候,已经把这些资料介绍给国外,可是由于他对中国的音乐感兴趣,所以他接受的主要是礼仪当中的音乐。过了三十年左右的时间,他开始对舞蹈感兴趣。在1731年他写了一篇文章《中国古代的舞蹈》,是李光地的书的选录。李光地是清初很有名的官员,写了不少的书,像《朱子大全》、《性理精文》,其中也有《古乐经传》这本书,钱德明把这本书的一部分翻译成法文,介绍给法国人。我们可以确定有不少的人投入这个事情,我去查英文跟法文的,我们可以确定是一模一样的资料。钱德明跟法国路易十五的部长关系很密切,所以他常常把一些科学方面的资料寄到法国去,这些资料后来发表在法国很有名的一套书中。这套书一共有十五册,名字是《北京传教士关于中国人的历史、科学、风俗习惯等的报告》(*Mémoines concerinant I´Histoine . les Sciences, les A´res, les Moeurs, les Usages, etc. des Chinois, par les Missionnaines de Pékin*)。这就是那本书,有这个图片,这是第一次在欧洲发表的关于中国礼仪的图片。我们看这图片跟这个很像,我后面会告诉你们它的来源是什么。除了这些发表的资料以外,我的一个朋友跟我一起发现,在马德里的一个档案馆,有很多关于礼

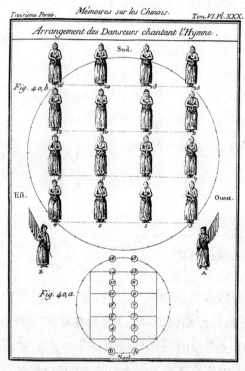

最早在欧洲出版的中国舞蹈图片

仪舞蹈的资料，比如说有一个九百多页的《关于中国古代宗教礼仪舞蹈的报告》，还有在法国巴黎国家图书馆，有五百多页《关于中国古代宗教和礼仪舞蹈的后续报告》，所以我们看到一共有一千四百多页的资料。这个资料是什么样的？你会看到一方面有这些图片，有中国字，也有那个时候的法国注音，跟现在的拼音不一样，并且有的时候也有法文的解释，法文解释的就是这些乐器。你们可以看到，这都是从中文的资料描摹过来的，是一模一样的，跟刚才看到的那些资料是一样的。有的时候，比方说这个图片跟普通的版本不一样，可是你们会发现它跟这个是一模一样的。

　　好，我现在总结一下钱德明的一些特点。第一个特点就是，他原来对中国的音乐感兴趣，可是他很快就发现在中国，诗歌跟音乐跟舞蹈连在一起，这是为什么他用中国的方法来研究诗、乐、舞。第二个特点，实际上钱德明对其他的学科也非常感兴趣，他对数学、对历史、对满文非常感兴趣。那个时候法国的传教士他们的中文很好，他们的满文也非常好，所以他们用很多很丰富的满文的资料，比方说钱德明也写了关于满文的一本语法书。可是值得注意的是，我们也会看到，不管是中国或者法国研究舞蹈的人，对数学、历学都感兴趣。第三个特点就是他的精确性，就是说他详细地、准确地描摹中文的图示，没有做任何的改变，表明他用一种可以说是现代的科学的方法,去研究中国的音乐或者舞蹈。我们也会发现他的一些文章是关于中国古代的音乐或者舞蹈,也有一些是关于近代的或者对他来说现代的音乐。可以说他参与这个复古的活动,就是要让中国的文化在历史上占据一流的地位。他在最后的一篇文章中写的一句话说:"当欧洲人仍活在野兽中间时,中国人已经有优美而温雅的舞蹈传统。"所以他的目标就是给欧洲人介绍中国的传统,因为欧洲人还在野兽中间时,中国已经有这样文雅的文化,所以一定要让中国的文化在历史上占据一流的地位。这是第一个问题。

第二个问题是资料的来源,我们现在去看他的资料是从哪里来的。他的资料是从朱载堉的资料描摹过来的。朱载堉是谁? 朱载堉是明宗室郑恭王厚烷的儿子,他的父亲批评皇帝,因为他认为道教在宫廷的影响太大,他因此获罪入狱。后来他的儿子在王宫外找了一间房子,在那儿钻研乐律。在音乐史上他是最早用等比级数,平均划分音律,系统阐明十二平均理论的。我不研究音乐,可是对音乐家来说,这是一个很重要的发现。朱载堉 1606 年写了一本书,就是《乐律全书》。《乐律全书》包括了他差不多花三十年写作的有关历法、音乐和舞蹈的著作。他把这本书进献给皇帝,可以说这本书就是 1525 年左右的"大礼议"的一个新成果。明世宗是武宗的堂弟,他诏令礼官集议他父亲兴献王的祀典和尊号。所以很重要的一本书《大明集礼》就是那个时候编的,我们以后还会看到这本书。

我们可以说《乐律全书》属于所谓的实学,当时理论界以实学思潮为主,学者特别关注切实的学问,《乐律全书》也深受这个思想的影响。明清也有一个复古的思潮,学者们也希望恢复旧制以更好地改良今制,所以这本书也属于复古思潮的一部分。研究这本书我们会发现,朱载堉强调对事实资料的收集和整理,他非常注重对音乐和舞蹈的解释,他具体地去看或具体地去了解,应该怎么舞蹈。这本书的印刷质量很好,朱载堉亲自绘制六百多幅图示,我们会一步一步看到。这本书里面我现在只关注舞谱,没有去看别的内容,他的书中有三种舞蹈,第一是《六代小舞谱》,第二是《灵星小舞谱》,《灵星小舞谱》是祭后稷的舞蹈,第三是所谓的"字舞"。

　　六代舞是什么呢? 六代舞分大舞和小舞,但实际上大舞跟小舞的含义也不能完全确定,明代的相关著作也讨论这个问题。他们用了哪些资料来讨论? 最重要的资料就是《周礼》。在《周礼·春官》里有一句话就是:"……以乐舞教国子舞云门、大卷、大咸……""大卷""大咸"等等都有"大"字。《礼记》里面说:"三岁舞勺,成童舞象……二十岁舞大夏。"所以有人说大舞,是成年人的舞。

　　那个时候的学者有人说小舞是没有行列的舞蹈,就是一个人的舞蹈,也就是"独舞"。可是另外一些学者说,小舞是"年幼者之舞蹈",就是十三岁到二十岁的青少年表演的舞蹈,有这两种解释。朱载堉把大舞和小舞合并,将舞蹈分为文舞和武舞,实际上《周礼》里面有四个武舞、两个文舞,可是对他来说有三个武舞,三个文舞。在这儿你们可从看到舞蹈的道具,他每次回到《周礼》查考应用什么道具,并考察出传说中每个舞蹈的创造者,这是按照传统的解释。

《大明集礼》中的人舞

　　这是所谓的人舞。我刚才已经说了他每次到《周礼》中查考原来的道具,比如说上面是《大明集礼》的道具,这是朱载堉的道具,他的道具和《大明集礼》不同,他用的是《周礼》的道具,是所谓的箫——竹制管乐器。

　　我刚才介绍的是乐舞,有大舞还有小舞。舞蹈的三十二个势就是基本的动作,不管是对独舞还是双人舞,比如说我现在给你们看第一个舞蹈的八个势,一、二、三、四、

《灵星小舞谱》

五、六、七、八，后面会进一步给你们介绍一下，所以现在很简单，后面会复杂一点。这是第一类六代舞。第二类就是《灵星小舞谱》。《灵星小舞谱》就是少年男子表现各种农业劳动的舞蹈，所以道具也都不一样，有镰，有镬，有锹，等等，每次表示不同的农业劳动，在这里看得很清楚，都是这些道具。第三类就是所谓字舞。字舞是什么呢？就是将一组字用舞蹈表现出来，有十六个人参加的舞蹈中，依次组成"天下太平"四个字，天、下、太、平。这只是这个舞蹈的一部分，我希望你们把他每次不同的动作，很仔细地演出来。你们现在已经看到,这是一个了解数学的人在做这样的研究。

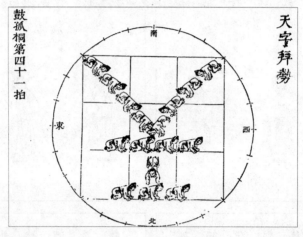

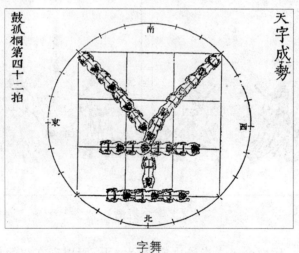

字舞

　　为了说明朱载堉著作的背景,我们可以考察朱载堉之前和之后的著作,以更好地了解他对舞蹈发展的贡献。我们现在暂时不看朱载堉,先来看一下明末清初舞蹈发展的过程。我们的这个研究可以用哪些资料?可以说共有四种资料。第一类是所谓的理论上的资料,意思就是说有一些那个时候的学者,他们因为"大礼议"而去研究古代舞蹈的方法,所以写了关于古代舞蹈的著作。第二类就是祭祀的资料,比如说《阙里志》——《阙里志》就是曲阜这个地方的地方志,或者文庙的资料。第三类就是教育方面的资料,比如说《太学志》《国子监志》《南雍志》,《南雍志》就是有关南京的太学的著作。第四类就是类书中的资料。我想最早的印刷的图,这是宋代的——实际上这些图片大部分是从《四库全书》里来的,可是原来的这本书还在,这是最早的。你们现在看到的就是所谓的人舞,这是唯一的没有使用道具的舞蹈。《大明集礼》或者明末的类书,像《三才图会》中的人舞图

《苑洛志乐》中的"大武"图

示,都是一模一样的。在中国也有从原来的资料描摹过来的一样的图示,这是第一类。第二类是这些图示——实际这些图示的资料也不算很多,这些图示的特点就是,我们是从观看者的角度看这个舞蹈,我们看不到他的正面,只看到他的背面。这是音乐或者音曲调,我们还可以看到图上有"进"或者"退"这两个字,这是说明舞蹈的基本的活动,所以这是第二类。可是我只发现了两本书有这类的图示。第三类是最普遍的,就是这个。看的顺序是这样的,一、二、三、四。演唱古代诗歌,每个字跟每个调的姿态都

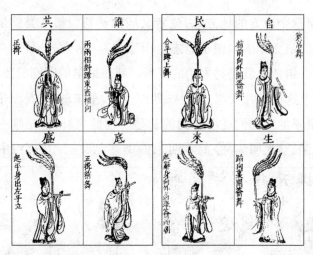

《南雍志》中的"大夏"图

《阙里志》中的舞蹈图

相对应,所以你们看,有诗歌的字现在还没有这个调,可是已经有这个姿态了,每次都不一样。这是我们刚才看到的是《阙里志》里的图片,你们看得很清楚,是一模一样的。这是《南雍志》,《南雍志》对舞蹈动作的解释已经多一点,我们会注意到这一点。这是《三才图会》,图片都是一模一样的,可是在文字上这里不仅是解释不一样,也加了曲调。

我现在把我找到的所有的图示放在一起,就构成了从16世纪初一直到康熙时代的舞蹈演变的过程,我们现在仔细地去看这个过程有什么变化。第一我们可以看到最早的图示,实际上只有图示并加上适合的字,没有任何的解释,也没有曲调。在第二阶段加上这些对动作的解释,就是"蹈向里开籥舞",我们也会发现以后的图示解释更多,过一会儿,我们再讲这一点。仔细看舞生那个帽子,因为这是很典型的明代的。这幅图是清代的,很有趣,这上面舞生头上前半的头发刮掉了,这是满族的影响。

我们要记住这一时期还有一个李之藻,他也对舞蹈做了一点贡献。李之藻是谁?他是明末的一个学者,他跟西方人的关系相当好,也跟利玛窦的关系相当好,他翻译了不少数学方面和天文学方面的书。他编了一本西学方面的类书——《天学初函》,这是很有名的一本书。我想他很大的一个贡献就是,他和葡萄牙传教士一起翻译了亚里士多德的著作。最近也有人翻译亚里士多德的著作,但是很少有中国人知道 16 世纪已经有这样的一个版本。这个翻译得非常好,并且有一个特点,我们现在把亚里士多德翻译成中文,是用现在的词汇来翻译,可是现在哲学上面的词汇,可以说都是西方的词汇,他们那个时候翻译亚里士多德,用宋明理学的词汇来解释、来翻译亚里士多德的著作。我对这些著作就不继续谈了,我主要关注他写的《泮宫礼乐疏》这本书,这本书很少有学者去研究。泮宫是西周诸侯所建的学宫。这本书里面有舞蹈,印得非常好,也研究得非常好。你们看这幅图也是两个人的舞蹈,不是独舞。我们看这个注释,在这里写的是"开翟籥向上,起右手于肩,垂左手于下……"。可是你能看到这些图实际上是不对称的。这是右图,这是左图,这两者是不对称的。我也找到了它的来源,可以看到印刷的质量是不一样的,这本书印刷的质量非常非常

《泮宫礼乐疏》中的舞蹈图

好,印得很漂亮。我们现在看这个图示,这里写的是"出右足",在这里写的也是"出右足",可是图上画的并不是出右足;在这里写的是"转身向东",而图上画的却不是向东。为什么会有这个问题呢?清初的图片一方面沿用明代的图示,也有明代的注释,并且把李之藻的注释也放在一起,可是这个解释跟这个图示是不一致的。我们可以看到,清初好像是在做闭门造车式的研究,只是从文献去看舞蹈,而不是从实践的角度去看舞蹈,所以好像理论和实践有脱节,好像清代对礼仪有一点不受重视,有一点衰落了。

我们刚才回顾了明末到清初舞蹈发展的历程,现在回到朱载堉的著作,进一步看他的贡献是什么。做这个之前我先综合一下。我们现在看的图示,就是刚才看到的那个图示,可以说是后来的模仿原来的图示,没有什么特别。可是这些作者,跟其他的学科有关系,所以图示变得复杂起来了,原来没有解释,后来加上音乐曲调,后来有对音乐的解释。为什么有这样的变化?我还不完全清楚。我们可以问,这个图示的作用是什么?一方面有一些学者,他们从理论上去专门研究古代的舞蹈,另外一方面,比方说大学士,是教训年轻的学生去舞蹈——像在曲阜的孔庙,可能最重要的目标就是如实记录舞蹈的场面,或者那些类书里面,可能是记录而不是专门去研究这些题目。我们已发现了图示跟注释的关系变化的过程,因为在最后一个阶段理论跟实践是脱节的。对我来说很大的一个问题是,这些著作是描述性的著作,还是指定性的著作?以后还会提到这个问题。

我们现在探讨第四个题目。我们通过《乐律全书》中的舞蹈图示来看舞蹈的实际动作。我们刚才看到的那个图片,上面写的是"上转","上转"是什么意思?实际上每个舞蹈有四个转,上转、下转、外转跟内转。朱载堉首先规定舞步的四转,他把道德的意思跟每个转连在一起,这个也很重要,四个转身的动作代表四种道德伦理,这是第一。第二是图上"非字第一春"这句话,我费了两年的时间来思考它的含义。它是这个意思,你听"非"这个字的第一春要转身,意思就是说"非礼勿视,非礼勿听,非礼勿言,非礼勿动",这四句的节奏就是嗒—嗒—嗒—嗒,所以你听,"非——礼勿视,非——礼勿听,非——礼勿言",你听"非"第一春你要转身,就是这个意思。你们都知道这是《论语》里面的一句话,所以这里用它来代表舞蹈的道德含义。最后还有"转初势",实际上一共转有八个势,代表三纲五常。所以我们看到,朱载堉把礼仪道德化,并且把道德礼仪化这点很重要。对他来说,为什么一个年轻的将来去当官的学生要去舞蹈? 因为通过舞蹈他可以学到道德,每种姿式每个动作都有相应的道德意义。你们看这是上转,还有下转等等,每个势有八种。还有脚位,脚位一方

《乐律全书》中的舞蹈动作图示

面有北、南、西、东四个方向,以后你们还可以看到三种脚的动作,一个是不动,一个是蹈,还有踏——蹈是脚尖着地,踏是脚跟着地。我想每个人有七十二个脚位,每张图示都很大,印得都非常好,我在普林斯顿大学,看到明代的那个版本,印得非常好看。

　　朱载堉非常关注不同的学科,他是数学家,也对历学和舞蹈感兴趣,可以说钱德明就像朱载堉一样,他们两个人的共同特点就是详细性和精确性。朱载堉也参与复古的活动。有的时候他给舞谱添加一些资料,我们可以看到这个道具,就是他添加的,有的时候他删去一些资料,比方说你们看到他的一些图片里面舞生没有帽子,因为他认为原来周代的资料没有提到帽子,所以不需要戴帽子。他也可以说创造了"舞生"这个词汇,因为他是第一个提倡舞蹈应该成为一门专门学问的人。

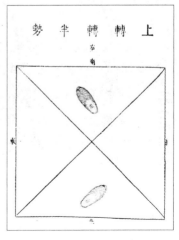

《乐律全书》中的脚位

　　我们现在还有一段时间,简单地看一下清初跟清末的舞蹈的变化是怎么样的。在这个过程当中最重要的就是所谓的规范化。我们刚才看到顺治康熙的时代,好像对礼仪舞蹈的研究有点停滞了,并且衰落了。可是乾隆时代,特别是乾隆初的时代,发生了比较重要的礼仪改革,比如说我已经提到的乐部的设立。下面我们考察一下乾隆时代一直到鸦片战争以后的舞蹈。

　　乾隆时代很重要的一个著作是《御制律吕正义后编》,这个著作里面有这样的舞蹈图式。我们先看这是怎么样的一个著作。实际上康熙的时代有一本书是相当重要的,就是《御制律历渊源》。《御制律历渊源》有三个部分,一个跟天文学有关系,一个跟数学有关系,还有一个跟音乐有关系。你们可以看到这个天文学的部分相当长,数学的也比较长,音乐的很短。实际上在这些书里面有不少西方的资料,特别是数学方面的资料。乾隆时代,数学的部分没有改变,所以我们可以说乾隆时代的数学在康熙时就已定型了,没有很大的变化。天文学有一点补充,这个部分也不算很长。可是我们看到《律吕正义后编》部头很大,有一百二十卷,这一百二十卷之内有三十多卷,都是讨论礼仪舞蹈。就是这样的图片,我们在这里不只是看到皇家的礼仪舞蹈,而且看到各个省祭祀的舞蹈。这是"直省文庙"的舞蹈,你们看有这样的解释,有左有右,图上还有简单的解释,跟原来的图示方法很接近。从1746年到鸦片战争这段时期,我没有找到新的著作,只是从鸦片战

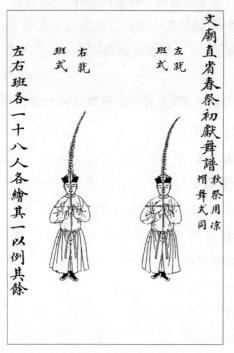

《律吕正义后编》中的舞谱

争以后找到这类的著作，很丰富，为什么呢？因为不只是官员或皇家出版这些资料，而且地方的文庙也出版这些资料，你们会看到这些著作跟原来的乾隆时代的舞蹈是一模一样的，都是按照这样的方式去舞蹈，所以很清楚地看到舞蹈有这种规范化的趋向。我也找到一些书，可是不知道具体是什么时候出版的。你们在这里看到一些书稿，有差不多二十五页，这二十五页都是描绘这个舞蹈，没有其他任何的解释。这上面说是福州某个庙的文舞的舞蹈。

最后的图示就是《大清会典图》。这个书很特别，因为虽然名字是《大清会典图》，可是实际上在这个书里的舞蹈图示很少，每幅图只有两个人，然后有这个解释，没有任何的图片，有点像康熙时代的最后的那一段的图示。

现在做一个简单的结论。第一个结论就是关于舞生。我们实际上知道他们的数量很少，只有三百个左右，可能在地方的文庙也有一些，是由学校的生员充任舞生，而且不许长期担任。我们也知道他们的角色很有限，对我们来说很大的一个问题就是，关于他们的生活跟感情的资料很少，基本上没有，也就是说我们不知道他们舞蹈的时候有什么感受，他们对工作是什么态度。我们只知道他们的地位比乐生低一点，因为我们知道，他们的收入比乐生低。这也是我对舞生研究的最大的缺憾。相反的，有关舞蹈图示的作者的资料相当多，我们知道他们都关注数学、历法、音乐和舞蹈，对我们现在人来说，他们一方面是数学家，一方面是研究舞蹈或者研究音乐的专家。可是我们很清楚地看到这些人怎样把这些学科结合在一起，这就是为什么我认为舞蹈是礼仪的几何。在那个时候，不管是在中国或者在西方，数学跟礼有密切的关系，为什么呢？因为算术实际上是音乐的基础，我们都知道研究音乐是跟研究算术联系在一起的。并且几何跟历法有密切的关系，因为需要用几何来看天象。音乐跟历法跟礼仪有密切的关系，因为靠天文决定什么时候祭天。比方说我们需要一个历法，并且礼仪当中也有音乐，也有舞蹈。我们从朱载堉的著作可以很清楚地看到历法跟几何跟舞蹈是联合在一起的。第三个结论,我们在舞蹈演进中也看到一些历史的改革,一方面我们看到不同的机构,有的是孔庙,有的是国子监或者天坛;也有不同的作者,有学者,有官员,也有皇帝,实际上没有舞生写这样的著作。我们看这个过程,原来的著作好像最重要的目标就是描述一个舞蹈,后来朱载堉跟李之藻就是比较有创造性的一个阶段。康熙时代可以说是礼仪有一点停滞的一个阶段。最后就是舞蹈的规范化,就是钦定的著作,具体说就是皇帝将舞蹈规定下来,不许有变化。我们看鸦片战争后的著作跟乾隆时代的著作是一模一样,没有区别的。我们看到舞蹈既是礼仪的空间化——因为礼仪都在一个空间内表现出来,并且也是伦理的礼仪化。

我们也可以从文化的交流来看这个题目。为什么从文化的交流来看这个题目?因为,过去在欧洲基本上没有这类的舞谱,只是在19世纪末才有这类的舞谱。这跟照相技术有关系,为什么呢?因为这个舞谱怎么印的?一个舞蹈就是一个动作,如果我做这样的动作,你怎么去影印?如果有一个照相机,你可以放不同的照片来影印这个动作,可是,如果用印刷的方法来影印,就有一点不一样。所以我们要问一下,"舞"到底是什么意思?舞是动作,还是别的意思?为了解决这个问题,我想我们可以看一看舞蹈跟图示、图像的关系是什么。第一就是我们要看图跟文的关系。有不少的学者,现在的学者,他们研究中国的图示,常常说,先有文献,然后有图,意思就是说,图是文献的提示。可是我们看到的图示是相反的,意思就是说,我们最早的舞蹈的图示,没有解释,没有任何的文字,这些著作里面不是先说明舞蹈是什么、然后有这些图示,不是这样的。最早的舞谱只有这些图示,还有上边的这个诗歌的文字。所以实际上,这里的过程是相反的,文本越来越重要,然后加上这些解释,加上这些曲调。因为有了印刷技术,所以比较容易做到规范化,这是舞蹈跟图示的另外一个关系,因为如果没有印刷技术,把舞蹈规范化是比较难的。

最后也可以说舞蹈的图示就是舞蹈活动的一个部分,我现在要着重讲一下这一点。也就是说,我想我们探讨的舞蹈实际上不是一个动作,而是一个静态式的动态延续。舞谱记录的不是动作,而是静止不动的那个时刻。庞朴有一篇文章研究"舞"这个字的来源。他也很清楚"舞"跟"無"是同源的关系,所以我说我们可以多一点关注这个"無"在舞蹈当中的体现。我们看到的这些图片,描绘的是舞蹈静止不动的那个时刻,所以他们描绘的就是一个势,比方说,不同的这些势说明,实际上在这个过程当中,不只是要看这个活动,也要看这个静止不动的时刻。有一个学者,他谈到rhythm,就是嗒嗒嗒,嗒嗒嗒,嗒嗒嗒,也就是音律。ryhthm 是希腊语的词汇,rhythm 是同样的一个意思,意思就是说,rhythm 反映的是用不动的时刻,来反映这个活动的过程。我们看的图片,描绘的就是这个不动的时刻,你们看每次有一个"非——礼勿视",就是有一个过程,他们保持姿式不动,只有音乐和歌声在继续演奏,所以我们看的那个图片,就是静止不动的那个势。

好,我的演讲就到这里。我感谢大家来听我的演讲,这次演讲一定有一些不足的地方,欢迎大家指教。

提问与回答

葛兆光:

现在是开放式的讨论,各位同学如果有什么问题可以举手提问。

学生:

首先要感谢您,因为像这种礼仪舞蹈,今天我们中国人都很少关心了,您作为一个外国人,对这个研究非常细致,是很令人感动的一件事情。然后我有三个问题。第一个就是说,像钱德明这样的传教士,把他的这种书传到了国外以后,传到了法国以后,对于法国宫廷的礼仪舞蹈有没有什么影响? 比如说芭蕾舞啊,会不会有什么影响? 第二个问题,不知道您有没有比较过，中国古代的礼仪舞蹈和日本的、韩国的那些礼仪啊，舞蹈啊，不知道哪一个更正宗一点？第三个问题是，如果今天有人，或者是民间的或者是官方的，主张在中国恢复这样的礼仪舞蹈，您做何评价？谢谢！

钟鸣旦：

第一个问题，就是钱德明对于西方的舞蹈，比方说芭蕾舞蹈有没有影响？可以说没有影响。他的著作，他发表的两篇文章，其他的资料都保留在档案里面。实际上朱载堉的著作，也没有任何的影响，他创造的舞蹈很快就被放在一边，后来乾隆很清楚地说，我们不同意朱载堉的著作，唯一可取的是，他描绘的舞谱那么仔细，我们应该同样仔细地描绘舞谱。第二对于日本、韩国的舞蹈，我看了一点，实际上我有两本在韩国出版的关于文庙的著作。这些舞蹈在韩国的影响相当大，因为在韩国也有文庙，在文庙里面也有祭孔的舞蹈。在日本我不太熟。第三个，对于现在的情况，我不敢说什么，因为实际上情况是这样的，在台北的孔庙的舞蹈，是按照明代的舞谱去舞蹈。在曲阜，最近几年恢复的舞蹈是按照清代的方法去舞蹈，这就是现在的情况。可是他们都没有按照朱载堉的著作去编排舞蹈。还有什么问题？

学生：

您好，我在想您是怎么注意到舞蹈这个问题的？据我推测您可能是在研究钱德明的过程中发现的，是不是这样的？

钟鸣旦：

有一个比利时的研究音乐、但不是研究中国音乐的朋友，他发现钱德明在马德里的手稿，来找我，他说，想出版这个资料，能不能给他写一个序。我说："我对舞蹈什么都不知道。"可是我看钱德明的这些图片，我猜测是应该有中国原来的著作，钱德明应该是从中国的某一个著作描摹过来的。然后我开始查很多的资料，最后找到朱载堉。因为明末清初，这些有关舞蹈的文献很少交待它们的资料来源。所以只有一个方法就是去查资料。我用六个月的时间找到了这些资料，这对我来说是比较快的。我们的大学没有《四库全书》，后来在普林斯顿大学，我开始看《四库全书》或者《四库全书总目》，所有这些书，打开看看有没有舞蹈的图片。这就是这个研究的过程。

学生：

您现在研究的关注点是什么？这是第一个问题。第二个问题，就是现在的欧美学者在明清传教士研究方面的进展，方便的话给我介绍一下好吗？谢谢！还有第三个问题，就是关于潘国光。就您所知道的现在他的资料状况还有研究状况，您方便帮我介绍一下吗？谢谢！潘国光是清代在上海的留学生。

钟鸣旦：

我的研究主要是中西文化交流，到现在集中于思想，比如说在复旦大学的时候，二十五年之前，我写的论文就是关于杨廷筠的。杨廷筠是明末杭州的一个学者，他是儒家，信佛教，也信天主教，他写了不少的著作。我去看他周围的资料，看他对西方思想有什么看法，后来我就一方面关注思想，一方面看那些比方说科学方面的著作，不管是天文学还是医学方面的著作。然后我有机会跟二十五个学者一起编一个明末清初的中国的基督教史的工具书，是有关 1800 年之前基督教的工具书，可以说各个题目都包括在内，最重要的题目就是礼仪，所以我最近七年以来，主要是集中于礼仪。为了研究礼仪，我想先了解在中国那个时代的礼仪是什么样的一个情况，所以我碰到这个舞蹈，我觉得是很好的一个机会。可实际上这个研究和文化交流关系不大。但我有机会从微观角度去看很长的一个过程。简单地说，我们也可以说明末时代每次碰到经济或者政治方面的问题，这些当官的人就会说舞蹈的方法不对,我们要改善舞蹈,所以从中我们可以看出礼仪在那时中国文化中的地位。现在我的研究是集中于具体的礼仪,比如说我现在已经写完了一本关于17世纪中西丧葬礼仪的书。从中文和西文的资料来看,在中西文化交流中,这个丧葬礼仪有什么改变,有什么讨论,等等,这是我的研究。研究明清时代,不管是在欧洲或是在美国,人相当多,今天或者明天,还有后天,还会有一些学者会给你们介绍这方面的研究情况,艾尔曼教授还有其他一些教授,他们会给你们介绍。第三个问题,我们以后可以讨论,因为我想这个工具书会对你有一点帮助,我把一些书也送给了现在的文史研究院,这个问题我们以后可以讨论。

学生:

谢谢!

学生:

我想问两个问题。我想请您介绍一下这种研究的方法。第二个就是,在明末清初中西文化交流这个研究领域,中国学者很多关注的一个问题就是,中国文化如何对西方文化冲击?如何文化交流?您作为一个历史学者,主要关注的是什么?主要关怀的是什么?在文化交流上的关怀是什么?跟中国学者是不是有些不同?

钟鸣旦:

我想我跟中国的学者没有很多不同,我跟很多的中国学者一起交流。关于研究方法,第一个,我想我们不要怕花工夫找材料,你们这儿图书馆非常好,可是学生很少去用这个图书馆找资料。我只有一个方法,就是到图书馆去查资料,没有别的方法,这是最基本的。你不一定要很聪明。不管是北京还是这儿,你们的资料比我的大学好得多了。为了做这样的研究,您想研究明代的音乐,那您就开始看历史书查很多的资料,我想这是第一个。第二个就是跟别人去沟通,不管是西方人或者中国人,跟别的学者去沟通,让他们给你提出问题。我觉得每次跟别的学者交流,虽然他们的提问我不能常常回答,可是它给我一个启发,一起去研究。我想这两个是最重要的。当然还有更仔细的研究方法。第三个就是,我想我们可以从不同的角度去研究,我们要突破中西,意思就是说有中国有西方。这个中国人,因为他是中国人,他就了解明代的中国人? 我想不一定,因为明代的中国人跟我们现在距离很远。并不是因为我是西方人,我就不能了解那个时代。所以我们可以从中国的,西方的,现在的中国,现在的西方,去研究一些题目,多元性的方法是相当重要的。

葛兆光:

我最后谈一点我的感想。我觉得刚才同学问的问题很好。实际上我自己听了这场演讲以后,我的感觉是钟鸣旦教授自己描述的钱德明的一个词叫"精确性",还有他描述朱载堉的一个词叫做"切实的学问"。我想刚才他的回答实际上讲的就是你要到图书馆、到文献里面去,找到精确的文献,做出切实的学问。今天我们可以看到,作为一个西方的学者研究中国,他做得那么的仔细,图文对照,做得非常的好,这是我的第一个感想。

第二个感受,我觉得钟鸣旦教授实际上试图解决的绝不仅仅是一个舞蹈的问题,包括他说的礼仪的空间化和伦理的礼仪化,甚至礼仪或者说伦理在中国背后还有一个政治的涵义,还有很多很多涵义,他自己提到的,还要讨论到"舞"跟"無"、"动"和"静"这样一些观念。实际上他已经试图超越舞蹈去涉及更广泛的领域,这是我的第二个感想。

第三个感想是说,一个传教士,他的关怀常常会超出我们中国人、尤其是汉族中国人所关注的历史层面的问题。像钱德明他会注意到舞蹈,他会记录下来很多舞蹈的东西,固然他跟天文、历法之学有一定的关系,可是我就想到后来的一个法国人,葛兰言,他写过《古代中国的舞蹈与传说》这本书。为什么他们有这样的关心呢? 是不是他们有关心这一类我们现在称之为文化史的那个领域里面的那些兴趣？是不是跟我们通常汉族中国人关心的东西会有一些不一样？这是我想到的第三个问题。

最后，我补充一点就是，刚才有一位同学提到的韩国和日本，事实上朱载堉修订过的关于乐律的这个资料，后来经过李之藻的整理，在 17 世纪的后半叶，通过一个中国人叫朱舜水，传到日本。朱舜水帮助德川幕府整理大成乐舞，用的恰恰就是李之藻整理过和修订过的东西，所以日本后来在祭孔的时候用的舞蹈和舞蹈的规则以及整个的过程，基本上就是李之藻整理出来的。我们可以看到有一个问题，中国当时的舞蹈的图示的资料，既传到了欧洲，也传到了日本，也就是说，他时而向西，时而又向东。所以我在始终考虑另一个问题是，在中国文化史的研究上，不仅要看到中国，恐怕也要关心到这边和那边，这样，我们就可以对中国有更深的了解。也许将来的研究是要超越中国自身，或者说超越用中国解释中国，或者说只是通过中国了解中国，有时候外面的资料对我们是非常有用的。这里我们有很多人，包括像周振鹤教授这样，他们一直都很关心这方面的资料。在座的有很多同学是研究中国的，可是我希望研究中国的人也多多注意外面，不仅注意外面的资料，也注意像钟鸣旦教授这样研究中国的学者，他们做的研究。

今天我们非常感谢钟鸣旦教授，让我们再次向他表示感谢！我们复旦文史讲堂的第一讲就到这儿，谢谢大家！

明清科举旧问题之新回答

——情感焦虑、成功梦想和科举生涯

主讲人：艾尔曼(Benjamin. A. Elman)

主持人：章清

艾尔曼

　　美国宾夕法尼亚大学博士,普林斯顿大学东亚研究院与历史系教授。主要从事近世以来中国思想、文化、社会史和东亚文化交流的研究。著作有《从理学到朴学:晚期中华帝国知识与社会变革》(*From Philosophy to Philology*:*Intellectual and Social Aspects of Change in Late Imperial China*)、《经学、政治和宗族:中华帝国后期常州今文经学派研究》(*Classicism*,*Politics*,*and Kinship*:*the Ch'ang－chou School of New Text Confucianism in Late Imperial China*)、《晚期中华帝国科举文化史》(*A Cultural History of Civil Examinations in Late Imperial China*)、《中国科学面面观*,1550—1900*》(*On Their Own Terms*:*Science in China*,*1550—1900*)。

章清　｜　复旦大学历史系主任,教授。主要研究领域为中国现代思想史。

艾尔曼：

今天的题目是科举制度。科举问题大家知道是中国悠久的一个问题，从唐朝一直到宋朝、明朝、清朝，中国的科举制度是培养人才的一种制度，所以我觉得这不是一个新的题目，而是一个旧的题目。我今天要提出一个新的看法，来有限地回答明清科举的旧问题。

我开始演讲之前，首先要谢谢葛兆光先生请我来参加他们的开幕典礼，希望文史研究院将来会有一个很好的前途，希望这样一个独立的、有学问的学术性的研究机构，会成为培养人才的基地，请世界一些不错的学者到上海来，跟学生们、研究生们，还有老师们交换意见。

我自己读研究生的时候是 20 世纪 80 年代。1983 年我第一次到上海来，那个时候住在上海音乐学院，是在淮海中路那边，我经常到上海图书馆去找资料。那个时候条件虽然不是很理想，但是上海图书馆、上海社会科学院、复旦大学的一批人大家对我都很好。那时候我写了两本书，一本是《从理学到朴学》，第二本书是关于常州学派的，今文学派的大多数研究是在上海做的。这次复旦大学文史研究院给我一个机会给你们做演讲，也包括你们给我一个机会到上海来学习做研究，没有上海的资料，尤其是上海社会科学院、复旦图书馆的资料，我就没有办法把我的研究计划做完。

我今天讲科举制度的问题,是要牵涉一些社会上的问题。大家都知道有些社会的情况是跟科举制度、跟教育的情况有分不开的关系。

我今天准备了一些资料要给你们看,是明朝的资料。可以看得出来,科举是有多样用处的,不只是当官要用的。我们以前有很大的一个辩论,是说科举制度有没有引起中国的社会流动,底层的人考上之后成为高层的人。大家都知道,何炳棣先生说,明清的时候,中国在世界上是唯一有社会流动的国家,但是,张仲礼先生觉得这样讲太过分了。其实看科举制度的用处,知道那些举人、进士、做官的人,他们毕竟都是高层出来的。这个辩论是很早一个问题了,我今天不是要否定何炳棣和张仲礼的观点跟他们的看法,我觉得他们前辈的研究是非常非常有贡献的。但是我自己觉得,社会流动这个看法是 20 世纪社会学的一个看法,用这个看法来分析解释明清的社会问题太过分了。社会流动这个观念是美国 20 世纪 40 年代、50 年代的社会学家提出的。美国在 20 世纪是最有社会流动的一个国家,一个平民会当总统,一个平民会成为有钱的人,一个农民也会成为一个有钱的人,底层的人也可以成为高层的人。我自己觉得解决何炳棣跟张仲礼的这个问题,一定要了解,科举制度不是社会流动的问题,而是社会轮流的问题。张仲礼觉得生员——那个科举制度最底层的地位——已经是高层的一些人了;何炳棣就觉得生员是底层的一些人,一个生员中举就是一个社会流动,往上去的。所以,生员是底层还是高层,是张仲礼跟何炳棣最根本的一个分歧所在。我自己觉得,生员是底层还是高层,他们不是农民,他们不是最底层的一些人。在明清科举制度内,很少有农民一下子就会靠科举制度当官,就是说,在这个社会流动上,科举制度没什么革命性的影响。但是,它的影响力跟别的国家比起来是很重要的,明清的时候,只有一个国家有社会轮流的现象,就是明清中国。欧洲还没有社会流动,他们一般是贵族国家,革命之后不是贵族国家了,他们的教育还没有普及,所以他们还是有钱的人可以做官,可以地位高一点。但是在中国,一般高层的人他们会受过一些教育,学四书五经,可以参加科举考试,也可以当官。但是,这不是一下子的事情。何炳棣、张仲礼辩论的就是说一下子就能考上吗?我自己觉得不是一下子的事情,这需要相当长的时间。一个平民首先是要做小买卖或做一些比较大的买卖,后来他的孩子可以受教育,后来第三世才能考上,后来才能当官。所以我觉得社会轮流是描写中国传统的社会流动,是世界上最有影响的一种社会现象。18 世纪的欧洲,19 世纪的美国,都模仿中国的考试制度开始培养人才,以教育为主选拔人才,选做官的人。

　　我今天要讲的是在社会轮流之内,精英文化跟大众文化有什么关系呢?一般来说,精英文化跟大众文化是没有多大关系的。我自己觉得,我们看科举制度的资料,我们会了解社会轮流的问题,也会了解精英文化跟大众文化还是有分不开的关系。那我现在就给你们讲这些资料。

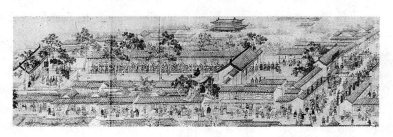

《姑苏繁华图》

　　这些资料是从《明状元图考》中来的,顾鼎臣、顾祖训编的万历三十五年的宝贵资料。我要给你们介绍《明状元图考》中的那些图,你可以看得出来,明代对状元的看法如何,跟清朝的《状元考》是不太一样的。首先要了解考试制度的一些情况。

　　徐扬画的《姑苏繁华图》是乾隆时代的,画的是苏州的事情,中间有一部分描绘的是科举考试的情景,你可以清楚地看到戴红帽子的,就是在那个地方考试。可以看得出来,外面一般的生活还是照常进行的。这是理想化的画法,是很有名的一幅画。好像是在乾隆时代、繁荣的时候这是一个很自然的事情,大家考上生员,就可以到南京参加考举人的考试了,这幅画描写的就是那个时候的考试制度。但是它也是画得很理想的,是不是真的这么漂亮,安排得这么好我不敢讲,但是可以看得出来,一个画家画苏州的情况,他也要把科举制度放在他那个画里面的。考场外面有很多商店卖纸和其他一些东西。这和中国传统社会有分不开的关系,大家都在外面,不一定跟候选人有关系,大概是因为这是苏州很大的事情,跟城市里的生活有很大关系。

这是明朝的举子要看京榜,看谁考上了,谁没考上。这起码不是农民,也不是一般的底层阶级的一些人,他们都是有钱的人,来看京榜,看他们的名字是不是在里面。

这也是一幅明朝的画,也是比较理想化的,我们不敢相信回到明朝的时候是不是这样的,但是它就是这样描写的。这在明朝的时候是很重要的事情,京榜出来了,名字出来了,大家都有兴趣,考上是一件很好的事情,考不上就是一件很沮丧的事情了。那些贡院、那些科场的地方也是很有意义的,左边是顺天的科场、贡院,右边是南京的贡院。从外面看得出来它好像一个监狱一样,但是这个监狱是一个很特别的监狱,大家都要进去,不是一般的监狱大家都要逃走。所以用"监狱"这个词描写科举制度有一点不大恰当。但是从外面看,一行一行排队的考生就像钦差一样,由大门进去,其他门是没有办法进去的,它的安排就好像进监狱一样。有意思的是,这个时候中国其实没有什么大规模的监狱,牢狱是设在

看京榜

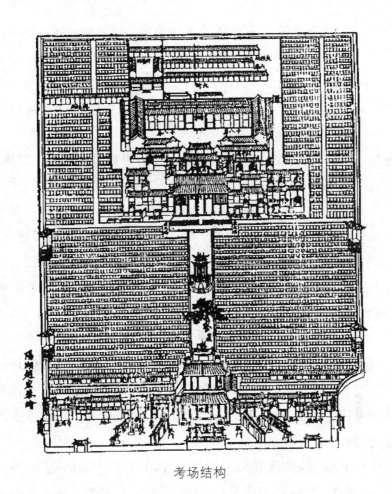

考场结构

官衙里面的，规模大的监狱真的是没有的，但是文化阶级进行科举考试的贡院实际上就像一个大监狱。

　　我们应该考虑考试制度为什么要弄得像这个样子呢？因为竞争很厉害的，考上的人士就能做官，考不上就不能做官。要选人才的话需要这样的"监狱"，监控是比较客观的一个方法来选最合适的、最好的人。这个理想实际上是世界上所有地方的理想，无论是在美国还是在欧洲，考大学、考医学、考法学院的都要这样的一些考场，不一定是这个监狱的样子，但是严格的秩序与管理，是保证考试客观公正的前提。只有真才实学的人才会考上，不能用不真实的办法来考上，这是最重要的。这方面的办法是中国自己在唐朝、宋朝、明朝就"发明"的一个办法。唐朝是在首都长安、洛阳考试，后来在宋朝的时候有了乡试，后来到了明清的时候继续下去，是一个地方的考试，有三层，实行了几百年，大概到了明朝的时候就非常非常成熟了。

这是江南贡院的全图，也是和监狱一样的，可以看得出来它的样子。候选人越来越多，开始有一万多人，到了乾隆时代就得有一万七千人。一万七千人要进这个大门，进去考试。一万七千人之内只有一百多个可以考上，一万六千多人是考不上的。那么我们以前研究这些问题，我们对考上的状元、榜眼、探花，前三甲我们注意到了，但是我觉得我们只是看那个状元、榜眼、探花，却忽略了这个考试制度在中国的全部影响所在。我们要注意到，南京的贡院里面只有一百二十多人考上了，那剩下的一万六千多人他们是怎么回事？他们都是学不好的，都是四书五经背不好的，他们都没有考上。还有很多人虽然最终考中进士的，但是他们已经失败好几次了，很少有人第一次就考上举人、考上进士。有很多考中进士的是四十多岁、五十多岁，六十多岁的也有，很少有二十多岁的就考中进士的。

我们要了解科举制度在全国的、全方面的影响力，就要了解不只是考上的人，也要了解考不上的人。所以我觉得我们忽略了考不上的人和这个科举制度的关系。讲到社会流动和社会轮流，我们也要把考不上的人放在里面。一般我们说考上的人是做官的，往皇帝的政府去了，但是我们忽略了那些考不上的人还是有他们自己的生活。他们怎么办？他们能读能写，四书五经都了解，考不上的人也是国家培养的人才。而这些人也写书，做各种不同的事情，当医生，也需要能读能写的能力，在社会有很多很重要的作用，所以这方面是我说的社会轮流。一方面考不上的人也跟社会轮流有关系的，而不只是考上的人是有关系的，比方说蒲松龄。蒲松龄是考不上的人，后来很悲观，可是他写东西了。他写东西就骂那些考官，骂清朝的考试制度，这样他自己就可以生活了，赚一些钱，而不需要考上科举了。

　　我觉得要了解科举制度，只考虑每三年产生的那三百个进士，而忽略其他那几千个、几万个没有考上的人，这就是我们不太了解科举制度的另一面，不了解中国人，尤其是中国男人的一些兴趣。比方说明朝末年的候选人，有生员身份的，全国大概有一百万人以上，到了清朝乾隆时代，有二百万以上的候选人。其实候选人之内只有几百人会考上，但是其他候选人也有能读能写的能力，而这些人是跟蒲松龄一样，跟洪秀全一样，要找一个别的出路。蒲松龄是写书，有很有名的一些作品，洪秀全是因为要革命，要自己做皇帝，要自己做考官，要破坏清朝的制度。我们要多多了解失败的人的情况如何，而了解失败的人，就可以把精英文化和大众文化放在一起了，因为考不上的人跟大众文化有很密切的关系。

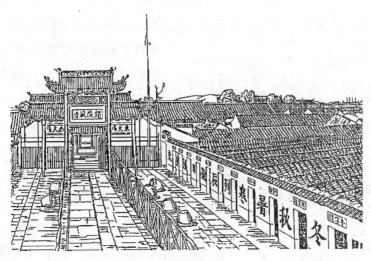

南京贡院入口

　　这是南京贡院进去的那个地方，大家都知道每个行是按千字文安排的，大家知道自己的考房在哪一个字，"秋、暑、寒、列"，就是按照那个牌子来找他们自己考试的那个小房间。

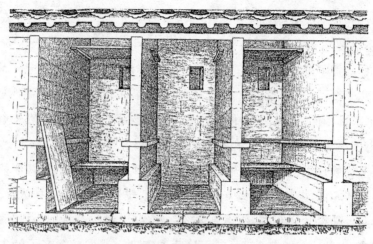

南京贡院号房

这是清朝末年的一幅画,画的是考生应考的号房,但是我觉得这是一个文化监狱。你要进去的就是一个很偏僻的、很狭窄的一个地方,要写跟四书五经有关系的八股文。有名的八股文就是在这么一个脏的地方,这么一个狭窄的地方写出来的,而大家的思想就被控制了,所以我觉得是文化监狱。但是大家都要知道,有钱的人,有地位的人都要进这些地方,从而考上举人,考上进士。

下面我们开始看《明状元图考》里的一些故事。

这个故事发生在"天字一号",贡院里面的一个人,前几天他做梦喝醉了,然后进去贡院写他的八股文。结果他喝的酒太多,就睡着了。睡着了就没办法写出文章来。

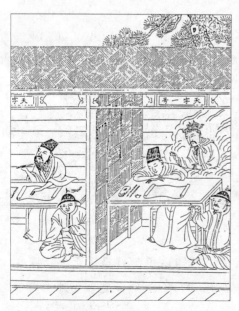

号房醉梦(《明状元图考》)

他就梦见有一个人来代替他写文章。早晨他醒来以后，他就写出了最好的文章，好像不是他自己写的，而是想帮助他的一个神，从另外一个世界来帮助他。有很多这样的故事。

我们可以看得出来，科举制度的建筑都是和政府有关系的，但是大家的思想不一定是政府所知道的，我们知道科举制度的科目——四书五经是和儒家思想有密切关系的，但是这些候选人自己脑子里面的、心里面的思想不

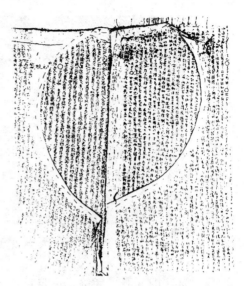

富士博物馆藏作弊夹衣

一定是按照科目来决定的。只有一些人会考上，还有很多人会考不上，竞争很厉害，那大家就要找别的办法了。有各种不同的办法，有的人就在自己的衣服上写上字穿进去，用作弊的方法写文章。在京都的富士博物馆还保留了清朝末年这样的一些衣服。考试是很重要的事情，你知道只有一百多个人会考上，一万六千多个人考不上，那时你一定要想办法了。有很多人是会想办法的，不只是在中国，在美国也有。美国实行中央考试制度之后，也有这种问题了。一方面是政府要控制这些候选人，候选人就要想办法避免他们的控制，所以这是一个很大的问题。

这是普林斯顿大学收藏的一件衣服，这件衣服是很有意义的。这不一定是要考试用的，他只要穿上这些字，这些字就会给他一些能力，这样他就可以写出一些东西。我们有一个学者对此分析过，大家都知道18世纪《钦定四书文》是明清时期最好的八股文，在清朝的时候出版的，有很多《钦定四书文》的文章就写在他的衣服里边。他是用功考上的，还是自己穿这件衣服才有能力考上的，没有办法知道了。有时并不是为了照抄衣服上的文

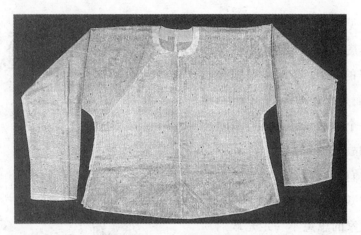

普林斯顿大学收藏的作弊夹衣

章,穿上这样的衣服可能给我们自信心、给我们这个能力,我们就觉得八股文都在我的身体上了,我也可以写出好的八股文。这种看法不是精英的看法,这是跟大众文化有关系的。

我们看另外一些东西也会看到,虽然是精英的制度,但是跟大众文化有关系。第一个我要给你们分析一下。大家也许知道明朝开始的时候,就是明朝正统十年,1445 年,商辂考中三元。三元就是他考中了浙江的乡试,乡试第一名是解元,所以他是浙江的解元;他又考中了会试,会试第一名是会元;后来考中殿试,皇帝的那个考试,那个就是进士。解元、会元、状元就是三元。《明状元图考》里面,是说商辂是在他家里学习四书五经考上的。一般认为他是很用功地读书、背书、写文

商辂的三首梦(《明状元图考》)

章,可是在这幅图里我们看见他睡觉了,他不是太用功的。书是打开的,笔什么的都在,但是他做了一个白日梦,梦里有人给他带来了三个头——三首。他那时还没考上状元,但是这个梦可以说是很有意义的预示。

在科举制度里,我们现在的世界和另外一个世界是有关系的,通过做梦可以从这个世界到另外一个世界,这样就可以把两个世界放在一起。这不是儒家的思想,是和道家、佛家传统等中国宗教有关系的一些看法。所以明朝的这个状元我们不知道他是否真做了一个这样的梦。这个梦是真的,还是谎话、一些莫明其妙的东西?但是他们描写了明朝人对科举制度的态度。虽然有人提人首三颗给他,这个梦不是恐怖的,那个三头没有血,没有什么恐怖的东西。他做了这个梦之后,就对他的老师讲了。他的老师就给他讲,这个梦是吉梦、是好梦,说明你将来会成功。1445年商辂中了解元、会元之后又中了状元,所以那个梦就应验了,商辂当了明朝的三元。明朝只有一位是三元,就是那个有名的商辂。

商辂好像是很容易地考中了三元,可是这个图让我们忘记了这个商辂已经有多少次考不中了。他考上乡试当解元是1435年,是在等了十年之后才考上了解元,十年之内有三个浙江乡试他没有考上,等到三十岁他才考上的。但是这幅图里面,你不知道他有三次没有考上,也不知道他会试也有两次未考中,所以这方面他也是耽误了时间。但是到最后,1445年他当了状元之后,这个梦就描写他很容易就考上了,而考上不是因为他自己很努力、很用功地念书,他是睡着了梦见他会当三元。所以我们看得出来,他们觉得商辂当三元考上进士不是因为他很聪明,也不是因为他很用功,是因为他有命。这个命就是命运。描写成功的人是由命运决定的,考不上的人也会觉得是命运决定他们未来的前途。命在那个时候跟宗教是有密切关系的,但是命运我们可以说在那个时候也是感性的一些观念。大家都知道有一万七千多个候选人,有一百多个人会考上,另外占96%的人考不上。所以这方面我们都知道大多数不是在大众文化里面的而是在精英文化里面的。有很多人就开始怀疑,不用功就考上了,那么考上考不上都是命运的问题了。

　　我们看另一张图,这个人在学舍里面睡着了,书就在旁边,在梦里有人来报告,说他要当状元了。这不是一般的人家,也不是农民的家。你看他的家,他的学舍是非常非常漂亮的、气派的建筑。高层的人,他们也曾是学生,年轻的时候也做梦,也是希望他们会当状元,希望可以成功。从梦这方面,可以了解大家的一部分

预示中状元的梦境(《明状元图考》)

朋友面前的夸耀(《明状元图考》)

心事。当然明朝人的心理跟我们现在的心理是不太一样的,但是我们可以看得出来,所谓的梦是真的还是假的。考中进士以后,你就会有地位,因为你是在那极幸运的一百个之内的,你考上大家都会佩服你,别人家的女孩就会上门跟你求婚,因为你的前途是光明的,所以大家都要尊敬这一类的人。这方面我们可以看得出来跟宗教有一些关系。

　　这是1505年弘治十八年的顾鼎臣编的《状元图考》。他自己也做过

一个梦,在这个梦里黄鹤从天上来,说明他是很孝顺的,尊敬他的父亲。他父亲八十岁的时候看到儿子考上进士,派黄鹤出来给他一个"吉梦",所以他知道将来的情况会如何,他觉得是这个梦让这个世界和另一个世界交通了,他可以了解他未来的前途了,可以知道他会不会成功,会不会考上,因为他是孝顺的孩子。他就是命好,所以他就考上了。

　　这是又一个做梦的人。这是1541年嘉靖二十年,沈坤梦见他碰见了一

顾鼎臣黄鹤降临的梦(《明状元图考》)

沈坤服食仙药的梦(《明状元图考》)

个仙人,穿着破破的衣服,把"九食之醒"的丹药交给他,这个丹药可以帮助他考上,也帮助他之后做官。他睡着的时候有了这样的一个梦,这个梦让我们了解到科举制度的候选人也跟道家有关系,认为吃丹药能帮助他考上。我们要注意这种情况跟道家服食仙药是有关系的,这不是犯法的,是在那个时候每个候选人脑子里边做梦都会梦到的。他不是因为受到朱熹的理学、心学这一类的影响,而谈到服药的这种情况的。我不知道是真的有这样一

个梦,还是明朝人的故意编造。而
这个沈坤的梦是很有意思的,因为
他是江苏苏北淮安府的第一个状
元,是很有名的,他服药之后,又种
了一个东西在他的胃里面。

　　一般做梦的人常常是在有钱人
家的学舍里面,不读书就是做白日
梦,梦见骑马上天门啊……有关他
们希望能成功的这些梦是非常重要
的,因为我们知道,我们在沙漠会梦
见雪,我们很饿会梦见吃东西,所以
这个是描写他们心里头紧张情况如

秦雷鸣骑马上天门的梦(《明状元图考》)

陈谨莲台打坐的梦境(《明状元图考》)

何,而我们也会了解他们的焦虑,了解
年轻男人的焦虑,他们的压力,他们紧
张的情况,是非常非常重要的。有钱的
人、有地位的人是这样的,那当然一般
的人,考不上的人,我们都不知道他们
是谁,名字是什么,地位是什么,他们
后来是做什么工作的。他们不是蒲松
龄,也不是其他那些有名的失败的人,
但是几百万个失败的人我们也要注意,
他们也有一个这样的生活,科举生涯。

　　陈谨,在 1553 年,嘉靖三十二年,

梦见仙童仙女在莲台之上。他们请他上莲花,他就坐在莲台好像打坐一样,思想很安定,可以安安静静地想办法生活了。在他的学舍里面也做了一个白日梦,他的白日梦就是让他安静,让他有办法可以考试。你看这个考试的办法跟能力是跟佛教有关系的。佛教给他精神的能力就可以考上测试儒家思想的科举,我们看《明状元图考》,我们知道科目里面的都是儒家的四书五经、程朱思想的所有的重要的注解,就是《大学》、《中庸》、《尚书》、《礼记》、《春秋》这些东西,但是我们知道最重要的是精神要安定。考试让我们心里很紧张,焦虑很厉害,所以宗教会安抚他们,他们会觉得舒服一点。有很多失败的人,这样做就会安下心来,后来几次考不上,就可以找到新的一些路子,当医生啊,在家里工作,做小买卖啦,后来也许也会考上。这样我们可以多多了解那些候选人心里紧张的地方所在。

丁士美,在 1559 年,嘉靖三十八年,他梦见仙女乘仙鹤而下,有意思的是,这个梦跟道家的仙女有关系,仙女是坐鹤降临。丁士美也是淮安人,是明代当地的第二个进士。他们有一个说法,那个时候是说两个梦不合在一起,但是他们说以前的沈坤是 1541 年的进士,后来当官了,他是一个很腐败的人,大家都不喜欢他,有人告他,后来他死在监狱里。他死了之后,大家都知道应该是这样的,因为这个人不好。后来就是因为他吃药了,他自己在肚子里面生出来那个淮安的第二个进士,就是丁士美。丁士美长大了,他们就说"新状元入朝,旧状元入狱",就是说沈坤关进监狱了,而丁士美入朝了,一个好的进士

丁士美仙女乘鹤下凡的梦境(《明状元图考》)

代替了一个坏的进士,这是跟淮安的地方历史有关系的。所以这些梦有的

大概是谎话,但是他们这些东西就是描写为什么一个人是成功的,成功以后,做坏人的结果是不好的,做好人那他的将来会好。所以这方面有道德的情况存在,不是说聪明不聪明,大家都能读书,都能读能写,他们需要另外一些精神才可以考上。这个是需要鹤来安慰他,告诉他前途是很好的。

梦中读匾(《明状元图考》)

1571年的那个进士又梦见自己读到状元的牌子,他做这个梦,这个梦也灵验了。这是在学舍里面的他梦到自己很年轻地当上了状元。

另外一个故事是1583年,万历十一年,朱国祚梦见双头人骑马。这个故事是很有意思的。朱国祚做了一个白日梦,他的书是打开了的,茶杯也在这儿,他用草书写了一些东西,但是睡着了,他的书童是要给他泡茶的样子。他梦见双头人是什么意思呢?我们等他考中状元之后才会知道,这个双头人是李廷机。李廷机是1583年的解元,他是乡试第一名,也是会试的第一名,会试第一名就是会元,所以他是二元。但是梦中朱国祚走在了双头人的前面,表示他将超过李廷机,成为状元。当然他梦见这个,是真的还是假的我不敢说,我就是说这是明朝的资料,而明朝一些画家描写出来那个时候状元心里的紧张的情况如何。所以双头人出来了,他自己比他领先,领先表示他比双头人还好一点。

刚才给你们看了一些图,最后要讲一句话,就是说有很多办法可能帮一个人考上。在明朝清朝的时候在中国就有这样的一些办法了。一个办法是顶名，就是一个人代替别人，年轻人替年纪大的一个人去贡院考试，这就是顶名。在美国，现在考上大学有很多不是他们自己考上的，是另外一个人，就是出钱买的。大家都知道 SAT 很厉害，因为要考 GRE。在考 SAT 以前有很多人是顶名、抢替，但是我们不把他们当作一条虫，我们都说他们是骗人的。另一个办法就是在贡院里面，一些人可以传递，譬如年纪大的人他前途也不一定是很好，年轻人是从有钱的家里来的，他就可以给年纪大的那个人一笔钱，求老人给他写文章。

朱国祚超越双头人的梦（《明状元图考》）

文章不是他自己写的，他传给那个考官，这就是传递。传递这个办法很流行。怀挟，我给你们看的是在衣服上写字。比较普遍的是在清朝末年，用钱给考官，考官会知道你是哪个地方的考生，他就可以看你的考卷。因为地方的考卷是你自己写的，而不是其他的人代替你写的，所以会知道你的书法如何。这是在太平天国之前之后比较流行的一个办法。另外一个办法就在乡试会试中，你答卷的文章要由别人誊写出来，考官看不到你自己的笔迹，所以你想要让考官知道哪篇是你的文章，你就要在考卷上的一些地方作标记，让考官知道这是你的考卷。考试制度是非常重要的事情，有钱的人是很愿意付钱让他们自己孩子考上进士、举人、生员，所以这是非常非常重要的。最后一个办法是买题，考官还没到地方主持考试，你早就知道题目了。但是最流行的办法不是这样的。大家都要经过很多有名的庙，文昌君的庙等等，晚上在那个地方做到一个吉梦就会知道很多事情。

经过关帝庙时那个关帝庙可以代替关帝回答你一些问题,可以给你讲很多故事,但是这些故事都是后来才了解的。

最后我要讲一下蒲松龄、洪秀全的一些问题。许多情况大家都知道了,所以我不应该讲很多。蒲松龄虽然没有考中科举,但是是非常非常有才的一个人,他写东西很有名,但是他一直觉得他的生活是失败的,直到生命最后的一年都觉得没有当过官、没有考上科举很遗憾。他觉得他自己写东西是有名的,也可以生活,但是他自己一直认为他没成功,他对生员的描写,是寄予了很多希望的。后来考试失败就一点希望也没有了,就开始生气,骂考官,把自己的教科书都扔掉了。过了一年之后他情绪恢复起来,又参加考试,又没考上,三四次考不上。有的人考不上七次,七次是二十一年,每一次是三年。这些人长大了就受到科举制度的压力,紧张、焦虑,从十七岁到三十八岁。他们长大了就了解生活不是那么简单的事情,而考上状元,他们也知道不是那么简单的事情,而是因为命运的安排。

洪秀全大家都知道,他是广州的花县人,客家人,他学习很好,考上了地方的考试,后来又参加复考。复考没有考上,他就回去当教师。后来又回去参加第二次复考,也没考上,他就生病了。后来他做了一个梦,梦见他是耶稣的弟弟,是上帝的孩子。大家觉得很可笑,但是这些都跟科举生涯有分不开的关系,他就开始利用一点基督教的看法来了解他为什么考不上。前面我给你们看明朝状元的一些人,他们利用佛教、道教的一些东西,了解他们为什么成功,洪秀全开始利用基督教的一些宗教观念来分析、来了解他自己为什么考不上,那就是很自然的事情了。他虽然觉得他是上帝的孩子、耶稣的弟弟,但是他又一次参加了考试。最后一次考试没考上,他觉得很生气。回家之后就决心要把这个清朝打倒,这些精英我也要打倒他们,我自己当考官考所有的人,他们就不会考我了。大家都会觉得这是很自然的一些回答,但是在这种紧张的情绪之下,洪秀全的回答是很激烈的。明朝末年因为有很多人考不中科举,导致政治不稳定,他们开始起义,开始反对政府。洪秀全是一个非常非常好的例子,在科举制度的生涯里面他就没有考上,开始想别的办法开辟一个新的路子,这个新的路子就是太平天国,打倒清朝,打倒士大夫精英的一些人。

所以我觉得我们要多多了解科举制度,不只是从社会流动去了解科举制度,我们会了解很多不同的事情,了解士人的那些情感焦虑,甚至我们要了解在现在世界上所有考试制度之内,我们年轻学生的压力如何,考上考不上对他是非常重要的。

弗洛伊德开始当医生的时候,还不是太有名,在奥地利,没有人知道他是好医生。但是他的一些学生,那些有病的人来找他,都是博士班的学生,还没有参加博士班的考试,他们考试前很紧张,不能吃饭,也不能睡觉,后来就请他治病。所以他后来开始思想分析、精神分析,就开始分析这些人考试的时候受到考试压力、教育压力,了解这个在文化方面、社会方面非常非常重要的问题。这不只是一个教育的问题,也是一个卫生的问题了,所以他就开始觉得考试的压力引起很多精神病,精神上的一些问题。

我已经讲了很多了。我最后讲的是,社会轮流是中国发明出来的一种制度,不管是社会流动还是社会轮流,世界上第一个国家有这样比较开放的一个社会情况,虽然不是完全开放,但是比别的国家还是开放多了。最后要了解科举制度虽然是以儒家思想为主的,与程朱理学、心学有关系的,但是候选人有很多不同的看法。贡院考试的是儒家思想,但是他们的脑子里、精神里经常需要很多安定心灵的东西,安慰自己的方法,那些安慰的方法是跟宗教,佛教、道教有关系的。

谢谢!

提问与回答

章清:

谢谢艾尔曼教授的精彩演讲。今天我们本来安排的是两个层次,一是一个仪式,然后是文史讲堂的一个讲座,可能是被听众的热情所感动、所感染,所以说就把两个层次变成了一个层次。我想也好,我们可以有更多的时间来聆听艾尔曼教授关于科举制度的研究。这场报告的题目是《明清科举旧问题之新回答——情感焦虑、成功梦想和科举生涯》,我想我们可以很清楚地注意到艾尔曼针对 20 世纪 60 年代在汉学界所流行的研究科举制度的社会流动的理论提出的新的看法。那么这个新的看法的基础是什么?我的体会是我们研究科举不能只关注那些考上的人,尤其还要关注那些没有考上的人,这样的话,就确定了一个是精英的事业,一个是大众的事业。而要去注意大众对于这个问题的看法,那就必须去发掘大众表达的这个载体,就是艾尔曼为我们所展现出来的那些图录所反映的面貌。

我想在艾尔曼先生的报告里一定留下了很多问题,我们希望请教艾尔曼教授。现在我们把这个时间开放,各位老师、各位同学有什么问题可以提出来。

学生:

第一个疑问是,您刚才讲中国传统精英文化和大众文化之间的关系,但是据我的理解,一般来讲,在中国古代,做了秀才虽然还是比较低级的,但已经见了皇帝不需要下跪了,我理解这样的人可能是精英。所以我觉得在参与科举道路的过程当中,这些人已经是社会的精英阶层,可能只是不是太高的层次。这个问题跟您讲的是不是有点冲突?

艾尔曼:

我开始交待了张仲礼和何炳棣的不同看法,张仲礼是把秀才当作精英之一,何炳棣是把秀才当作大众文化的一个根源,这就是不同的看法。我自己觉得这些秀才、这些生员,他们是在中间的,他们不是一般的平民,他们开始社会轮流了,你可以说他们是精英或者不是精英,他们是举人不是进士,所以这方面我觉得大概张仲礼是对的,秀才就是精英之内。你说他有一点特权,那是,张仲礼就是这样说的。

学生:

我问的第二个问题是,您刚刚举了两个例子,我觉得蛮巧的,就是说他做梦梦到的是道家的仙丹,第二个例子涉及到了佛教的一个画家,我想他会不会有儒释道合一这么一个想法?

艾尔曼:

我想这是对的,大概这个画家是万历时代的,是三教合一的时代,从王阳明开始,道教、佛教、儒教的思想完全合在一起了。

学生:

艾尔曼教授,您一开始提到社会流动是美国 20 世纪 40 年代、50 年代一个社会学的观点,那么拿西方的社会学观点来研究中国古代会不会有一点问题? 又有另外一种观点认为,在中国发现历史,就是研究中国历史要从中国思潮的角度来看,那么关于这两种角度您如何来看待?

艾尔曼:

我其实觉得应该用明清的角度来看明清的这些现象。社会流动是 20世纪社会学的一个看法,如果用这些看待唐朝,我觉得是不合理的,所以我觉得社会现代化的一些观念是很有用的,可以了解多一点。可是用社会流动来研究明清的那些事情,我们要把它改变一点,不是说社会流动,而是说社会轮流了,因为这不是流动。我开始说一般的农民没办法做官,我看了好多明清时期的资料,很少有一般的农民考上生员,考上举人,考上进士的。按社会流动的观念,如果家庭教育好,一个最底层的人可以通过考试立即进入上层。现在讲社会流动,有一些人是会从底层到高层一下子做到的,但是到现在还是少数,不是一般人会做到这样的。美国人自己觉得自己是有社会流动的,这有一点过分。但是这是他们自己的观念,用来分析他们自己的时代,要用这个观念来分析明朝、清朝的这方面,我觉得太过分了。可是大家不要误会了,这方面何炳棣对我们贡献很大,他应用社会学的观念来分析明清,要把中国社会的大门打开,让大家看一下,这是一个很好的看法。但是他应该改变一点,就是说明清的一些社会进化,和20世纪所谓的社会流动,是有一点不太一样的。

学生:

艾尔曼教授,请您评价一下,中国古代科举制度的公平性好还是当代教育考试公平性好?

艾尔曼:

这个问题很大,也是非常重要的。问题是这样的,我们所谓全球化,教育方面的全球化是我们都有考试制度。中国的考试制度是最老的,是最有经验的,有一千多年的历史了。中国的历史是这样的,那欧洲的历史会如何?美国只有一百多年的考试制度,欧洲也有一百年的考试制度,过了五百年之后会怎么样?我觉得看中国的一些考试制度的现象会了解西方的那些考试制度将来会如何。比方说美国的那个SAT,他们觉得以前回答一些问题太简单了,他们希望高中学生写论文,表达出自己的才能,那文章是怎么写的?评论家、考官怎么评?怎么衡量这个问题呢?就是应该怎么写一篇文章。如果非常有创造性地写一篇文章,考官就会知道那是好文章还是不是好文章。现在高中的老师们开始教高中的学生写文章,是 introduction 这一类的东西,结构和八股文有类似的地方,也有一个大结里面的,大家都知道有破题,1B、2B、3B,最后有个结论。其实有很漂亮的一些八股文的,虽然说大多数的八股文是莫名其妙的。所以我觉得评论差不多是一样的。考试制度好像是一个不好的办法,从这些也看得出来,不一定能培养人才。大家都说科举制度在明清的时候培养了很多人才,钱大昕之类的,那些都是考上的，但是一旦没有考上，皇帝就没法给他地位，所以考试对选拔人才是有用的。但这个有用是对国家而言的。国家每年都要选拔一批官员或教官。南京贡院里面有一万七千个候选人，但是我们只需要一百个，那我们怎么办？我们只可以选一百个人，其他人就得失败了。所以我们要找个办法，八股文、古诗、古韵诗，八十个字写一个古韵诗，这样就可以很简单地筛选了，所以我觉得这是规模的问题。规模的问题是教育方面的，不一定跟天才、才能有关系。

　　我觉得中国的科举制度给我们一个很好的教训，知道将来美国、欧洲的考试制度也会出现很多问题。比方说，美国人觉得底层人没办法受教育，我们帮助他们，给他们特别的屋子、书。明朝早就知道这个。明朝初年的朱元璋——洪武皇帝，他发现考上的都是南方人，没有北方人，这是怎么回事？他生气了，叫考官回去看考卷，找出一些北方人。南方的考官回来说没有，考上的都是南方人，他更生气了，杀掉了一些考官，自己看考卷。考生自己说是北方人的，就考上了。后来开始有南北卷，南方的卷占60%，北方的卷占40%，永乐时代已经有这个办法了。到1455年以后就采取措施，培养人才直到偏僻的地方、落后的地方，北方跟南方相比，北方更需要培养人才，这已有五百年的历史。美国、欧洲是刚刚开始这样的办法。

学生：

谢谢艾尔曼先生的精彩演讲！我们从唐朝的科举取士以来到现在，每天都在重复着这些悲剧，很多人考不上大学，中不了状元，中不了举人，我们现在也是这样，中国的学子"十年寒窗无人问，一举成名天下知"是他们人生的道路，您觉得怎么理解成功和幸福之间的关系？

艾尔曼：

我没有办法解释这个问题。其实传统的办法需要信仰、需要自信心给你安慰一下。安慰你一下就是考试的时候别太紧张,可以安心回答问题。有很多聪明的人进到考场太紧张了就没办法回答问题。我觉得是需要安慰,其实这方面宗教的贡献是很重要的。有很多人觉得大考之前不要念书就休息,好好地睡觉,不要太紧张了,所以我不知道如何回答你的这个问题,我自己都没办法解决这个问题。我们都是在这个压力之下,我们老师们已经经过了,我们成功了,我们现在当你们的考官。科举制度是这样的,科举制度考官都是考试出身的,所以他们都有这个经验,他们会知道学生的事情如何,而这就是一个过程,这个过程经过了以后才可以成为一个比较成熟的人,有经验、比较稳定的一个人。年轻人应该了解生活就是这样,会有失败,也会有成功,后来就会好一点的。这些空话我父母也给我讲了,所以我也给你讲,其实我也没有办法,因为考试的人就是你自己。考试给每个人都带来压力,关键要看各人的承受能力。现在我自己在教书的时候,我不用考试,我完全不用考试,我请他们写一些文章,然后批评之后他们重新写出来。我自己觉得对我的学生来说考试不是好的事情。但是一个国家有那么多人,一个教育制度有那么多学生,那你怎么选拔人才?问题就在这儿了。科举制度不是一个好办法,不是一个好制度,可是有没有比它更好的一个办法呢?跟其他的选拔制度比起来,科举还是相对较好的。科举制度我觉得是一个规模的问题,需要这么一个组织来选人,有时候我们选不到最好的人,但是我们没有别的办法了,我就这样理解科举。我自己教书的时候,不太赞成这样。

学生:

艾尔曼先生,我想请教您今天演讲资料中的一个问题。您得出的结论是有一定的一般性,那么我想问,您用的这个《状元图考》的书里面,您看到的这种反映非主流思想的图片占多大的比重?像这样的书,在同类题材的图书当中,占多大的比重?这类图书的发行量有多大,才能够证明它的普遍性?

艾尔曼：

它在明朝的时候是很流行的,我用的版本是万历时代的,后来在明朝末年又编了一个续集,清朝也做了一个续编。清朝的那个《状元考》没有图,没有那些梦,他们好像觉得明朝人已经太过分了,这种做法混淆现实与虚幻世界的界限。有意思的是,为什么在明朝有这样的一些梦,而在清朝同类的一些资料里这些梦就不是那么重要? 所以时代的改变是比较重要的,我今天用的图描写的是明朝不是清朝。我觉得,清朝人做梦的非常多,他们还是到庙里,文昌庙啊其他地方去做梦,但是写资料的人,他们去描写状元,他们并不了解他们的梦,而是描写其他一些他们想像的内容。这方面我觉得是清朝人对这个梦,就是对明朝末年的这个世界和那个世界的关系,可能是三教合一的思想有批评的味道了。我想考官可能是觉得明朝是太过分的,让这些不是正统的思想进到那个贡院里面,我们不要让这样的一些东西进去,也许是这样的。《明状元图考》是明朝末年很流行的,还有就是清朝那个《状元考》也是比较普遍的,这些跟状元有关系的资料是非常非常丰富的,有很多故事,有很多逸事,我们都可以找出来。那个人成功了,为什么成功了? 有很多不同的看法。所以这些资料是非常丰富的,我今天只用了《明状元图考》,除了这个之外,还有很多材料,集中了唐朝的、宋朝的、明清的很多这种故事。这些故事可能是说谎的,我不能说是实在的资料,但是它是宋朝的谎言,它是明朝的谎言,明朝会产生这种梦境或谎言,而它的真假并不重要。我觉得我们要了解的就是明朝的资料,它为我们展示了明朝的社会境况中什么是人们心里最重要的。

学生：

很多人没有考上之后,他们已经无法从事原来的工作了,很多读书人就会去做私塾教师或者去行医,甚至去做考上人的幕僚,在您眼中这是否也是另一种意义上的社会流动呢? 谢谢!

艾尔曼：

当然是，这样就是把失败的人放在社会轮流中了。一个人考不上进士，考不上举人，他当医生，他就是用他学习四书五经的能力，能读能写，看《黄帝内经》《伤寒论》这方面的书，其实在社会上的地位是很高的，非常高的。还有其他人是做买卖的，做其他东西的，也是有地位的。我觉得失败的人当医生当然是社会轮流，这方面何炳棣没有把他们放在一起，我自己把这些人和失败的人都放在一起，看他们所有的人有什么轮流。那蒲松龄有没有这样的轮流？但是有意思的是，蒲松龄、当医生的人，他们自己还是觉得按照一般的社会价值观念他们没有成功，他们没有中进士。一般的商人、没有做官的人，临死之前，他自己觉得没有当上举人，虽然他们是在社会流动之内的，但是他们自己也是接受了社会一般价值观念的，也觉得自己不是第一层的，他们是中间的，是非常重要的，社会轮流也包括这些人。

学生：

艾尔曼先生，请问在大学普及的情况下，还有没有忧郁症？

艾尔曼：

当然有了，美国 SAT 很不得了，现在不是必修的，可是很多人还是有很多压力。现在有很多美国的家庭开始模仿中国、日本，他们孩子上小学、中学、高中，学完了之后，晚上还是要补习的，所以美国补习班很流行的，就是跟台湾的补习班差不多，洛杉矶、旧金山等其他地方补习班很流行。他们也不知道是中国发明了这个办法，但是这个焦虑还在，因为考试制度对我们来说是非常非常重要的，而临时大学生、硕士班的学生、博士班的学生，他们压力是更大的。总之，了解这个焦虑是非常非常重要的，怎么控制这个，也没办法解决这个问题，我想老师和学生之间的关系是最重要的。要了解考不上的人不是完全失败，考不上的人应该找别的路，而别的路也是有它的价值所在的。

学生：

艾尔曼教授，刚才您讲到比较多的是科举文化史的一些东西，我想到的是，在晚清时代还有其他时期，取士可能跟考生的名字有关。比如咸丰朝就有这样的例子，因为他的名字取得好，那么这样他们在考试当中就容易考中了。历来有一种说法"殿试重笔迹"，其他还有与地域有关的，等等。

艾尔曼：

您说的一点都不错。我给您举一个例子，就是我今天说的秦鸣雷，是嘉靖时候的进士，他考上了进士，殿试里面的。后来皇帝看他名字是"鸣雷"，皇帝好像梦见惊雷的情景，就宣他进殿，最后好像是从第七名当了状元。还有殿试书法是很重要的，地方考试的文章是地方考官看，但是乡试、会试试卷有人重新抄写，原来的书法考官看不到，殿试时书法是非常重要的。还有一个问题是卖学位，在太平天国之前之后生员卖了很多，生员比较多，都可以考举人，所以这方面就是非正当的方法了，你用顶名、抢替、传递的方法考上了，是不正当的，政府就把学位卖给别人，那是正当的吗？那是公平的吗？所以你看两方面都有问题，一方面候选人很用功地考试，另一方面国家把这些学位卖给了有钱的人家、商人，所以这两方面有很多政治的情况影响他们。所以您说的是非常对的。

章清：

由于时间的关系，我们不得不中断这次演讲了。在参加文史研究院这个庆典仪式所有的来宾中，艾尔曼先生是最劳累的，昨天坐了十多个小时的飞机来到上海。所以我想我们需要在这里暂时打断了。

我们在座比较熟悉艾尔曼先生比较早出版的两本书，这两本书已经翻译成中文了。他在科举制度研究方面还有一本厚厚的大书——《帝制中国晚清的科举制度文化史》，这个我也知道已经有人在翻译了，很快就会和忠实的读者见面。在 2006 年的时候,他又出版了《近代科举在中国的文化史:1500—1900》,这是展现新的研究领域的有非常大的影响的一本著作。我想这些书任何时候都可以看得到,但是在这里,我们只能把这个话题结束了。我们最后以热烈的掌声感谢艾尔曼先生精彩的演讲。

关于另外一个问题我还得说几句话。从去年 12 月到今年 3 月,艾尔曼先生已经两次来复旦大学举办演讲。正是基于对艾尔曼先生学问的尊敬,所以我们聘请了艾尔曼先生为复旦大学的特聘讲座教授,在这里我谨代表复旦大学历史系,对于艾尔曼先生的加盟表示诚挚的谢意和热烈的欢迎! 接下来的时间我想我们会和艾尔曼先生具体商谈一些内容,我们一定努力争取艾尔曼先生以后有更多时间到复旦大学来。我们也会给大家提供更多的机会一起来分享艾尔曼先生精彩的研究。

今天的演讲就到这里,谢谢大家!

传统戏曲的现代性和超现代性

——从汤显祖到白先勇

主讲人：郑培凯

主持人：朱维铮

郑培凯

　　美国耶鲁大学博士。香港城市大学中国文化中心主任、教授,大学文康委员会主席。主要研究中国文化意识史。著作有《汤显祖与晚明文化》以及《出土的愉悦》、《高尚的快乐》、《真理愈辩愈昏》,编有《戴望舒文录》、《口传心授与文化传承》、《中国文化讲座》系列、《陶瓷下西洋研究索引:十二至十五世纪中国陶瓷与中外贸易》等。并任《九州学林》季刊主编。

朱维铮 　复旦大学历史系教授、中国思想文化史研究室主任。主要从事中国文化史、思想史、经学史、史学史等方面的教学与研究。

朱维铮：

今天是复旦大学文史研究院成立的一天，复旦文史研究院邀请了一批国际知名学者来参加成立典礼。我们能够很荣幸在典礼期间邀请一些著名的学者来给我们做讲座，这也是作为复旦大学文史研究院成立活动的一部分。今天我们非常荣幸地请香港城市大学中国文化研究中心的教授郑培凯先生来给我们演讲。郑先生在海外许多年，先在美国，后在香港，在香港城市大学创立了香港第一个通识教育的完整体系，做出了卓越的贡献。

郑先生是全才，历史、思想、哲学、文化、文学，统统都研究，研究的范围非常宽广。中间有一项，就是大力地促进我们传统戏曲的继承和改革。前年，白先勇先生带着他改编的青春版的《牡丹亭》到我们复旦来演出过，当时我们几千个同学都看过。青春版《牡丹亭》的第一次演出就是在香港城市大学的小剧场，当时我在，演了三天。我每次都看了，很感动。我们传统的戏曲怎么样子地继承，怎么样子地发扬，怎么样子地改革，怎么样子地使得我们更多的中国人，我们中国的青年人接受，这是个很大的问题。在这方面，郑培凯先生和白先勇先生做了非常有意义的工作。郑先生不仅仅促进了青春版《牡丹亭》的改编、演出、推广，还专门从历史的理论角度进行研究。

今天晚上他的演讲，题目就是《传统戏曲的现代性和超现代性——从汤显祖到白先勇》。我想你们刚才已经看了，他不仅要讲，而且要放一段录像。我们先请郑先生讲，然后再请他放录像，最后再请大家提问题。现在热烈欢迎郑培凯教授给我们做演讲。

郑培凯：

谢谢大家！朱先生给我一个限制，是一小时十五分钟，我尽量按照他这个限制来进行。我有一个坏习惯，有的时候一开讲就忘记停止。我自己的安排，最后还想给大家看两段录相，是在不同场合演出的《牡丹亭》里面的《惊梦》。刚才我放给大家简单看的那是在一个小剧场，没有麦克风，完全传统的一个场合，同样的一批人唱。你们假如有兴趣的话，我要把在大剧场演出和小剧场演出的《惊梦》对照一下，你们会有比较特殊的感觉。有的东西只讲可能没有办法能够讲清楚，可是我给你们对照看了以后，你们大概就可以理解。我刚刚放的那一段片子是在城市大学的三百人的小剧场里请他们演的。他们很高兴，第一次没有用麦克风，第一次没有挂上小蜜蜂在那里演。对他们来讲，他们觉得很兴奋。这牵扯到昆曲演出，还有中国传统戏曲演出在现代化过程当中面临的困境，跟怎么处理这些困境的问题。因为艺术的展现经常牵涉到你怎么样达到这个艺术领域里最高的艺术展现目标。假如说因为环境的缘故没有办法达到目标，就要牺牲很多东西。那么等一下我就要提到这个问题。

今天这个题目有一点拗口，叫《传统戏曲的现代性和超现代性》，我等一下还要解释什么是现代性，什么是超现代性。"从汤显祖到白先勇"这个副题，其实我要讲的是从汤显祖《牡丹亭》到青春版《牡丹亭》。

21世纪《牡丹亭》的展演，有历史文化变迁的痕迹。我今天主要讲的是《牡丹亭》这一出戏，它的生命史，或者可以说《牡丹亭》这一出戏，它的不朽的生命史，它到底牵扯到什么样的文化意义。从这一个戏来讲，这四百多年来，从明朝末期万历年间一直到现在，我们在中国文化的发展当中，牵扯到戏曲的一些文化思想的议题。

今天早上我们在文史研究院开幕典礼上,听了好几位先生讨论到,复旦大学文史研究院不只是文学和历史,大家都说文史哲打通了。可我们也时常发现,现在大家讲文史哲打通经常忽略另外一个领域,就是艺,文史哲艺。艺术领域,特别是表演艺术领域,在传统中国文化中,跟我们现在对于文化的往前发展是什么关系,不是学术界研究的领域,研究得很少。我觉得如果有一些人对这个方面比较有兴趣,就要特别推动。

我先讲一下我今天要讲的这个题目的一些主旨跟方法,就是说,等一下我讲具体的东西的时候,我的框架是什么。这里头有一点,就是我们讲到戏曲或者戏剧,在中国特别展现的有曲、唱、身段表演、舞台表演,它跟历史文化的展现或呈现的关系是什么? 我们要想到戏曲或戏剧,它是一个拟想的、虚构的真实,它所要呈现的东西也是人的感情跟他生活所处的环境,所面临的各种各样的生离死别,所有生活里遭遇的种种生老病死,或者是爱情,等等。所以,在这个意义上来讲,戏剧的创作跟戏剧的展演,特别是底下有许多观众的时候,它所要展演的东西,是它对于事实或生活的真实的环境所拟想的一个状态。这个拟想的状态有一定的抽象性,因为它属于一个独特的领域。它有相对的一个独立性,但是它也必须跟过去的传统有一定的关系。发展到后来,甚至到今天,在展演的时候,它也必须是跟过去这个领域的独特的传统有关的。

这跟历史文化的关系是什么呢? 我们讲历史,一般讲一个是真实的发生的经历,一个是我们要把它写下来。我们把它写下来的时候,有一定的历史的拟想,不可能把整个真实发生的林林总总都展现出来。所以,我们讲历史,特别是讲到思想史、思维史的时候,这里一定有历史想像或文化想像在不同历史阶段里的发展。现在有所谓"知识考古学",其实就是希望把这些东西厘清,讲得清楚一点,而不是笼统地说历史就是历史。历史就是把史料收集完,收集完去整理,整理完有一定的解释,不是这么简单的一件事情。

一个戏剧,比如《牡丹亭》,它在 16 世纪末 17 世纪初出现的时候,它的演出，有一定的历史的环境、文化的环境。今天的演出，也有它一定的历史环境的变化。而这个变化，可以从特别的角度展现一个文化变迁的痕迹。这是我要讲的一个背景。

不管是思想史也好，文化史也好，我们现在经常讨论的也不只是单纯对于观念变迁的一些问题，其实牵扯到许多对人的不同阶段的意识改变和认知改变。假如牵扯到艺术的话，问题就更多，更复杂。这里头有一些艺术思维的变化，变化里头又有它自己本身特殊领域的传统，所以我们现在经常讨论思想史，intellectual history，也有人讨论 history of consciousness，就是对于思维的文化意识的一种历史。日本人把它翻成精神史，其实我对于艺术的兴趣，主要就是放在这个领域来讨论的。

至于我要讲的所谓的现代性，要重新定义一下。每一个时代都有它的过去、现在与未来。我们现在经常讲的现代性，其实不是一个普遍意义的现代性，它经常牵扯到中国文化传承的一个系统。在 19 世纪，受到西方的冲击，西方现代化影响给中国所带来的特殊的现代性，这是一种历史意义的现代性。我觉得大家对于现代性的定义不是很清楚。不放在历史的框架里来理解现代性的时候，我们对传统跟现代的分别与关系，就不可能有一个比较平衡和比较正确的态度。因为再过三百年，再过四百年，再过一千年，假如人们发现 20 世纪末 21 世纪的人对于传统和现代的分界是如此的泾渭分明，会觉得我们是很奇怪的人。

为什么西方 18、19 世纪以后，它现代化的历程，它发展出来的东西，到了中国就是现代性？中国这几百年的发展就一定是传统性？这个问题牵扯到中国戏曲在 21 世纪的遭遇。我们知道中国戏曲在 20 世纪最大的一个灾难是"五四"以后，知识分子，或者我们讲知识分子群，在讲到中国传统戏曲的时候，就说这是旧戏，把从西方传过来的叫做新戏。旧戏是落伍的，基本上是应该被摒弃的。在艺术形态上，我们发现旧戏有很多忠孝节义，这的确是让 20 世纪的人难以接受。我们的思维变化了，所以，像这些旧戏所带来的艺术形态是我们要打倒的。打倒的过程当中，连这个形式也一律打倒,因为艺术形式的发展,有它自己相对独立性。而这个传承,本身在艺术追求上,有它自己对人类的很重要的贡献。所以我们今天到了 21 世纪,反而回头来再探讨戏曲的意义,很有意思。其实我有时觉得也很有反讽性,我们对于昆曲的一个最大的回归,反而是因为联合国教科文组织在 2001 年 5 月 18 日,列出世界十五种非物质文化遗产,昆曲列为第一种。突然,好像很多人发现原来昆曲是世界文化遗产。那么又回头去看,一看只有许多反讽性的历史。这也是历史,这也是历史文化变迁当中一个特殊的现象。所以我特别要提醒,我讲到超现代性的时候,经常涉及到戏曲本身作为一个艺术范畴,它有它相对独立的一个传承,而这个艺术传承本身是文化传承的一个部分。而这个部分是有它跟传统艺术形态相关的东西,也有不完全跟艺术形态相关的东西,它有它一定的超越性。

我时常想到这个事情,是因为我去欧洲旅行,最喜欢看的是欧洲的庙,就是他们的教堂。我去看庙的时候,是真的去看庙,因为我看到了他们的虔诚。特别是在意大利乡下,那些老太太老头儿去寺庙里头,就是教堂里头,他们那个虔诚跟膜拜的样子跟我们那边的老太太上香是没有什么差别的。我发现的是什么呢? 就是中世纪的那些教堂,那些雕塑之美。那个雕塑之美是当年的工匠把他全部的信仰都投入在奉献给神的雕塑上了。那些东西,现在我们看都是艺术品。我并不信天主教或者是基督教,可是我看到那些东西,也非常的感动。这个就是艺术相对的独立性。我觉得对待中国传统文化艺术也应该是这个态度。

我觉得最奇怪的是,我们现在,比如说到上海博物馆去,对于青铜器,对于书画,充满了膜拜的心情,可是对于中国传统戏曲所凝聚出来的艺术的成就,我们经常视而不见。

我想复旦大学的朋友大概都看过昆曲,或者中国传统戏曲,但是整个社会的态度,它是一个很奇怪的东西。我觉得要做一些调整。这也是我为什么要从事中国传统戏曲研究,并且参与到实践当中的原因。

青春版《牡丹亭》我参与比较多,“从汤显祖到白先勇”,其实我要讲的是三个阶段,三个人。当中的那个人物我没有把名字写出来,那个人是梅兰芳。我要讲的是汤显祖的这个阶段,16世纪末17世纪初。清末民初,西学东渐的时候,梅兰芳作为旧剧的一个代表,可是他本身是一个很伟大的表演艺术家。作为一个表演艺术家,他投入一生做的一件事是什么? 是《牡丹亭》。他是京剧大师,但他最喜欢演的一出戏不是京戏,而是《游园惊梦》,就是《牡丹亭》里面这一折。这里面有什么意义? 而白先勇处在20世纪末21世纪,也正是在我们对于中国传统文化反省的过程当中,或者说是回归的过程当中,以昆曲来代表一个传统精致艺术的颠峰。他想要从这里重新推展出来作为将来中国文化艺术发展的资源是什么?

我觉得这三个不同的时代,不管是汤显祖在明末的时代,还是梅兰芳在清末民初这个时代,或是白先勇在21世纪这个时代,我觉得有一个东西很接近,就是这是一个脱俗入雅的过程,是一个追求高雅艺术的整体呈现的过程。这怎么讲? 汤显祖那个时候,其实是戏曲很流行的时代,基本上是通俗舞台艺术。我们知道明代有所谓四大声腔,弋阳腔、海盐腔都比较流行,昆腔是后来发展的。可是昆曲的整个发展,作为艺术代表,其实是大量的文人跟士大夫投入到戏曲,投入到表演艺术,它才达到巅峰。我时常做的一个类比,就是像20世纪末21世纪,中国人对于表演艺术的兴趣大多数投入到电影一样,在不同的时代有不同的艺术形式的投入。投入的本身经常聚集了这一个时代的一些精英,他们都进入到那一个领域。那么,昆曲的发展从16世纪末到18世纪,差不多有两百年左右的时间,各个不同的领域,大量的人通通都投进去,在这种艺术形式中,造成了一个巅峰。

我们今天说恢复到以前的巅峰,可能性不太大。这不是悲观不悲观的问题,而是牵扯到文化变迁的问题。每一个时代,它所造就出来的文化巅峰的东西,你都不可以忽视,尽量有可能地保留一些,因为这些都是将来发展的资源。我们从外国的一些历史中就可以看得很清楚,我们都很清楚地知道,莎士比亚在西方是怎么样被诠释再诠释,怎么样地变成一个资源被利用再利用,怎么样变成西方文明的一个很重要的文化资源在发展。我们对待自己的文化资源的态度就不是这样,反正大家也不懂啦,戏曲没什么意思啦,我们去学电影啦。奇怪,你学电影里面的东西,难道不需要文化资源,没有一个后盾,没有一个基础,你会发展出来什么好东西来吗?那是不可能的,我们假如永远跟着好莱坞后面走,中国人就永远都是重复人家,最多就是克隆一些西方文化的东西而已。你自己的资源都不要了,还能发展什么?不可能发展什么东西。所以我觉得,我们要重新回头,在这个大家比较忽略的文化资源领域里面看看我们怎么吸收,这个应该多一些人去做。

我再讲一下所谓的"脱俗入雅",其实就是大多数人已不再投身其中的时候,可是精英还持续追求这些东西。另外,即使是在明末它最流行的时候,我们也发现许多的人,不是大多数人,追求的是一个精英文化,或者说是他能够想像的一个艺术巅峰状态。我们要记得一件事情,就是汤显祖填了《牡丹亭》之后,有许多演出,当时所谓"牡丹"一出可以让"西厢"减价,就是说,它在当时已经很红了,可是,很多行家,包括非常有名的戏剧家,也可以说是导演、编剧跟舞台,比如李渔李笠翁,他对汤显祖的《牡丹亭》的批评其实也是很有意思的。他最主要就是说,《惊梦》和《寻梦》这个"二梦",是非常非常的精彩,文辞美得不得了。可是,谁听得懂它呢?所以汤显祖最大的问题,就是丧失了元人的本色,元曲的本色。本色是什么呢?是舞台一演出,人家就要看得懂听得懂呀!听不懂你这个东西,将来怎么继续下去,所以,这就牵扯到,为什么汤显祖的作品在后来也有辞藻跟曲律之争。还有另外一点,它是不是太高雅,不能够通俗?是不是不能够传世?历史过了四百多年,我们看到的也是一个非常反讽的现象,就是昆曲里面文辞最典雅艰深的一出戏,是现在演出最多的一出戏,而许多所谓本色的,老百姓一看就懂的,现在也不演了,也没人看了。那么这是什么意思?所以我们要理解,艺术领域,文化的发展,有许多东西,不是说一代人看得懂看不懂就可以作为一个评断标准。一些伟大的艺术家,把毕生的才华跟精力,全部投入到一个作品,不见得是为了你这一代人做的,那是凝聚了整个传统跟人类所有能够赋予的东西,把能够想像到的一切,变成一个艺术品。

这个艺术品对他来讲是最重要的。

所以我们发现，汤显祖在当时是最反对人家改编它的，为什么？他讲那些人的确可能比我更懂苏州话，昆腔是苏州话，有一些协韵，或者曲律，苏州人是最懂的。可是我宁愿拗折了天下人的嗓子，我也不改。为什么？我在投入这个戏的时候，艺、趣、神、色，就有我的追求。我的追求，是追求艺术，换句话说，有一个相对独立的艺术领域的传承，而他开创的，就是这个传承。这个传承对后人来讲非常重要。所以我们就发现很有趣的一个现象。我们知道在 17 世纪的时候，就有各种各样的改本，改来改去，可是到最后，又回到汤显祖原来的创作。当然，舞台演出，所用的曲牌有一些改变，因为要适应这些词。对汤显祖来讲，他认为他所投入的这个东西，不是单纯的娱乐，而是他对于人生的意义，他对于爱情、婚姻的理解，他对于一个女性追求的理想，追求她的春天，追求人生的美满，而且这个爱情故事到最后还要经过社会考验。他所写的是这么一个东西。

他一生最满意的好像也是这出戏，虽然他写了"临川四梦"，但是后来，特别到了《邯郸梦》的时候，汤显祖从文辞的角度来讲，是比《牡丹亭》要老练，可是从感情的投入上来讲，不如《牡丹亭》，所以这是很有趣的一件事情。总的来说《牡丹亭》，四百年演出的变化，在早先，是把它随便改，有的是把词也通通改了，像冯梦龙的改本，叫做《风流梦》。因为老百姓一般的人听不懂，改得蛮多的。汤显祖就很生气。我想这个大家都很熟的，我就不讲了。后来的改，基本上尽量文辞不改，意思不改，把曲调、曲牌稍微变动一下，或者是衬字。这有很多人研究，我不提这些了，这些是属于戏曲研究方面的事情。

我觉得有意思的，是到了 20 世纪末 21 世纪，我们现在看到的改动，在所谓"昆曲又回来"的时候。我们现代人改的，基本上都不敢改动他的词。1980 年，上海昆剧团演出的时候是改了一些词，那个是有特殊原因的。因为我们知道《惊梦》这一出戏里头，有许多男女情色这方面的内容，它的文辞并不露骨，可是它的意象非常清楚，都是情爱的、甚至性爱的一些东西。

上海昆剧团演出就把它通通删掉了。我想大家也知道,本来上海昆剧团在1998、1999年要去纽约演出《牡丹亭》的,后来被枪毙掉,有三大罪名,一个是封建,就是有很多封建色彩;第二是迷信,因为里面有鬼;第三是色情。所以没有办法。可是,后来在国外也是演了,当然演员不是从上海去的。我觉得有趣的是,除了1980年那一次,基本上这些词通通都改回来了,因为大家改来改去,发现怎么改都不对。

　　我想有两个原因,一个是我们现代人其实没有能力去改16世纪17世纪大诗人填得这么好的词,我们的古典文学的底子,要跟汤显祖比,大概是很难比得上,古典学术的底子,像朱(维铮)教授是有的,可是叫他填词大概还不行。我们现代的诗人都写现代诗了,所以也不行。这是一个方面。第二个方面,就是他整个身心的投入。我们今天在某一个段落想要改得让大家都能懂,改成白话,不但曲律上非常的困难,我觉得在文辞之美上也很难吸引人。时常有人问,你那个演出的词我根本不懂,怎么办呢? 其实不难呀,你回去看看剧本,多看几遍,把他背下来,不就懂了吗? 难道打开《诗经》,打开《楚辞》,你就看得懂吗? 看不懂的,现代人看不懂的。虽然说莎士比亚用的是白话,当时所谓的白话,现在大多数的英国、美国的大学生打开莎士比亚就都看得懂吗? 看不太懂的。有些东西是看不太懂,可是好不好跟你看懂看不懂是没有关系的。文化传承很重要,我们不会因为打开《诗经》、《楚辞》看不懂,我们就说这个东西不要了。不会的。所以我觉得我们对于整个文化传承,是我们出了问题。不是以前的东西有问题,是我们自己有问题。

　　在演出方面,我们发现,四百年来主要的演出,都是看不太懂剧本的演员,所谓的"戏子",他们的社会层次比较低,是他们在演。他们连词都看不懂,怎么演? 梅兰芳就是很清楚的例子。他们一般从小科班出身,老师教他怎么演。演的时候,基本上也不太了解,可是慢慢地,在演出的过程中他会了解。而且更重要的,是由老师慢慢地给他讲解,他慢慢学。以前演戏,小孩就演科班的,到基本上能够演了,整班的就开始演了。

　　年轻的演员虽然扮相非常漂亮,上台大家也觉得是俊男美女,可是,大家经常说，表演艺术高的还是年纪比较大的。是因为对于艺术的体会，他后来慢慢才懂的。有的甚至不是因为有这些文学老师给他清楚地讲解，而是因为他个人的人生经历，他一生的发展。因为每个人都会有他自己的人生遭遇，都会有爱情遭遇、婚姻遭遇，也有各种生活遭遇，他慢慢才知道这个是什么意思，那么，演出就跟他的生命联系起来。跟生命连起来的时候，他的演出就是带着他自己生活的诠释的。

我们也要知道另外一点事情，就是这些剧目，其实讲的都是大家知道的故事。什么是经典？经典也是大家都知道的。可我们今天面临的一个问题是，我们并不知道经典，我们也没有时间读经典。我们可能从小就要学理工或者是学法律，学商，那经典也就不要读了，也不必知道了，因为对生活不重要。这个对我们的文化传承也有一定的影响。我们当然也了解，现在的世界是非常实际的，物质性很强。可是，假如说一个民族，一个文化，连精神领域都没有的话，那问题就非常严重了。所以我想，复旦成立的文史研究院，将来是不得了的，对于民族文化很有贡献的。

回到舞台演出。我为什么讲梅兰芳呢？梅兰芳在他的自传里面讲，他小的时候开始学京戏，很重要的是要学昆曲，为什么？因为京戏许多艺术是从昆曲借来的。京戏为什么流行？因为京戏比较通俗。在当时，所谓的花部，引起很多社会反响。还有一点，就是京戏对于唱这方面，有比较长足的发展，而昆曲的演出比较优雅，属于比较上层社会的。当上层社会慢慢转型，对于昆曲丧失掉兴趣，问题也就很大了。所以艺术是需要有支持、有培养的。任何时代，包括西方也一样，假如贵族支持，就有一些贵族支持的艺术的发展。等到贵族没落，资产阶级起来的时候，资产阶级支持的一些东西，就有它的发展。这是文化变迁跟社会经济的关系，这个其实也蛮明显。可是这并不表示说不能继承。我们发现，西方资产阶级起来，他们要学样，学贵族的样。读过巴尔扎克的人就很清楚地知道，在法国大革命之后，资产阶级怎么学贵族的样。因为他们掌握了资源以后，他们觉得他们的社会地位也要高，就把那一套所谓贵族的东西都继承过来。

　　我们中国的变化比较大，我们的革命是比较激烈的，因为我们最后继承的是西方的新文化，所以就有一个大的差别，这个大的差别正好是梅兰芳所面临的。梅兰芳成名的时候，是1910年代末，1920年他开始崭露头角，变成大明星的时候，也就是"五四运动"、"新文化运动"轰轰烈烈的时候。所以梅兰芳所面临的处境是非常尴尬的，因为他投身的东西，是被整个新文化阶层所唾弃的。梅兰芳的一生，在艺术展现上的贡献还是很大的。他做了一个很有趣的事情，就是把京戏雅化。特别是1930年代以后，抗战还没有爆发（因为抗战后他就不唱了），他基本上已经开始进行京剧雅化的过程。这里头包括了很多人，比如齐如山、李世戡、罗瘿公，很多人，也有一些大资本家、银行家在后面支持。他觉得京戏的前景是艺术，不是市场。市场已经不再会看传统戏曲，而他作为一个艺术家，对于中国文化艺术或者是对人类文化遗产的最大贡献，就是在艺术上来一个提升。他后来所谓"梅八出"，做的事情就是怎么样让它更艺术化。而这个，也就是鲁迅批评的"越来越脱离群众了"。

　　梅兰芳后来所有投身做的事情，都是脱离群众的。在1950年代以后，梅兰芳时常讲，我是为了工农兵，我也考虑到群众。梅兰芳在1956、1957年又提出"移步不换形"的说话，就是说，我们在做一些调整，可是我们基本的精神不变。他没有挨打，可是他旁边访问他做这篇文章的人，就变成了大右派。梅兰芳再也不敢讲任何的话。我们有时候发现，艺术干扰是另外的东西，那个我不谈了，我也没有兴趣。

　　1920年代，梅兰芳第一次拍电影，拍的是默片。那时候电影在中国渐渐开始，他拍的《春香闹学》就是《牡丹亭》里的一折。后来他就一直想要拍戏曲片，特别是在抗战胜利之后，他又复出的时候，因为他抗战八年都没有唱戏，留了胡子。他自己说他年纪已经大了，再不拍就不像了。因为他是旦角，再不拍就变成一个老头了。他跟电影大师费穆拍了《生死恨》。《生死恨》的整个拍摄过程，使他对电影艺术跟戏曲艺术做了很深刻的思考，也使得电影大师费穆做了非常深刻的思考。这两个是不同类型的，所以这里面有许多的问题,可是怎么办呢?我们又要推广,又要留下影像来,所以做了许多的探讨。这个我曾经研究过,今天就不讲了。我最主要的问题就是,不同的领域有不同的关照,有不同的考虑。

梅兰芳对于电影的讨论非常有意思,因为这里头牵扯到最早帮他拍戏曲片的身段、演出,在国外的是艾森斯坦。他到苏联的时候,艾森斯坦帮他拍过戏曲片。艾森斯坦这个当时世界公认的电影大师,也对戏曲有许多想法,他们做了一定的交流。梅兰芳的最后一段时间,就是1950年代以后,一直想拍的就是一个《游园惊梦》,最后终于拍了。这个影片留下来了,我们还可以看到。他拍这个影片时面临着许多问题,这也都牵扯到电影艺术所考虑的东西,以及他自己在舞台演出所面临的问题。最大的问题就是舞台演出是跟观众连在一起的,是一个全面的展示。那么电影呢?它剪辑,切换,跟舞台演出牵扯的问题不一样。所以梅兰芳虽然自己也很投入,可是,他发现在艺术上还是没有办法解决。我们看梅兰芳的电影《游园惊梦》,有很多他的身段特别是台步都没有了,他都演上面就是拍的部分。还有布景,在游园时走来走去的回廊,惊梦的时候出现的花园,他不能像有现场观众一样来展现了,特别是有一些面部的细部,切换以后不可能全身地展现。所以他一直觉得有一点遗憾。可是他还是觉得,这是他一生一直追求的东西,终于可以在影片中留给后世。

梅兰芳一生讨论《游园惊梦》。他演《游园惊梦》演了四十年,不断地演,而且不断地讲。这是个昆曲,不是京戏。所以我觉得,从民国初年到梅兰芳1960年拍完《游园惊梦》,对于昆曲影响他的艺术展现,他做了很实际的投入。你也可以说他从舞台实践当中做了一个艺术展现,完美不完美那是另外一个问题,他也只能做到这个地步了。

到第三个阶段,是白先勇所做的这个青春版《牡丹亭》。《牡丹亭》一"青春"之后,现在大家都"青春",我看到也有"青春"的《桃花扇》,也有"青春"的《长生殿》。实际上《长生殿》很难"青春"的,唐明皇都六十来岁了,再"青春"也不好青春。不过,为什么我们当时讨论青春版呢?白先勇选择这个方向,意图也是很明确的,就是说,假如没有观众,那也没有舞台演出,假如不培养新一代观众,昆曲也就亡了。所以这是一个推广跟重新认识的问题,不青春也不行。所以,选角的时候,当时也有一些考虑,因为我们也有一些行家中意其他人,可是,我们发现,现在演青春版《牡丹亭》的男角和女角的扮相是最好的,这就很容易吸引人。那么你说这个考虑是艺术还是非艺术呢? 还是市场呢? 这就是另外一个问题。我们怎么样说服自己呢? 我们的考虑是文化的,对于文化的推动来讲,这个重要性超过一切,至少在短期是这样的。这两个年轻的演员也的确不负众望,花了很大精力,的确是演得蛮好的。

青春版《牡丹亭》在现代的大剧场演出,观众经常是两千,上次在复旦大学好像有两三千,这样的观众,这样的大剧场演出,我看过的昆曲演出中算是最成功的。那么关键在哪里呢? 关键在所有人认清一个方向,这个方向就是昆曲表演的写意性,它要明确地呈现传统戏曲唱、念、做、打的特色,让观众注意演员的表演。由于种种原因,中国传统戏曲在台上的演出,基本上是空灵的舞台,这个空灵的舞台很可能是因为当年没有条件,它哪里有条件像现在这样的大剧场? 可是在没有条件之下,发展出一种表演的程式跟方式,使这种艺术展现达到了一个高峰。艺术从来都是这样,艺术并不是说你要有所有条件才能发展出好的艺术,艺术的本事就是没有条件,却能够达到一个你没有想像到的境地来感染你,这就是艺术。所以,中国传统戏曲展演的方式,发展出一个在空灵的情况之下的表演。它不要有什么东西,它说有什么东西,你就觉得真的是有这个东西在。

中国的传统戏曲表演不是象征的,中国的舞台展演完全是写实的。它的写实是虚拟的写实,不是斯坦尼斯拉夫斯基那一种话剧的写实。有些人就说,他拿一条马鞭就算是马啦? 可是他的动作是骑马的动作。他这样的咚咚咚走就是上楼梯啦? 他只是要做一个上楼梯的动作。它是一个写意的写实,它不是象征。我时常想到像齐白石讲中国画,中国水墨画、写意画,是在似与不似之间,它又像又不像。这个是中国传统戏曲、中国美学追求的。

并不是说这一点就了不起，就是世界最好，不是这个意思。可它至少是一个追求的方法，我们不能够否认这种追求艺术的方法。中国传统的戏曲假如在现在大舞台上，忘记了这一点，搞上一大堆布景，一大堆我们叫做砌末，一大堆道具，真枪真马都上来，是违背中国传统戏曲舞台的运作的，这也就使得长期发展出来的演员的身段、舞蹈、唱腔所配合出来的一种特殊艺术展现丧失掉了。所以我们时常看到，大场面的昆曲演出，声光画电什么都有，话剧的所有东西都上来，其实在展现上并不能帮助艺术。你要唱歌剧，你就唱歌剧，你要演话剧，你就演话剧。中国戏曲有它特殊的几百年的艺术展演方式，而那个方式可以感动人。你放弃了以后，你就一团乱了。

青春版《牡丹亭》的这一点基本认识没有错，你看舞台基本上是比较空的。舞台一开始还是乱的，我们也有很多批评，现在比以前干净多了。第二个是青春版《牡丹亭》定位非常清楚，它的对象，就是观众，是广大有相当文化素养的青年人，特别针对的就是大学生。大多数人不熟悉昆曲演出，或许很多人从来没有见识过昆曲优雅细致的展演方式，所以就针对他们审美鉴赏的口味，精心布置一些舞台的配合，所以基本的舞台展演没有变，只是用了一些其他东西做陪衬。因为年轻人习惯现代舞台，西方现代舞台，大镜框的舞台，所以这些要配合。配合以后，让这些年轻人有一些惊艳之感，这是白先勇最强调的。惊艳，吓他一跳，啊！这么美，他就喜欢了，让他们一见钟情。这就是为什么挑演员挑很漂亮的，也很有道理。我们不要忘了，京戏四大名旦之一，梅兰芳的扮相非常漂亮，这个是很重要的。因为不管怎么样，舞台上展演的东西要吸引人，这个相当重要。

像我们研究昆曲的人看昆曲多了，经常看老先生老太太演十六岁十七岁的，我们觉得好美啊，年轻人说，你们神经病。这个也没办法，因为我们看得多了。有时候希望看到他表演特别精粹的东西，那么我们就忘记演员的年纪了。可是年轻观众不会像老观众这样，所以也不能把老先生老太太放上去演青春角色。在这方面，我们也发现有许多的配合，比如说，不管是服装也好，绣的那些戏服，或者是我们安排的这些舞蹈，这些花衬的动作，叫这些老行家看了觉得是累赘,可是对于年轻人来讲,其实还蛮漂亮。特别是一大堆美女出来,很吸引人。我觉得,至少在展演上基本是素雅跟精美兼顾。而且这些安排,甚至有一点花团锦簇。这些安排都考虑到热闹而不喧嚣,很华丽也不滞重,有一些素雅的地方则不枯竭,真的是风流蕴藉,让你看了觉得很热闹,可还是行云流水,跟昆曲所要求的优雅基本上可以配合。

到目前演出九十多场了,在这九十多场的过程中(大家可能不太清楚,但我基本上追踪了,我的责任是追踪,因为要提出意见),我觉得一个最大的变化,是我们乐队的伴奏声音小一点,笛子的声音,传统乐器的声音尽量出来,交响乐似的那一种少一点。有一些乐器,到现在还没有取消,不过我们每次都坚决反对。它有一个乐队,你不能不给它工作,那也是没办法的事情。已经不错了。演出专门挑大学来演出,在青年学子中间,引起了相当多的轰动,重要的是让新一代的青年思考中国传统艺术的资源。资源的可利用性,资源的可塑造性跟开创性,我觉得这个很重要。

青春版《牡丹亭》的演出,花了很多的经费,经费是许多有心人捐的。我去年年底在江西抚州开一个研讨会。江西抚州是汤显祖的家乡,家乡出了这么伟大的人物不得了,现在也"青春"起来了,他们也要庆祝纪念开个会。结果有江西本地的学者就说,青春版《牡丹亭》赚了大钱,那么我们也要利用汤显祖赚大钱。青春版《牡丹亭》还到美国去演了,赚了洋人的钱,在国内大学里演出,把大学生口袋的钱都赚到了。白先勇没去,我听了非常生气。我说,你知道那钱哪里来的吗?你知道多少人做义工吗?你知道多少人投入吗?你知道多少基金会怎么把这钱拿出来的吗?青春版《牡丹亭》是演一场赔一场。像在美国的演出,是香港一个基金会,是一个家族基金会给的钱,在各个大学演出,基本上都是有人付钱。其实这一点也不奇怪。我以前在纽约生活很久,我喜欢看歌剧,大都会歌剧院四千个位置,票也不便宜,每一场在纽约大都会演出的歌剧,都有联邦政府的资助,州政府的资助,纽约市政府的资助,还有个别财团跟个人的资助。经常有一场,就是哪一个附庸风雅的有钱人挂出来他的名字,这一场是我资助的。为什么？这个是你的文化、艺术的精华，你不资助你的文化，精华就慢慢地丧失掉。所以，我觉得最近有些人把文化搭台经济唱戏拉出来，说是搞昆曲可以文化搭台，经济唱了戏就可以赚钱，这都是不知道脑筋怎么转的一些人。

我们讲到青春版《牡丹亭》衍生的文化现象，文化变迁的现象，有许多我们现在还必须要考虑，有几个大的问题，有一些是跟我讲到的相关，可是更重要的是，我觉得一个问题是跟音乐有关，就是音乐展演的问题。我们现在大舞台展演的时候都用小蜜蜂的扩音器，演员慢慢地就不会用自己的真声对待听众和观众，这就是一个大问题。所以我带了两个碟，一个就是青春版《牡丹亭》的正式版，舞台演出的版，一个是我请他们来香港城市大学，在一个三百人的小剧场，不用麦克风，不用扩音器，演出的一个真实的状况。很不一样。演员自己说不一样。可是现在很困难，很困难的意思是说，很难有小场地，但为了做有社会影响的演出，就很难有小剧场的艺术追求。可是假如没有艺术追求的话，下一代的演员慢慢就不会唱，因为你的训练从头都是用唱现代歌曲的方法，都带上各种各样的音响，你听了是音响的东西，不一样，真的是不一样。戏曲它有很重要的一个部分是声乐，戏曲如果声音不重要，唱都不重要，那还有什么重要？

我们面临一个矛盾，不是演员不努力，是我们真的面临一个困境，这个问题很严重。我觉得这个社会有一些东西要慢慢改变，真的不是说一天两天可以把整个风气改过来。可是我们的时间是有限的，因为文化传承，特别是传统表演艺术，它是必须要通过人来完成的，人是两类，一类是跟演出有关的人，一类是观众，这两类人断了的话，这个传承就断了。

有的时候，觉得自己也很奇怪，明明是学术界的人，怎么投入到搞昆曲的演出？可是假如你不投入，它就会断。这也就是我时常想的，在文化变迁当中，面临很大威胁的是濒危的非物质文化遗产，而非物质文化遗产假如当作商品来处理（现在是企业化、商品化跟产业化的时代），它就完全变质了，一个相对独立可以发展得很好的文化传统、文化传承，它就转向了，然后就会断掉，然后就没有了。它固然可以赚钱，可能会短时间，五年、十年,甚至说不定在二十年当中,可以变成一个产业,可是这是杀鸡取卵,最后就什么也没有了。因为假如不好好处理,我能够想像到的一个转化,就像歌舞剧一样,像百老汇的歌舞剧,甚至更糟一点,就像拉斯维加斯的那一种歌舞剧,有的时候很像的。这样当然也可以吸引观众,当然也可以火。有的人说,现在文化变了,这种是大家要的嘛,文化变了也没有什么不好啊?还是有新的文化出现,新的文化出现了,新生事物又出来了呀。但是,这里头有一个问题,这个问题就是,当你抛弃了几百年累积的文化艺术传统,说自己要创一个文化艺术传统,是大家喜闻乐见,是工农兵都喜欢的东西的时候,其实到最后,可能什么都没有了。

我想我讲的时间蛮多了,因为我还想放两段录像给大家看,那么我就讲到这里。

提问与回答

朱维铮:

谢谢郑教授。郑教授提出了很多问题值得我们思考。刚刚郑教授讲了,汤显祖的东西,许多人都试图把它改了,结果最难懂的东西流传得最悠久,最通俗的东西反而很快地消失了。可见这里面有很多问题要探讨。我们现在看到根据汤显祖的《牡丹亭》编的那些通俗故事,几百年以前就慢慢地没有了。郑教授提的这一个问题确实是一个问题。记得梅兰芳老早提出来,他要把我们的京剧变成艺术,而不是一个市场化的东西。现在京剧大家记得的还是梅兰芳的艺术,而不是当年轰动的市场,在我还是中学生的时候,我看过梅兰芳的戏。

郑培凯:

你是我见过的第二个看过梅兰芳戏的人。我没看过。您很了不起。

朱维铮：

那时我还是个中学生，五十年代初期，当时觉得看不懂。可是后来再回过头来看看别人演的京剧，特别是到了"文革"时的样板戏。样板戏据说是花了很大的力气，结果越改越不像京剧，所以当时人家批得很厉害。现在呢？当然它里面有那么几个段子，因为靠着我们的宣传工具，还不停地在那里播，可是整体上面，我想不会有太多的人再去欣赏它了。从历史的传统上看，从我们的文化传承来看，今天郑教授提出了非常多的值得思考的问题，我们在复旦也希望大家都能够思考这些问题，去研究这些问题。我们今天非常感谢郑教授非常精彩的报告。底下就请他放两段精彩的演出录像。

郑培凯：

我放两段录像给大家看，都是《惊梦》，一段就是青春版《牡丹亭》在大舞台的演出，大家看过的请举手。（举手）不少不少。这个你们都看过。然后我再放一段小舞台的演出。我要告诉大家的是，同样的人，都是青春版的演员，大舞台的演出跟小舞台的演出很不一样，放给大家做个对比。有一个大的缺点是我没有办法克服的，就是必须通过碟片通过音像放给大家看。最大的不同，其实是在剧场的不同，在小剧场的里面，整个演出大家坐在这里看得非常清楚，听得非常清楚，是他真正的声音，跟大剧场有所不同，所以我要做一下对比。

我就想讲到这里为止。我们有一点时间大家可以提问。

（放录像）

朱维铮：

我们已经看了郑先生放的精彩演出和前面精彩的报告，现在我们有一点时间开放，给大家讨论，一刻钟，请大家提问题能够简短一点。

学生：

您的题目是《现代性与超现代性》，但是在您的报告里，超现代性我还没有感受到。

郑培凯：

是，我可能一开始讲得不是太清楚。我说的"超现代性"，是说文化艺术传统有一些相对独立的传承，而这个传承不会因为时代变化而变化。我们经常讲所谓的文学艺术有它的超越性的意义，可是这是相对的不是绝对的超越。没有什么绝对超越。因为不管文学艺术还是传承过程当中，都会有变动。怎么样讲？它是超过你一个时代的，不管现代性是什么东西，它是不受这种东西的影响的。我举例来说，比如时常有人讨论到汤显祖对于女性知己自我主体性的追求，对于爱情跟婚姻专一，生生死死去追一个东西，不顾家庭环境、道德的规范，所以，汤显祖的作品有现代性。我不知道该讲什么了，因为你说这个现代性，只是我们 21 世纪的人认为是很好的，汤显祖在 16 世末 17 世纪，他的想法跟我们很接近，所以他有现代性。我请问，再过四百年，我们这个现代性算是什么呢？所以我喜欢讲所谓超现代性。现代性需要有一个对比，有一个背景，我很怀疑所谓的现代性是不是历史的一个特殊的现象。

在 20 世纪开始，特别是在"五四"以后，我们时常搬出所谓的现代性。这个现代性我们强调得非常厉害，其实是因为我们在一个文化转型的情况之下，希望这个文化有新的发展，希望跟西方的现代发展相关，这是一个历史现象。可是我觉得，许多人讨论现代性的时候，把现代性说成是一个绝对的东西，传统是个传统，现代是个现代。假如汤显祖在 16 世纪末 17 世纪有一些东西跟我们今天现代性相关，所以，他在那个时候有现代性，我觉得这种方法并不能帮助我们理解整个文化跟艺术领域一些东西的发展。有些东西是持续的，这就是我讲的所谓超现代性。其实讲穿了，讲得更俗一点,就是我们研究历史的人时常都会讲,同时有 continuity and change。任何一个时代都有延续跟变化,可是我们在 20 世纪的时候,在中国,经常把这个断裂性强调到一个极端,使得许多传统的东西,特别是我今天讲的表演艺术领域被排斥掉。排斥的理由其实也是意识形态,我觉得,这就不是一个顶恰当的理解文化传承跟文化发展的方式,所以,我把它拿出来作为一个对照。这就是我为什么拿一个戏,拿一个《牡丹亭》,来讲所谓现代性和超现代性。我一开头讲《牡丹亭》这出戏的生命史,它的生命还没完,它的生命可以有各种各样的诠释,在我们不断的诠释当中还会继续它的生命,这就是艺术为什么可以不朽的最主要原因。因为我们在文化上承认它的重要性,而且我们也的确受到了一些感染。过去有一些讨论,说文化艺术追求的是永恒的主题,天底下哪有什么永恒的主题? 我们从逻辑上讲,天底下没有永恒的主题,是相对永恒,所谓现代性和超现代性,从这个角度讲,其实可以清楚地解释。

学生:

我理解,您可能从这个角度去说,它的现代性反映出一种思想内容,一种意识形态,它的超现代性可能是因为它的本身作为艺术的一种表现形式。

郑培凯:

艺术许多是综合性的,假如完全从思想脱离,从它的艺术展现,那个角度讲是可以的。比如说,在 16、17 世纪,戏曲基本上讲忠孝节义的话,那么这个意识形态跟我们现在的意识形态很不一样。可是,汤显祖在这个剧里头提出许多东西,跟当时意识形态不太一样,从 20 世纪、21 世纪的人看来,好像就是超现代了,或者是现代了。可是我觉得应该不只是这样子讲,我最主要讲的是,里头有一个所谓文化变迁,四百年的文化变迁。这个戏四百年的生命史当中,我们以现代性来讨论这个问题的,我们的自省性不够,我们的思维自省性不够。这是比我们现在讲的所谓现代性要复杂的一个问题。我觉得,您不完全理解我讲的。

学生:

刚才您提到的昆曲已被联合国列为世界非物质文化遗产,现在中国非物质文化遗产正在流失,也是一个不争的事实。我想问一下,对于我们当代大学生以及那么多的有识之士来讲,我们对民间文化的传承与拯救到底能做一些什么?

郑培凯:

我想第一,就是你对于民间文化传承的态度。民间文化,一般就是次层文化,不是主流的,或者是精英的,或者本来是精英的,在现代 21 世纪已经变成被排斥的东西。那么,我觉得需要有一些人投入。比如说大学生,如果你对这个有兴趣,你可以做一些调查,或者是你自己多关心一点。有许多民间流传的东西,流失得很快,而我们在吸收外面的或者在倾心于外面传来的东西时,充满了热情,自省性还是很重要的一件事情。

我时常看好莱坞的一些东西,觉得非常的无聊。比如说电影,很多电影都是重复来重复去的,而且有一些在技术上并没有什么个性,可是我们花很多精神在看。可是比如说去看看评弹,我们就没有认识,或者我们也不愿意去,我们也没有时间去,或者觉得那个东西跟我们的身份很不合,经常有这类的观象。自从联合国定了这个非物质文化遗产,去年国家也开始定了,定了五百八十一项。我觉得我们在定这些事情的时候,经常是希望它能够产业化,就是把非物质遗产和产业连起来发展,对这个矛盾,人们讨论得也不够。

所以你讲的那个问题,其实是有很多大问题存在,只是我觉得态度上我们至少要保持一点重视。我们对一些濒危的生物物种很注重,像熊猫,你假如去破坏它的生态,或者你打死一只熊猫是要判刑的。可是我们对于我们自己的文化,而且是可能继续发展的作为资源的这个文化却不太重视,或者拿它来赚钱,赚了钱就算了。你看我们对熊猫的保护真的很好啊,送给外国,只是借给它。

我觉得我们有很多文化遗产,是能够代表这个国家民族文化的精华的,这些东西,我们重视的方法有时候很奇怪。比如说江南,上海旁边有一些古镇,当然可以利用它做一些产业。我们经常看到古迹,我们也时常盖古迹,经常在这里盖一个古迹,那里盖一个古迹,我们也看到古镇,我时常去一些古镇,有时候觉得很有意思,每年都在增加,每年都在扩大,因为它是一个旅游的东西。但我觉得是一种错置,是一种文化错置,我们意识的一种错置。而这个错置最基本的,就是我们要赚钱。没有说赚钱不对,在发展和赚钱的过程中,有的时候它会妨碍文化艺术的长远发展,这个时候我们要做一个平衡。我觉得我们的政策在这一点上讨论得不够清楚,而我们民间的声音经常也反映不出来,这是一个问题。你看许多国家,像欧洲也好,日本也好,韩国也好,它民间的声音比较清楚。日本有一个国家政策,日本在政策上比较清楚。日本所谓的文化跟国宝,在1950年代初期就开始发展得很好,为什么呢?是因为1945年日本投降以后,他们被美国占领,日本人很怕美国像占领别的地方一样要把他们殖民化,担心在美国占领的过程当中,日本文化会全部被消灭掉。日本很多学者讨论他们的文化遗产,是在充满了民族意识、文化危机感的时候提出问题的。我想我们现在没有这个问题,因为我们所有的发展或者破坏,都是我们自己做的,因为是我们自己要发展,我们自己要发财,经常是这样的一个问题。我们现在没有危机感,我觉得这很奇怪,居安不思危。我们看到遗产流失非常快。所以你提的问题牵扯到一个意识问题,我觉得我们政府的政策经常就是由政府定,我完成我的任务,好像不必跟大家讨论,我们做得很好了,可是,我们看到做得不是好,是不好,非常的不好。

朱维铮:

再提一个问题。

学生：

郑老师您好！我以前看过一些资料，说中国的戏曲在历代以来都是俗不可耐。另外，中国古代戏院是这样，上面在唱戏，下面也许在嗑瓜子、喝茶水，我觉得，它只是俗文化的一种。

郑培凯：

我觉得你问的这个问题很好，戏剧过去是俗文化，现代这个俗文化已经丧失掉，或者逐渐丧失掉它的社会经济基础，也丧失了它的文化基础。我们现在的俗文化在城市里，逐渐不再是戏曲，在乡村还是。我相信在十几二十年之间，将来乡村也会变。电影电视的发展，使一般老百姓的俗文化有很多的变化，而传统的社会文化环境已经丧失掉，所以它不可能再变成俗文化来发展。可是，这些长期以来为俗文化发展投入的许多精英，因为投入了很多心血，凝聚出很多资源，也留下了艺术上很了不起的成就。这些成就我们怎么来利用？怎么让它延续起来？这些东西跟其他国家一些文化遗产来比的时候，我们也看到，像日本的歌舞伎，在 17 世纪开始，也属最吵的，是属于所谓商人平民阶级的东西。发展到今天，你看在日本所谓歌舞伎，是被当作国宝、文化财富保护下来。为什么要保护下来？它有种种作用，它是民族文化凝聚的力量，它是作为将来发展的文化资源。同样的，盖上海博物馆花那么多钱，放一些破铜烂铁在里面，商朝的青铜器，周朝的青铜器，还有一些玉器，有什么用呢？没什么用啊。但有一些东西是所谓的古董价值，什么叫做古董价值？古董价值就是承认它在历史文化当中是稀有物品。其实你真的讲起来，一个青铜鼎本身的价值是什么？本身的价值是三千年前那些工匠的心血凝聚。不是说我们今天不会做这个青铜的鼎，我们要做几百个几千个几万个都会做，这里头有一些是文化的东西，我们必须认识到这个重要性，因为这个重要性是，这个青铜鼎往那边一放，我们经常很清楚地知道我们这个民族文化有三千年，这是见证。我们要认识到，有许多东西不是现在有用，可它长远有用，而且是在精神领域上。从长远来讲，不只是我们这一代，它可能是世世代代，都能够有一个更广阔的文化空间。就算我们不讲中国，不讲中国人，就讲世界上，多元的东西还是能够为人类提供一个多元的精神领域的。所以你提的问题在这一点上是蛮重要的，以前都是俗的一些东西，可它累积的精华无所谓雅俗，有的时候雅俗共赏。尤其到了今天 21 世纪回头看，甚至到了 31 世纪，我们假如还有人类的话，我们回头看它的意义，可能很深远。我们能做的，大概只是一个很基本的东西。

朱维铮：

今天郑培凯教授给我们做了非常精彩的演讲，又给我们看了不同的片子，以后我们又讨论了问题。各位提到的问题，我想大概都是我们这个时代碰到的大问题。譬如说我们的文化过去在不同层面上，不同的角度，不同的地区，它多元化地发展，有许多俗的东西变成雅的了，另外有许多俗的东西消失了，但是更好的俗的东西又发展起来了。我们的文化大概最可怕的是一体化，而且是由某种权力系统来操控的一体化。你这个是鲜花，你这个是毒草，你这个是封建的，你这个是民主的，这个判断的本身就是独裁。所以这样做出来的东西就不行。我们的大学生，就像刚才那位提出来的，希望我们多一点自主性，多一点自己的头脑，多一点自己的思考，我们再想想，我们的文化过去是怎么样的，现在是怎么样的，将来我们有没有可能比我们的前人做得更好一点？这一点我们每一个人应该都能做到。

今天就到这里，我们非常感谢郑培凯教授。

中国人不喜欢散步吗？

——中西对身体和精神关系的不同态度

主讲人：顾彬(Wolfgang Kubin)

主持人：汪涌豪

顾彬(Wolfgang Kubin)

　　德国波鸿大学博士。波恩大学汉学系主任教授,翻译家。《东方向》与《袖珍汉学》主编。主要致力于中国古典和现代文学及思想史的研究,并及中国当代诗歌的翻译。著作有《空山——中国文人的自然观》、《关于"异"的研究》、《影子的声音——翻译的艺术与技巧》、《红楼梦研究》等。近年来主编十卷本《中国文学史》,并撰写其中《中国诗歌史》、《中国古典叙述文——散文、游记、笔记及信函》及《二十世纪中国文学史》三卷。曾获 2002 年度德国读书会文学奖等。

汪涌豪 ｜ 复旦大学文史研究院常务副院长,中文系教授。主要从事中国古代文学研究,兼及古代哲学与史学。

汪涌豪：

各位朋友，各位同学，我们今天上午的讲座开始了。我们很高兴地请到了德国波恩大学汉学系的主任教授顾彬先生给我们演讲，题目是《中国人不喜欢散步吗？——中西对身体和精神关系的不同态度》。

顾彬先生是德国波恩大学汉学系的主任教授，同时是很著名的翻译家，还是一个作家，是德国翻译家协会和作家协会的会员。德国的翻译家协会和作家协会的准入门槛都是非常高的。在 1973 年的时候，顾彬先生就得到了汉学博士的学位，他的博士论文是《论杜牧的抒情诗》。1974 年到 1975 年整整一年，他在北京语言文化大学（就是以前的北京语言学院）进修汉语。到 1981 年通过了教授的资格论文，他写的是《空山——中国文人的自然观》。他的研究成果已经翻译到中国来，我本人在上课的时候也经常引用。

从 1989 年开始，他一直主编介绍亚洲文化的杂志《东方向》，还专门编了一个《袖珍汉学》，是介绍中国的人文科学的。从 2002 年，他搞了一个规模很宏大的十卷本的《中国文学史》，他任主编，他自己写了其中的四种，这个是非常让人敬佩的，因为跨度很大，从中国古代一直写到二十世纪文学。他九十年代开始翻译北岛、杨炼、翟永明、张枣等一些诗人的诗，有一些诗人,比如梁秉均,我们可能在座的不是每一个人都熟悉,但是顾彬先生对此如数家珍。他对中国当代诗歌的评价是非常的高。

这些不说也罢。使得顾彬先生在中国暴得大名的,是前不久他对中国当代文学的一个评论。其实由于媒体的误解,他对某一些文学创作的不满意,被媒体放大为他对整个当代文学的不满意。那么,这显然不是顾彬先生的本意。

我们的文史研究院昨天刚刚成立,并举行了典礼,顾彬先生是我们的特邀嘉宾,是我们学院的国际评鉴委员,我们今天很荣幸地请他来给我们做讲座。讲座分两部分,先是由顾彬先生讲,我们留二十分钟由各位提问,请顾彬先生回答。

现在讲座开始,我们热烈地欢迎顾彬先生。

顾彬:

汪老师,谢谢! 外面还有很多同学,我觉得最好他们能进来,外面不知道能不能都听到我的声音。你们都进来吧!

老师们、同学们,我今天非常高兴能来贵校做报告。如果我记得对的话,三年前我在复旦大学做过一个月的演讲,给你们介绍德国文学发展史。今天我做报告有两个不足,一个是我没有黑板,有些词应该写在黑板上,但是我还不够现代化,我不太喜欢用 Power Point 的方法来做报告。第二呢? 刚才有电视台在外面给我做访问,我冷死了,到现在还是冷死了,所以可能我需要一段时间才开始暖和。我今天要给你们讲的题目,你们可能觉得非常奇怪。这么小的题目还需要谈一谈吗? 散步的问题有意思吗? 但是等一会儿你们会发现散步的问题,无论我们从中国,还是从欧洲来看,都跟美学,跟生活方式,跟思路,甚至跟政治有关系。我先从一个非常具体的例子来切近我的题目。

如果我记得对的话,2003 年我在济南山东大学做为期一个月的演讲的时候,有一个三十多岁的研究生,他说他要带我出去玩。济南外有一座山，叫华山，那座山不高，对我来说还是小山，还是山坡。我们到了以后开始爬山。对我来说没事，但是过了五十米以后，他开始有困难。他头晕了。他躺在地上，需要一个大夫。大夫来了以后，他说："你一个人爬吧！"我一个人爬也没有什么。

2000年我跟一个北京大学的教授去五台山。到五台山以前，他对我说他要跟我爬所有的山。我们第一天到那儿是下午，不能爬很高的山，只能爬那个小城里面，对我来说不是山的山，因为太小了。过了五十米以后，他说他不行了，他要坐缆车。所以我一个人爬上去。在黄山也是这样，等等。

当然了，爬山和散步是两回事，但是我也可以给你们介绍这么一个例子。记得以前，我在清华大学要做报告。我到北京以后，马上跑到清华大学去洗个澡换件衣报，准备做报告去。我原来的一个学生，在波恩跟我读过博士，现在在北外教书，要求他的女学生跟他一块儿从北外到清华大学去听我的报告。因为还要等半个小时左右才能开始，这个学生建议我们在清华大学的校园里头散散步。清华大学不要爬山，但是来的五个姑娘说散步五分钟太辛苦，没有跟着我们，让我们男人自己散五分钟的步。但是她们不知道和我们在什么地方再见面，我们也不太清楚报告安排在什么地方，她们找不到我们，我们也找不到她们。这些姑娘们为了避免五分钟的辛苦，错过了一个听我报告的机会。这件事，我跟一个山东大学的学者谈起来，他说："散步对中国人来说是陌生的，因为散散步只是一件没有什么目的的事，如果在中国，有人要走的话，他应该有一个目的。走，在中国，应该有一个非常实际的目的，要不然就不要散步，也不要动。"是这样吗？

如果我们从文学的角度来看散步的问题，无论是欧洲还是德国可能都会有不一样的理解。我们会发现，人的动作，无论是中国还是欧洲，都不一定一样，好像有不一样方式的走路、散步。如果从平常的日子来看，我们会发现对散步的理解也不一样。比方说，黑塞（Hermann Hesse）他1905—1906年发表的一部小说，叫《车轮下》，他分得很清楚，走路对老百姓、对文人、对士大夫们来说是什么呢？原来德国好像是这样的，老百姓到了星期日，不太想在他们每天走的小路上散步，他们很想到大马路去。士大夫们呢？他们到了星期日，喜欢到老百姓走的路上去走。所以黑塞是这么说的：小路是老百姓从星期一到星期六走的路，但是到了星期日，士大夫们都会走上这些小路，老百姓却喜欢到大马路去散步，以为大马路会有什么诗意。老百姓不太喜欢走很陡的路，但是对绅士们来说，陡的山、陡的路才会有吸引力。

这是黑塞对走路的理解，从他这个理解来看，走路都有不同阶层的背景。我提到黑塞的原因是想说明，无论是哪一种走，都会有不同样的社会文化背景。好像不一定是每一个人他真的想在什么地方走路，每一个动作都会需要它固定的条件。

我是 1967、1968 年开始学习古代汉语的。那个时候因为"文革"没有办法来大陆，我又不想去台湾，我想了解中国，所以我去过日本，我觉得在日本到处都可以看到、找到唐朝的中国。1969 年，我第一次到日本，发现日本那个时候大部分没有什么人行道。所有的人都在大马路上走。我觉得在日本的大马路上走路非常辛苦，我根本不喜欢，因为大马路上充满了尘土，充满了车，应该非常小心。

1974 年我第一次能够来中国，我发现中国不少城市跟当时日本的城市差不多，没有什么人行道。如果有人行道的话，老百姓（在当时的中国是这样，现在还是这样）都不喜欢在人行道上走路，他们还是在大路上走路，包括在高速公路上。在德国，一个人不可能在高速公路上骑自行车或者走路或者睡觉，但是我发现在中国的高速公路上，到处都可以看到骑自行车的人，连睡觉也会在高速公路上。这个当然非常危险，但我不理解中国人为什么还会这样做。

北京城外有不少山是很高的。香港一般来说我们都觉得是一个高楼比较多的地方，百货大楼什么的，但是香港百分之七八十都是山。香港的山不怎么高，可能才 1000 米，但是非常危险。我经常爬香港的山，但是不能够一个人去，因为每年都会有不少的人死。香港的山是非常非常美丽的，北京城外的山也是非常美丽的。但是，如果你们跟我一块儿爬香港的山，会发现基本上在那里碰不到什么人。有人就是喜欢在城市的中心和几万个人一样，聊天、喝咖啡、买东西、去吃饭。当然了，在北京城外，爬山、散步都很难。因为基本上北京的山没有路。但是香港呢？因为英国人特别喜欢爬山，香港回归以前，英国人在山上建了很多很好的路。虽然香港会有一些人，包括年青人、老人，周末也会去爬山，但是他们还是少数的，在香港的山上不可能碰到几百个人。在香港的城内，无论在什么地方，你都会很难走路，因为人太多了！

从这个角度来看，中国好像不怎么重视德国式的浮士德精神。林语堂写 *My Country and My People*，就是《吾国与吾民》，1935 年在美国发表，到现在我们还在看，因为这本书是非常丰富的。林语堂说得很清楚，中国人原来没有德国式的浮士德精神，也不要。他说：

> 吾们不喜在球场上奔驰突骤以争逐一皮球，吾们却欢喜闲步柳堤之上与鸣鸟游鱼童乐为伴……吾们实在并无探险北极或测量喜马拉雅山的野心。当欧美人干这些事业，吾们将发问："吾们干这些事情为的是什么？是不是到南极去享快乐生活么？"……当吾们泛舟湖心，则不畏爬山之苦，徘徊山麓，则不知越岭之劳，吾们今朝有酒今朝醉，眼底有花莫掉头。

所以林语堂好像把所谓的西方人和中国人分得非常清楚，说得很清楚，西方人喜欢动，但是中国人不要动。当然他提到的中国人不一定真正具有代表性，我恐怕他不一定认为老百姓也是这么一回事，他说的中国人可能都是士大夫、绅士，他们因为社会地位高一些，钱也不少，能够享受一种清闲。

我们德国人喜欢散步，对中国人来说是很难理解的，所以北岛好像不是偶尔说到他每次到了德国以后要跟我一起散步的苦恼和辛苦。我和北岛（1949 年生人）是老朋友，二十五年以前我碰到他，就开始翻译他的诗歌，也翻译他的散文，我们近年来差不多每年能够见面，但是他最怕的是跟我散步,他觉得跟我散步不是享受,而是世界上最大的痛苦。他说他很勉强跟我在一起散步,因为他觉得我太快,我觉得他太慢。

奇怪的是,我刚刚提到的所有中国人,他们的年龄都比我小二三十岁。我今年六十二岁,还踢足球、爬山、跑步……

如果中国人要爬山、走路的话,他们的目的是什么呢? 如果我爬山、走路的话,我希望我的身体会很累。林语堂回答我们的问题,他说得非常有意思。他说有一次,我估计是1930年代,他的一个美国来的女朋友跟他说,她在杭州跟中国人爬过山。但是你们都知道,杭州城外没有什么山,只有小山、山坡。那个时候有雾,有很大的雾,所以看不到什么。这个美国人问她的中国朋友,我们肯定看不到什么,为什么要上去? 她的中国朋友鼓励她说:"到了山上以后,你会发现我们能够看到非常好的山水。"到了山上以后,因为雾很大,什么都看不到。美国人诉苦说:"我什么都看不到。"中国人说:"这就是我们的目的,我们来这儿的目的就是希望什么都看不到。"这个看不到当然是 see nothing,它有一个涵义是到了山上后,我们能够了解到虚无! 从德国、欧洲来看,这个爬山的目的是非常奇怪的,see nothing 是没有意思的! 我在香港的山上碰到这样情况,到处都有雾,但是我从来没有考虑在香港的山上享受什么都看不到的风景。

如果一个中国人,他主张什么都看不到,这才是他们爬山的目的。他爬山的目的,和德国人、美国人爬山的目的就不一样。如果他爬完山以后能够看到虚无,那是什么呢? 是宇宙或者是人原来的存在。如果我们继续从文学的角度来看散步的问题,我们会发现鲁迅跟黑塞对走路的理解有很多相似的地方。《孔乙己》这部小说的开头也分得很清楚,有一部分人是老百姓,他们站着喝酒,但是另外一部分人,他们穿着长袍,慢慢来,慢慢喝,慢慢走。谁有工作,就不能够坐,不能够慢慢走,谁有钱,社会地位高,谁就能够慢慢走。

在中国,跟一个中国人告别的话,无论对我们外国人还是你们中国人,他都会说:慢慢走,慢走。为什么我们应该慢走? 对一个德国人来说,慢走是很有问题的！如果不了解中国的话，我想可以这样理解：第一他觉得我老了，第二他觉得我的健康有问题，第三他觉得我没有事要做。他是污蔑我！他为什么不说快走？我走路都走得非常快，所以走得慢是什么意思呢？好像人要适应宇宙的气，他只能够慢走，他的所有动作应该是慢慢的。我们德国人描写走路的词，原来好像也有这么个意思。但是先从中国来看这个问题。中国的树林和山里面原来没有什么路能够好好散步，因为你们没有"享受"过罗马帝国主义，跟我们不一样，我们所有的树林子都有路，能够好好走路。感谢罗马帝国主义来占领当时的德国，通过树林去德国，到处都建起小路。在加拿大、中国，到树林以后走路很有困难。在香港，原来山上都有路，但由于农民都走了，现在他们的路都很难找到，所以没有英国人的话，香港的山上不可能有路。

　　我为什么提到好路的要紧性呢？德国从什么时候开始享受走路呢？恐怕到了法国革命前后，欧洲才会有一批人特别喜欢到外面散散步。当然他们需要一定的条件，要不然不能够把自己展示给人家看，所以散散步与给人家看有密切的关系！

　　在欧洲，法国革命前后发生了很大的变化，法国革命以后，德国原来所有的城墙都没有用了，怎么办呢？从18世纪末到现在基本是这样，人们把原来的城墙变成比较宽的走路的地方。是谁喜欢在原来的城墙散步呢？是新起来的市民阶层。他们用一个词来形容，我现在没办法写在黑板上，这个词的来源是法语，也是拉丁语，英文会说 Permanent，这个意思是说：我作为市民，喜欢到外面散步去给人家看，我是有钱的，我是有地位的，另外我喜欢在那里和别人谈论社会问题。你们现在还可以在德国的城墙走几个小时的路。维也纳可能是最明显的一个例子，维也纳原来的城墙，现在是非常好看的有名的环形街道。到了法国革命以后，市民是社会的第三阶层，他们开始意识到他们自己，他们需要一个固定的地方，能够见面，能够谈政治和社会问题。另外给贵族、给政府、给皇帝看一看：我们存在。所以从18世纪开始，散步在德国、在欧洲，和公开社区是分不开的。

　　德国有一个汉学家,他的德文名字是 Helwig Schmidt-Glintzer,他写中国历史,写了不少书,他在德国非常成功,因为他会把中国的历史普及,所以无论是谁都会读他的书。他的一个非常有意思的理论是:中国到了16世纪,已经有公开社区,有舆论等等,会有公民内部的舆论。他的一个学生认为,中国到六朝已经有公开社区。但是,他们两个这么说非常有问题。如果我们研究"公开社区"这个词的话,我们会发现欧洲到了法国革命以后,才会有这么一个"意识",法国革命以前没有这个词,这个意识不存在,因为公开社区跟言论和新闻自由有密切的关系。另外,公开社区需要第三个社会阶层,需要市民公开地表示他们的权益。市民在18世纪以前,只能够在秘密的地方见面,谈政治。到了18世纪,法国革命以后,他们不想在秘密的地方会见,他们想公开地表示:我们也存在! 你们,政府、贵族、皇帝也应该考虑到我们。如果中国有过什么公开社区的话,这是一个内部的现象,比如说,在小花园里头,文人能够见面,也可能坐在一起谈一谈政治问题或者是社会问题。但是根据我的了解,好像他们表示的意见都是体制之内的,他们不想对皇帝跟中国的传统表示什么抵抗,他们好像不要跟"五四运动"一样,破坏原来中国传统社会的支柱。所以基本上文人坐在他们的小花园里聊天、写诗的时候,我觉得他们是在内部的一个世界,基本与政治和政策没有什么关系。

　　我们在德国也有过这类现象,比方说,在19世纪,特别是奥地利和当时的德国,某一个政府不允许第三阶层到外面去谈政治,他们只能够在家里散散步。

　　黑塞描写这种散步的时候,用了一个非常有意思的词,他说这是在一个屋子里头的散步。如果从这个词来看,我们可以做出这么一个结论:到了法国革命以后,是欧洲的市民阶层,他们渐渐地占领了他们自己需要的一个公开的社区。公开社区也包括公园、花园等。

　　如果你们有机会在德国散步,你们会发现我们古老的公园不一定是贵族或者皇帝建造的,也可能是市民建造的。如果我们从宋朝以来中国社会的发展来看,我们会发现中国文人的社会选择,跟德国人的选择是不一样的。中国文人更喜欢隐居静坐,他们想离开社会,躲在一个小花园里头,他们不太喜欢出行到外面去,他们喜欢在某一个墙下面看一看,看什么呢?他们想看山水。但是这是一种什么山水呢?这是一个人造的山水,不是我们在城外、在自然能够碰到的山水。如果中国有什么公园、花园的话,如果我们不是从新的世纪来看的话,我们会发现中国的花园基本都是皇帝或者士大夫给我们留下的,不是市民自己建造的,基本都是小的花园。另外还有同样的特点,它们都有墙,从里面不能够看到外面,从外面不能够看到里面。

这样小的花园真的是为了给人家走路、聚会建造的吗?恐怕也不一定。如果我们从北海来看散步这个问题,会怎么样呢?北海地方是比较大的,皇帝能够在北海散步吗?我估计他在北海从来没有走过路,他都是坐轿子享受山水的。路,我恐怕是当时他的仆人走的。另外呢,他不一定真的能够在我们常说的那个北海享受山水,也可能他宁愿跑到一个更小的地方去,比方说到快雪堂,到静心斋。那么,在这么小的非常非常美丽的地方能够散步吗?根本没办法!在那里可能才可以抬腿、迈步等等,如果两个人想同时在那里并行的话,也是很有问题的。在那里基本上你只能够坐或者站着享受山水。如果不能够散步的话,那能够做什么呢?那就能够开始享受一种精神上的旅游。到唐朝时,到外面去爬山的文人越来越少。唐朝的文人虽然说爬过山,他们也不一定爬过山。六朝的谢灵运肯定是爬过山的,但是到了唐朝以后,人们还是喜欢爬山吗?不清楚。

为什么中国文人会觉得坐在一个非常小的地方,也需要有小山,人做的山,有小池子,什么都有?我想这可能与老子有很密切的关系。因为老子说过,我们不用离开家里,就能够了解到天道。但是中国人都是这样吗?他们从周代开始觉得动作、所有的动作都有问题吗?他们基本上都不喜欢户外的活动吗?也不是这样的。原来中国文人也喜欢煅炼身体,但是我恐怕到了宋朝以后,中国思想史发生了一个很大的变化。到了隋唐,中国出

现了科举考试,想做官员的,不一定能够在长安留下来,一般来说,考好了
的官员,如果他们不属于贵族,他们应该到很远的地方去。他们去远的地
方做官的时候,会走路、坐船、骑马,路上他们肯定会路过非常高的山。但
是他们原来的愿望不是到很远的地方去做官,当然希望能够留在长安或者
是长安的附近,因为他们的生活目的就是跟皇帝在一起。另外他们还有一
个愿望,他们不一定真的要到很远的地方去享受山水,而是希望在长安、洛
阳或者附近,建他们自己的花园,在人造的山和水的微观局域中安静下来。
花园原来是代表居中的意思,皇帝才能够有一个花园,三国以后,如果有贵
族建了自己的花园,他就要死。到了六朝以后,特别是南北朝以后,皇帝的
力量开始衰弱,越来越多的贵族开始建他们自己的花园。到了唐朝以后,
文人也能够建他们自己的花园。他们建花园的目的并不一定表示他们是
有地位的、有钱的,他们的生活方式跟中国的哲学、特别是道教有密切的
关系。

　　现在我们会发现,中国人散步跟墙有密切的关系,德国人散步跟没有
墙的地方有密切的关系。花园里头的路和花园外的路是不一样的。花园
外的路都是笔直的,所有的人都可以在那里走,花园里头的小路都是弯曲
的,为什么是弯曲的呢?因为这跟"道"有密切的关系,因为"道"不可能是
笔直的。"道"是弯曲的,这是对中国美学一个非常重要的了解。坐在一个
小花园里头,看人做的山,看人做的小池子,文人开始认为他们能够感觉到
原始的存在。他们看到山安静下来的时候,他们不要动作,如果有动作的
话肯定也是小的。

　　一个小花园、一个微观宇宙能够有多小呢?这是一个非常有意思的问
题,如果我们从煅炼身体的角度来看中国文人的话,我们会发现唐朝的文
人还是骑马的。李白身上带着剑,吹牛他杀了好多人。宋朝建立的时候发
生了很大变化,因为皇帝不需要什么军事官员,他需要的是有文化的官员,
所以到了宋朝以后,中国文人、中国官员不再走路,他们基本上坐轿子,也
不再在身上带剑。到了南宋以后,中国对其他外族的态度也发生了改变,

他们基本上不想再跟其他的民族打仗，他们主张一个文明社会，主张和平。他们和其他民族和平共处，靠的是汉朝留下来的和亲的方法，所以从南宋开始，不再打仗。如果与其他民族有问题的话，送给他们公主，送给他们钱，送给他们好多好多东西。这个说明到了宋朝、特别到了南宋以后，原来一个非常积极的生活方式结束了。开始了一个新的生活方式——沉思方式。

　　一个传统的南宋以后的中国文人，他需要看到宇宙吗？他不需要很多。德国上个世纪非常有影响的一个汉学家，他的名字叫 Wolfgang Bauer (1930—1997)，20 世纪 70 年代发表一本书，名字是《中国和幸福的追求》。听说这本书也被翻译成中文，这本书你们应该看。因为他说中国到了明朝以后，中国的世界开始在缩小，缩小到哪一步呢？缩小到一个花园、一个石头、一个芥子。同时讲后面的背景，跟经济发展、跟一个新的阶层有密切的关系，这个新的阶层是一个商人阶层，但是也会包括不少文人、不少找不到工作的文人。他们对生活的态度跟唐朝的文人根本不一样，他们不想再到外面去试试，如果他们出去的话，他们要坐轿子，如果他们要爬山的话，他们不是自己爬山的。他们怎么爬山？明朝、清朝，在山上有一批人，他们的名字是"海马"，士大夫们到山上以后，坐在"海马"的背上去爬山，所以是"海马"背着带士大夫们爬山。如果今天你们有机会去黄山，去爬山时一定要用你们的腿吗？可以不用，第一有缆车，第二还会有"海马"。但是这些老百姓他们不会再去背人，他们给人家提供轿子。所以你们爬黄山的时候，会发现不少年青人、不少年青姑娘都是坐轿子，不用他们自己的腿。所以从南宋到清朝，也包括 20 世纪在内，中国人无论是官员、文人、学者、商人，他们都会满足一个非常小的环境。这个非常小的环境，可以缩小到一个芥子。这个跟庄子有密切的关系。因为庄子主张，一个真正的人，他唯一的生活目的是用思想开始一种非常自由的旅游。庄子的《逍遥游》说列子驾风行走，不需要腿，他不想再依赖外在的东西。但是庄子说得非常清楚，列子还需要一点点风，要不然他不能够动，要不然他不能够走两个星期才回来。所以,庄子是这样说的,真正的人,他不需要腿,不需要气,不需要风,什么都不需要,他需要的是对虚无一物的了解,谁了解虚无,谁能够不用腿、风走路。

这么一个看法跟古代希腊的看法不一样。古代希腊的一批哲学家特别主张走路。他们的理论是如果我们不走的话,我们就不可能有什么思想。庄子是相反的,你可以不走,也会有思想。这个精神上的旅游是什么意思呢?一个人要得到什么呢?他要得到恍然大悟,为了得到恍然大悟,好像人不一定要动。这就是为什么到唐朝以后,坐不再是"坐",而是"坐禅"的意思。这样来看,到了南宋以后,也可以说从古代开始,就不怎么重视走路、散步。但是中国文学史、哲学史太长了,有最少三千年的历史,所以你们在中国经典里头什么都可能找到。如果不是这样的话,会非常奇怪。

如果我们就李渔——清朝的那个李渔来谈这个问题,好像我们会突然碰到跟西方人有不少相似地方的一个中国文人。这个李渔,他不是唐朝的诗人,他原来是个戏曲家,因为他要到处排戏,为了钱出卖自己的文艺,那他就好像不能够坐轿子,应该骑马或走路。他的《闲情偶寄》这部散文,专门有一篇谈行就是"走"的问题。有意思的是,李渔和鲁迅、黑塞一样,也把"走"和阶层结合起来。他说,如果一个有钱的人出去,他会骑马还是会坐马车?李渔好像没有什么钱,他要养五十个人。他是这么说的:人有两条腿,人应该动。因为是造物主好像上帝给人两条腿,所以穷人应该骄傲上帝给他两个腿,他应该用他的两条腿。从这篇文章来看,李渔好像跟德国人一样,主张人应该动,不应该坐,或者依赖马车去某一个地方。但是如果我理解得不错的话,李渔在路上骑过驴。但他还是不错的。那他老在路上吗?在路上他能够享受山水吗?

他还有两篇非常有意思的文章,我们会发现,在他那里可以从另外一个角度来接近关于散步的问题。他给《芥子园画传》(1679)写了一个序。他说去年我病了,不能够出去,幸亏我家里有好多图画,因为我想享受山水,所以我病的时候,打开家里的图画,就开始在图画中散步。不过,好像李渔健康的时候也不一定出去玩。

另外一件事，也非常有名。有一天，他发现他屋子外面的风景非常美，就让仆人给窗户装了一个镜框，因为好像从镜框里看外面的山水，才能看到"活的图画"。"活的图画"，他是这么说的！他还说，如果我不是从里面看外面的山水，我到外面看山水的话，只会破坏山水的美丽。如果我们拿上海豫园来看这个问题，好像是说一个亭子的内部设备，也能帮助我们提高看到外面山水的美感。

到了宋朝前后，人们慢慢开始，比方说苏东坡，在图画上散步。这是一个权宜的方法。但是到了李渔以后，好像有不少人觉得图画中散步才是有意义的。所以我们这个李渔也会吹牛说：如果你能够在屋子里头、在图画中享受风景的话，你不需要什么准备，你可以不用擦你的鞋，你可以不离开家里。

简单来说，中国的传统文化是一个主张清闲的文化。无论是"五四"运动，无论是"文革"，都破坏了主张清闲的中国文化。1956年毛泽东写了一首诗，写游泳，他当然批判了传统文人。他说："不管风吹浪打，胜似闲庭信步。"那个时候，毛泽东在长江游了三次泳。他这样做是表示对自然的反抗！一个传统的文人，根据我的了解，不会这么说，因为他和自然是相一致的，他不想破坏自然。一个传统的文人，他承认会有一个自然限制，他不可能跟一个西方人一样，主张超越社会和自然所有的限制。欧洲近代的精神就是一种超越社会、自然所有限制的精神，一个传统的文人，他不可能跟一个近代欧洲人一样，做一个冒险家。冒险对于一个中国传统的文人来说是不好的、不需要的！从"五四"运动来看，走路、散步需要一个公开的地方，需要一个广场，这是一个原因。为什么？德国所有的城市，也可以说欧洲，它们都会有一个广场。我是波恩来的，波恩是一个非常小的城市，才三十万人，但是我们有五个广场，广场的作用是让市民有机会见面，公开地表示他们政治政策方面的意见。这么一个广场，在中国到了"五四"运动以后才被发现。一个传统的文人好像和"五四"运动时代不一样，不想到外面表示自己的权力,好像觉得没有必要告诉皇帝,我们是社会上一个非常重要的阶层。好像一个传统的文人,只想在一个固定的体系之内、社会制度之内进行一些变化。

中国有不少人近年发财了,出现了一个新的中产阶层,我经常有机会跟他们的代表见面。因为他们是文人,是学者,也是教授。如果我答应参观他们的新家,他们都非常高兴。他们现在住在一个固定的地方,里面有花园,有池子,外面肯定会有墙。有的时候他们住的那个小区也会有两种墙,从里面经常没办法看外面,从外面经常没办法看里面。另外还会有不少警卫,如果进去的话,有的时候要拿出证明来,或者要给那个朋友打个电话,说明他是真的在等我。在德国、在欧洲不可能会有这么一个生活小区。在这么一个新开的生活小区,那里的人会享受西方式的散步吗?恐怕也不能够。因为小区虽然路不少,不是很大的地方,你走五分钟、十分钟就差不多了。但是我们的散步经常会是一个小时、两个小时、三个小时,甚至是一天。现在住在这么一个小区里面的中国文人,他们怎么看在那里的散步呢?有一个教授是这么说的:我们每天晚上到外面散步,这是一个非常好的跟熟人、朋友见面的机会。一对夫妇可以这样表示:家里什么都好,因为如果我们有时间到外面散步,表示我们按时吃过饭,我们家充满和谐;如果我们不到外面散步,人家会认为家里有问题;如果我们不跟别人散步去,我们一个人散步,这就说明我们有问题。

就到这里,谢谢大家。

提问与回答

汪涌豪:

顾彬先生的报告内容非常丰富,也很有意思,从里面看得出一个德国人的敏感、细腻和深邃。我们的感觉是,中国人的散步恐怕不能说与锻炼身体无关，但给我们的感觉主要不是锻炼。刚才顾彬先生提到了，中国人有所谓的精神性的旅游，用中国的话说就是"卧游"，或者说是"内游"，或者说是"心游"，就是说我们中国人可以不走山路，但是经常走心路，哪怕是走山路的时候他走的也是心路。也就是说中国人是走向内心的，而德国人或者说是欧洲人经常是走向外部世界的。我们中国人有我们中国人自己的想法，我觉得，走向人内心的路要比走向外在的路远得多。所以顾彬先生也提到了老子说过的话："不出户知天下。"老子还说过，一个人走得越远，其实知道得越少。走在路上的时候，我们中国人经常不谈政治，因为谈政治很刹风景。谈哲学也不好，因为谈哲学也有点刹风景。中国人经常走路的，我们觉得，这走的过程本身就是哲学了，再谈是很危险的。我想到古希腊有位伟大的哲学家走在路上想哲学，后来掉到沟里去了。旁边有许多妇人，当然是欧洲的妇人们，在大笑他的傻。

　　所以我的感怀是，东西方的文明在作互相打量的时候，有许多的概括都是非常难下的，从逻辑上说，任何的概括都会存在例外。如果这个例外很大的话，就成问题了。我觉得顾彬先生今天的报告也有例外，我也想抓他的错，但是他的例外已经是很小了，所以我觉得非常的佩服。

　　我不多占大家时间，下面请各位就顾彬先生的精彩报告提出问题，请顾彬先生作答。

学生：

　　顾彬老师，我觉得中国人其实还是很喜欢散步的。中国人理想的散步是在吃饱饭以后，您刚才也提到过，走一走，中国人说吃饱饭后走一百步，可以活到九十九岁，所以中国人理想的散步只是在一千步以内，就是这种走几百步的。另一方面，中国人说吃饱了没有事干，就表示吃饱了没有事情做才散步，所以有事情做的人基本上都不散步。还有一个现象就是，您刚才提到的中国中产阶级。在中国，吃饱了没事干的一个很大的群体就是官员。因此我想说，中国人不爱动，但是中国人吃饱了饭还是喜欢走两步路的。谢谢!

顾彬：

开头我给你好多例子,你们的动作从我们这儿来看是慢的,我们的动作从你们那儿看是快的。所以为什么我在国外跟中国人走路的时候,要减慢我的速度呢? 这好像还有一个很大的区别。另外,我开始给你们一些例子的时候,谈到那些姑娘们、教授们,他们比我年龄小二十、三十、四十岁,还是觉得跟我走五分钟路太辛苦,所以好像还会有一些值得思考的地方。当然,在德国肯定会找到不喜欢走路的人,在中国肯定会找到愿意跟我一块儿快走路的人,但是他们真的能够代表我们两个民族吗? 我有怀疑。

学生：

我也讲两句。在中国还有一个词叫做"逛街",这个概念就完全是休闲的、没有目的的。就算我们在 1970 年代"文革"后期,也有很多姑娘或者时髦的女人,她们从淮海东路一直走到淮海西路,完全就是逛街、放松,没有目的的。在欧洲的一些大城市或在上海的一些地区,都会看到有些人是休闲的、完全没有目的的走,在上海我们叫"荡马路",在北方叫"逛街"。这作为一个补充吧!

顾彬：

你说得很对,我们德文有很多词意思都不一样,你用的这个词是我们踱步的意思。现在,如果我们告诉你说一个人这样做的话,我会向他表示我的看法,这个词不一定是非常好的词。

学生：

顾彬先生您好! 您刚刚说到德国人散步比较快,会不会造成德国人散步流于形式,忽略掉外部的风景。还有就是包括德国人的名字、姓名,是比较自省的，比较思辩的，这个跟德国人散步有关系吗？

顾彬：

你提的问题是非常复杂的，我不知道我能不能够回答。基本上我可以这么说：一个中国文人心里非常安静，一个德国文人心里非常不安。为什么中国文人走路会慢点儿，为什么德国文人走路快点儿，这是一个原因。这个中德文化的差异，也可能是生活方式、生活态度、世界观的差异，这也可能是一个原因。为什么到现在，欧洲总感到心里不安的文人非常羡慕和佩服中国文人。德国文人他们做不到这个。我的意思并不是说德国人走路的方法是好的，中国人走路的方法是坏的，不能够这么说，中国人慢走也有好处，好多的好处。这个跟社会的不同背景肯定有关系。德国人，有时也可以说欧洲人，他们很难满足他们自己对生活的欲望，而中国人基本上能够适应社会和宇宙。

学生：

德国人从散步中得到什么？跟他们的思维方式包括他们的生活方式有什么关系？

顾彬：

我刚刚说的，我们散步也会有目的，一个是思考。为什么海德堡会有一个哲学家路呢？听说在那里有不少哲学家一边走路，一边想，所以好像你走路你才会有思想。另外，有一批人为了健康而散步，一批人为了享受风景而散步，所以刚刚那位老师提到的那个没有目的的走路方式，现在在我们那个社会，越来越少有人会说慢走、踱步，我们和朋友散步的时候，我们都会谈工作、思想、政治，等等。我们不一定要在一张桌子前坐下来谈工作或政治，经常是散步的时候谈。

学生：

我看您这个演讲的标题是：中西对身体和精神的关系，那是不是说对散步的理解可以体现出这个关系呢？中国人要慢慢走，尽量不要让任何人去打扰，是不是有这方面的想法？

顾彬：

这个问题你提得很好，根据我的了解，根据我们德国人的了解，中国文人不觉得身体和精神是矛盾的、对立的，这里有好多原因。而德国人觉得身体和精神是矛盾的，是对立的，你感觉不到它们是一致的。如果我和北岛走路的话，他觉得辛苦。我踢足球、跑长跑，如果我参加二十多公里的长跑，半个马拉松赛，会有困难，但是跑完以后我高兴死了。如果我的身体不累的话，我不能够写东西。所以在德国你会发现，有人折磨、剥削、压迫他们自己的身体，他们不爱护他们的身体、不保护他们的身体。我们不少人跟身体要进行一种斗争，中国人基本上不会这么做。我也会同意这是对的，我这么一个态度有问题。

学生：

顾彬教授，我很有幸在三年前听过您给我们讲的德国文学发展史，那个时候就留下一个深刻的印象，就是您提到的关于西方人在精神意识上那种身体和精神二元对立的态度。当时我也曾向您提到一个问题，就是关于黑塞，您为什么没有在德国文学发展史上提到黑塞呢？当时您对我的回答是，因为黑塞始终是在精神和现实世界的矛盾、内在精神的追寻和冲突中徘徊的，在德国文学史上，您认为真正抵抗、取得成功的精神上的斗士，真正的反抗者，他们才有地位，所以您说德国人把黑塞放在一线的、第一等级的斗士之外。但是，联系到您今天讲到的关于身体和精神的关系，我突然觉得您说到的中国人对内在精神、内在自我的态度，和您提到的德国人二元对立的态度有非常明显的差异。

　　我其实没有什么问题，我只是想提供您另外一个视角来继续深入这个问题，可以从一个宗教修行的方向来探讨为什么会有精神上的或者信仰上的差异。虽然说我们一直不把道教看成是中国的国教或者是一种宗教形式，只是把它和中国人的信仰联系在一起，但是在真正的修行方式上，它要求打坐，要求你处于一种相对静止的生命状态，要用你的内在去体会宇宙和人自身的个体的联系，这可能跟西方的天主教和基督教的信仰是不一样的。西方的宗教要求的是所有的信众把信仰交给精神上存在的一个上帝，而不是真正回到一个个体，从一个非常小的个体走向神秘的内在。中国的道教也好，或者其他后来传入的佛教等等，对于自我成长、精神上向上的进化，这种维度是不一样的，这种进化是一种内在的精神上的进化。而我觉得西方人，以德国人为代表，是一种向外的进化，这种进化是带领我们整个世界朝物质方向发展，最后通过科学理性，为人类未来寻求一条道路。这就体现在他们走路的步伐上。包括今天的中国其实也是这样的。在这种物质繁荣的背景下，必然就会有步伐不断的加快。但是也像现在我们看到的一样，中国的"百家讲坛"就提到说，我们的内心要开始回复到我们先人、我们的祖先所提到的那种精神性的关怀和原本对宇宙的理解。所以我想，中国人的步伐可能会慢慢慢下来，回到我们祖先一开始提到的那个层面上，我想这可能对于探索一种中国式的发展道路和对全人类的发展可能都是有帮助的。谢谢！

顾彬：

　　谢谢你的演讲！谢谢你的记忆！你记得非常好，我当时没有谈黑塞，因为当时我不喜欢他，但是最近我发现还有另外一个黑塞。我发现黑塞原来想自杀，他精神上有好多好多问题，他爱上了一个女人，他为她而想自杀，后来他到疯人院去了。他最好的小说，你可能没有看过，是我今天提到的那个《车轮下》，他描写主人公，一个小孩、一个男人、一个学生，他也自杀去了，跟年青的黑塞一样。他这本书里的德文美得不得了。另外，他不会跟 20 世纪 30、40、50 年代的人一样,给理想安排这么高的地位,这部书里没有什么理想,什么都没有。另外我也觉得这本书说得很清楚,身体和精神上的矛盾,从基督教来看我们的身体是饥饿的,我们应该克服我们的身体,如果我们可以不要身体更好,我们应该变成一个精神。这个思想倾向恐怕在欧洲,特别是德国到了 70、80 年代以后才会有一些变化,因为我们现在也从身体来研究我们自己,这个可能跟尼采有密切的关系。所以你刚刚提到的那个问题,我都同意,是这样的。

学生:

顾教授,走路的节奏、生活的节奏慢一点,不是对于生活的一种享受吗?

顾彬:

我同意,如果我们从香港来看这个问题,我们会发现,香港人的工作态度、他们的动作特别快,台湾人跟大陆人差不多,区别不大,所以香港人的精神好像是从欧洲过来的精神。我觉得他们这样拼命工作是不好的,对他们的身体是不好的。在德国也会发现特别是年青人,他们的动作是非常快的。所以我老说德国人不能够享受生活,这是一个原因。特别是北方,没有什么德国人的饭馆,只有外国人的饭馆,因为我们不知道怎么做饭,如果有饭,我们不知道该怎么享受。南方是另外一回事,他们都是天主教徒。所以你说的很对,我们的动作是太快了,你们,如果大陆有代表性的话,是太慢了。有好多好多哲学家老在批判德国社会的发展,德国社会的毛病是非常多的。但是我们也发现到了 17 世纪末以后,人们越来越多地对社会发展保持距离,觉得我们应该重新安排我们的生活方式。现在你们知道我们新的社会倾向是什么吗?越来越多的人享受失业,国家给他们一点钱,钱不多,但是还可以,我们街上要饭的人一天可以赚 300 块欧元,还要去工作吗?所以现在德国也会有人,不一定要说他们懒,可能他们发现除了工作以外、除了劳动以外,还有清闲。

学生:

老师,我想问您一个问题,就是您刚说到花园的问题。因为您提到在三国以后,有花园是犯罪的,然后您又提到在六朝以后,才可以拥有自己的花园,我想问您有一些更早的材料。不知道您有没有注意到在《史记》里面有一个秦国的将军,在战国快要结束的时候,他要去攻打楚国,这个将军的名字我记不清了。他在出发之前,连续几次给秦国的皇帝写信,要求给他一个花园,还有一个我不知道是不是池塘。当然这是出于他个人政治上的考虑,他用了一些技巧,但是他写了好几封信,都提到花园的问题。这个人要比老子、庄子稍微晚一些,如果说到他对花园的喜爱我不知道他这个喜爱是不是真的,是受到老子、庄子的影响,是不是也不一定? 他可能有另一种原因。还有就是您有没有注意到其他一些中国文人,比如苏东坡写过一篇他在夜晚游览赤壁的游记,好像是王安石写过一篇对一个偏远山洞的探险,其他人没有去,最后他自己往前走了一段路。还有清朝人俞樾,他对在湖中间的一个小岛溶洞的探险,写了一篇文章,我想这些是不是说明有一部分或者相当一部分古代中国文人对于散步或者游历也不是那么消极?

顾彬:

战国没有皇帝,战国只有王,这是第一。第二,我写《中国文人的自然观》这本书的时候,对中国的了解大部分是从书上得来的。我当然认为那个时候所有的中国人,如果他们写山水,他们肯定爬过山,但是最近,我对原来那个研究工作开始怀疑。你刚才提到过的苏东坡,我特别喜欢他,我还是认为他是真的走路,没有坐过轿子的,我希望是这样,要不然我对他非常失望。到了明朝、清朝以后,我们不要以为有人如果说我爬过山,他就真的爬过山。有些资料应该重新看,那个时候我是盲目地相信他们说的话,我现在应该重新思考,这是一个很大的问题。

学生：

刚才您说"面对墙"在中国叫作"面壁"，它也是一种心理过程。

顾彬：

对，汪老师刚才说得对，谁走得越远、谁知道得越少。这是中国一个了不起的精神财富，我羡慕他们能够这样做，我从来没有那样做过。有机会我希望变成一个中国人这样做！我觉得才好。

汪涌豪：

好的。由于时间关系，我们今天的提问就到这儿。

今天是我们复旦文史讲堂的第四讲，我们非常感谢顾彬先生带我们走了一段思维的林中路。欢迎大家来听。我最后有一句话要说，我想我们大家已经明白了顾彬先生演讲的要旨，同时我们也让他明白了关于中国的散步这个问题太复杂了。

好，散会。

从古罗马看秦汉中国

主讲人：邢义田
主持人：葛兆光

邢义田

　　台湾大学历史系学士、硕士，美国夏威夷大学博士。台湾中研院历史语言研究所研究员，台湾大学历史系兼任教授。主要研究秦汉史与古罗马史。著作有《秦汉史论稿》。译著有《西洋古代史参考资料》、《古罗马的荣光（1）（2）》。合编有《居延汉简补编》、《中研院历史语言研究所藏汉代石刻画像拓本目录》、《中研院历史语言研究所藏汉代石刻画像拓本精选集》。

葛兆光　北京大学研究生毕业，曾任清华大学教授。复旦大学文史研究院院长、历史系教授。研究领域为中国宗教、思想和文化史。

葛兆光：

各位同学、各位老师，今天，我们复旦文史讲堂非常高兴地请到台湾中研院历史语言研究所的研究员邢义田先生来给我们做演讲，他的题目是《从古罗马看秦汉中国》。

我特别地跟大家介绍一下，在我所认识的学者里，我觉得邢义田先生是一个非常特殊的代表。因为通常在我们大陆的学术界，做世界史的人不太关注中国史，做中国史的人不太关注外国史，所以我们经常有一句很丧气的话说，没有中国的世界史和没有世界的中国史，这两者一直好像是分隔的。可事实上，要了解一个地区的历史、传统和文化，恰恰是需要看其他地方的历史传统和文化背景。在我们大陆，很少有像邢义田先生这样的背景，他在美国读的是古代罗马史，可是他在台湾做的是中国秦汉史，因此在他研究秦汉史的时候，他可能时时刻刻心中有一个古罗马史的背景，在透视着中国秦汉史。而我们知道邢先生从很早很早，大概是在中学时期，在日记里面就写过他对历史的很多看法，一直坚持到现在。我在他们的一个演讲会上，听他引用了他中学时代写的日记讲他如何看待历史，让我很惊讶。而且邢先生的一个特点是，他的涉及面非常广，我们有一些共同的爱好和兴趣，比如说对图像的关注。当然，邢先生是秦汉史的专家，对简帛，对画像砖，对画像石，对秦汉的制度、文化、风俗、历史都有很深的研究。今天他讲的这个题目，对于我们来说再切合不过了。实际上，我私心也就希望他来复旦讲这个题目，是为了使研究历史、文学、哲学的人了解到，如果你有一个其他地区的知识背景，也许对反过来研究中国，可能有更好的效果。

我不多说了，我们现在请邢先生演讲。

邢义田：

非常谢谢葛院长给我这个机会，能够在这个非常重要的日子里，来到这里，跟复旦大学最优秀的老师们，还有同学们一起见面。

刚才葛院长已经说了，这个题目是他给的。当时我在 e-mail 里面没有考虑就立刻回信，答应来讲这个题目。我答应完了以后，很后悔。你要仔细一想，从古罗马看秦汉中国，跟从秦汉中国看古罗马有什么不同？我立刻就碰到了这么个问题。我自己好好琢磨琢磨，葛院长让我讲这个题目，必然有其用心。我想他的用心很容易就了解的，就是希望从周边看中国，从中国以外的文化传统来看中国。我们过去非常长的一段时间，非常习惯从我们自己的角度、从我们自己的文化传统去了解我们自己。实际上，近些年来，大家已经看到葛院长的很多研究，逐渐地发现，实际上我们长期忽略了我们周边的世界，里面有很多关于中国的记载，他们看见了很多我们在自己的文化传统里面没有的东西，人家观察的角度不同，不光可以看见很多我们自己看不见的东西。我最近在《中华文史论丛》里面读到葛院长一篇文章，谈到《燕行录》，朝鲜的使者到中国来，他们怎么看中国，他们记载的这些东西，挺有意思的。我记得我以前，在读圆仁和尚《入唐求法巡礼行记》的时候，看到一个日本和尚圆仁，在唐代的时候到中国来，到五台山去求法，沿路把他所见所闻记载下来。我读了以后，兴味盎然，因为我发现里面有很多很多的东西，即使在唐代文献里面你也是看不见的。这个带给我非常大的启发，怎么从别人的角度来看待我们自己的文化传统里面、我们自己的文学记载里面没有记载的东西？我觉得这个事挺有意义。所以葛院长成立文史研究院，提出一个新的路向，就是从周边看中国，我当时在给他写信的时候就说，我举双手双脚赞成。他叫我来讲这个题目，我当然义不容辞就来讲。

但是我一想，从古罗马看秦汉中国，跟葛院长讲的明清时代或者刚才讲的唐代的情况有一些不同。怎么说呢？我记得年轻的时候，读过琼瑶的一部小说，叫做《月朦胧，鸟朦胧》，我再去回头看那个时候的古罗马看中国，还有那个时候的中国看古罗马，给我的感觉就像这书名一样，月朦胧，鸟朦胧，是一片朦胧。我就想，这个题目怎么讲下去呀？

结果我就试着从地图去看，我觉得这是个很好的切入点。我试着从古罗马地图里，看看在那个时候他们把中国放在一个什么样的位置上，这是第一部分。我今天想讲的另外一个部分，叫"城市空间、权力和两个不同的世界"。大家都知道，古代的地中海世界是一个城市的世界，罗马帝国是许多城市的集合，那么这个城市的空间是什么人住在里面？什么人引领这个城市的空间？这跟那个时候的权力结构有极密切关系的。我希望透过这城市空间跟权力的关系，来看一看古罗马时代，罗马帝国时代，他们的城市跟咱们秦汉时代的中国城市有什么不同。这是我想讲的两个部分。第三个部分呢，如果时间够的话（我没带手表，请大家警告我，两个钟头到的时候，就该停止），我想讨论一下罗马和秦汉皇帝是不是一回事情。因为我们很习惯的是中国有皇帝，这个不奇怪，大家念书的时候也都说，罗马有皇帝，但是罗马皇帝跟中国皇帝是不是一回事。从这三个方面来看一看，如果从古代的罗马看秦汉的中国的话，我们能看到些什么？如果时间允许，我就把这三个讲完，如果时间不够，可能就讲两个，到时候看情况，走着瞧。

第一个，从古地图看中国。这是罗马1世纪的一个非常重要的学者叫史特拉波（Strabo）（他是希腊人，他留下了十七卷的地理志，这个地理志有部分残缺了，但是大部分保留下来），在他的地理志里面曾经描述了那个时代，罗马所认识的世界。这个图，并不是那个时候画的，是学者根据他的书

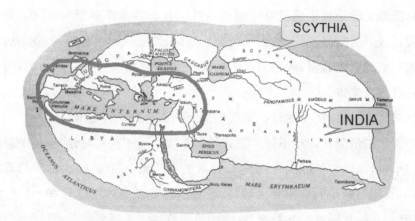

罗马 1 世纪学者　史特拉波(Strabo)的世界

把他所认识的世界画出来的。在他所认识的世界东部的边缘，大家可以看得到，大概是以 Scythia 为边界，南边是以印度作为边界，再往东，那就是一个他们所不认识的世界。大家可以看得出来，在罗马时代，对地中海世界他们已经基本上掌握，绘制也已经相当准确。

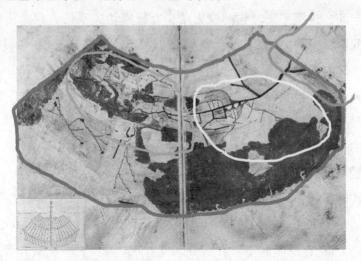

依据 14 世纪拜占庭本托勒密世界地图

这个图是现在保留的最早的一幅，从罗马时代不断地传承下来的托勒密式的世界地图的特点是什么？是把它画成一个扇形，根据托勒密地图的画法——托勒密是公元 2 世纪时候，罗马一个非常重要的地理学家、数学家，他是最早使用投影法，用经纬度把当时的世界画下来的，这是他的投影方法——对不起，我不是数学的专家，我不敢在这里跟大家介绍投影法，但是我想让大家了解这个地图的画法，重要的是什么？大家可以看一下，这一块地区，大家可以做个比较，这块地区，越往西，越是地中海地区，他们知道得越清楚，也越准确，山川、河流、海洋越准确，细节越多；越往东，到了中亚，到了印度这边，大致上还行，再往东边，就划在了他们所认识的世界以外了。托勒密是 2 世纪时候罗马最重要的学者，他吸收了从古希腊开

始的古代地理学的知识，然后又有新的发展，他留下来，除了他的这个地理知识的书以外，还留下了一幅当时的世界全图，还有总共二十七幅的包括亚洲、非洲、欧洲局部性的地图。

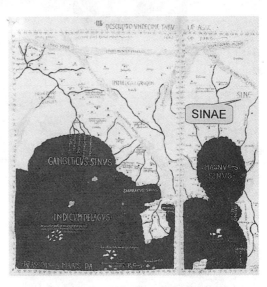

　　这个是一幅根据他所读、后世所画、大英图书馆所藏、15 世纪的托勒密式的亚洲局部地图，大家一看，就能看得出来，这是哪个地方？印度对不对？大家看看他在他的地

15 世纪托勒密地图亚洲局部

图上所标示的中国在哪个位置？大概就是紧临着印度东边一点。这个西方的地图传统描绘他们所认知的世界，一直延续到 1493 年。

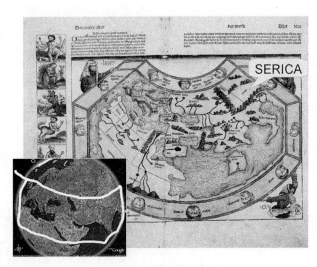

1493 年世界地图

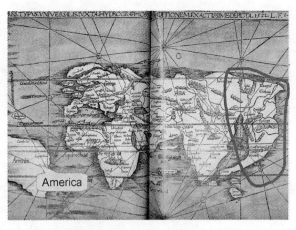

1522 年世界地图

这是当时的一个世界地图，大家注意看还是一个扇形，还是用同样的投影方法。在他们所描绘的这个世界里面，中国在哪个位置？在这里，也是在他们所认知世界的边缘。上面所看到的地图，用这个角度去看，几乎是一样的，可是如果我们从公布的地图去看的话，你会发现中国，也在这个角度所看到的世界以外。

地理大发现是哪一年？1492—1493 年。到了 1522 年，请注意，这个时候美洲都已经出现在地图上了，但是中国在哪里？大家请看看 1522 年地图上的中国，像不像中国？差得远呢！

如果从西方古代地图的传统去看,我是不是有理由说,古代的西方人所认识的东方中国是一片朦胧。同样的,在古代中国,在秦汉的时候,他们的知识世界里面所理解的当时的世界,在极远极远的西方有一个国家叫什么? 叫大秦或者叫条支。不知道大家有没有机会去看一下那些关于大秦和条支的记录,其实知道得也非常的朦胧,跟我所认识的罗马其实是有一段差距的。大秦和条支到底是不是罗马? 是罗马的哪个地方? 或者是哪个区域? 一直到今天还有很多的学者争论不休,我们只能推断那应该是罗马,但是我们没有办法确定。所以我说,在这个阶段,从西方看中国,从中国看古代的罗马,实际上是一片朦胧。

刚才是从地图上去看,我们从古代的罗马文献里去看,大概有几个重要的人物提到了所谓的"丝国",提到了"赛里丝",提到了"秦奈"。这个我用的是耿昇的,在他的书里、他的译集里面所用的译名。

上面我提到了几个罗马时期的写地理著作的重要作者。史特拉波我刚才提到了,那么在这本书里面他提到赛里丝,也就是我们所认为的中国,他是怎么描述的呢? 丝国当然产丝,但他们对丝是怎么一回事情一点也不了解,他们说丝是树上长的羊毛。这个是非常古老的一个传统,西方人不了解丝到底是怎么生产出来的,说是树上长的羊毛。

老蒲林尼,时间稍晚一点,他的书里面也说中国是产丝的,这个丝也是树上长的羊毛。更有意思的是,他的书里提到,这些赛里丝国的人(你们听到一定会发笑),是蓝眼睛、红头发、身体长得极高大,比一般人高大,声音很粗,是这么一群人。他们做生意有一个习惯,他们做生意、做买卖的时候是互不见面的,一帮人把货物放在一个地方,另外一帮人去看那个货,看到满意以后,就把钱放在那儿,然后把货拿走,另外一帮人再去收钱。提到这样一个习惯。他的书里面讲,中国人长寿,有一百三十岁,有人说有二百岁。这个国家有丝,丝长在树上。

他们很多地理学的知识、对异乡风土的描写,实际上是一代一代这么传下来的,一拨人一拨人的就是这么抄下来的,一直到托勒密,基本上还是把这些过去的说法记录在他的书里面。在他的书里面,他特别提到,他把他所认识的中国分成两个,一个是丝国,一个是契丹。他的书与前面几本书另外一点不同的地方是什么呢?就是他用他的经纬度、数学知识去计算从哪里到哪里有多长距离。这是托勒密了不起的地方,他可以说是最早用经纬度来画地图的。在他画的二十七幅地图上,标记了八千个地域的名字。这些图从公元2世纪不断地被拷贝,一直到15、16世纪,可以说是影响欧洲地图传统的最重要的一个范本。

为什么在这个阶段,这两个古代的帝国,彼此之间好像互不认识?这好像跟我们一般的印象不一样,对不对?我不晓得在学校读书的时候老师怎么跟你们说的,至少我自己在学校读书的时候,如果读中西交通史的话,一定会说当时有多少的罗马人到了中国,罗马的坏人,吐火的、变魔术的都到中国来了,听过吗?中国的丝绸也到了西方,到了罗马。比如说罗马是怎么灭亡的?它买了中国太多的丝,经济破产,听过这话吗?这些说法是有道理的,有根据的。刚才那位老蒲林尼先生在他的书里记载,当时罗马一年流入阿拉伯、印度、赛里丝国的银子是一亿,一万万罗马币。所以大家可以想想看,在某种意义上灭亡罗马的是中国。

还不止有这个说法,可能同学们还听到另一种说法,罗马也是中国灭亡的,为什么?汉朝把匈奴赶到西边去,中国的古书里说,匈奴以后不知所终,可是到了4、5世纪以后,西方忽然出现了一种人,叫做匈人,他们的头子叫阿迪拉,跟着日耳曼就把罗马帝国给灭了。源头是哪?秦汉中国。

如果大家去读一般的书的话,可以看到很多很多的说法。但是我要跟同学们讲,一边是中国,一边是罗马,这边是中国,这边是中亚跟一些国家,波斯、潘西、贵霜、印度。我们有很多很多的证据可以证明,当时的罗马跟印度有非常密切的来往,不管是从文献的记载,还是从考古的出土,都能证明当时罗马人已经知道季候风,他们利用不同季节所吹的风,使帆船可以航行到印度,这一点问题都没有,从海上到印度去,这绝对可以做到。那么中国呢？也毫无疑问可以通过西域到中亚去做买卖，也可以通过所谓的西南丝路到天竺去，这也都有记载。有意思的是，这两大帝国中间有很多中间势力，而这些中间势力，用今天的话讲，都是一些倒卖专家，弄到一批货倒给谁，倒完了以后，再倒给另外一个人。其实这些中间人都是做生意的，他们基本上变成了沟通东西双方的媒介，但是有的时候，他们也阻隔了秦汉中国跟罗马直接的来往。

在《后汉书》的《西域传》里有一个非常有名的故事，"大秦国"条特别提到，据中国的记载说，大秦的国王想要派使者到中国来，但是被中间的人阻止了，没有能到中国来。大家也知道，公元97年班超出使西域，派遣他的副使甘英到哪去？到条支。面对一片汪洋大海，他想要渡海而西，看看极西到底是有些什么国家。结果在海边有船人告诉他说："别去了，你去你就回不来了。"那海里有一种怪物，叫"思慕之物"，他说你到了海上听到了它的歌声之后，你就忘掉你的妻儿，回不了家了，这是《晋书·四夷传》里记载的。结果甘英就不敢西去了，失掉了在历史上一个真正的中国使者唯一一次可能到罗马去的机会。那么这个"思慕之物"到底是什么呢？有的学者研究，这可能是《荷马史诗》里面所提到的海上的那个女妖，Sirens。

我想可能有的同学听过这个故事。那么这个说明的是什么呢？为什么互相的认识是这样的朦胧？因为地理的距离的确非常遥远，而中间又有些阻隔的势力，不让当时的中国跟罗马发生直接的关系，这个和他们的利益是有冲突的。这个看法跟一般教科书上的看法是不一样的。我一直认为罗马和秦汉之间不是没有关系，但这种关系是一种间接跟断续的关系。怎么证明这一点？我先不讲这个。我的看法是违背大家的心理，违背大家一般的愿望跟想像的，大家不愿意接受。大家愿意接受的是什么？喜欢相信古代的中国曾经跟古罗马有过直接的来往，我还在网上看到年轻朋友讨论，假如秦汉的军队和罗马军团打上一仗的话谁会赢？你们有没有看到？我在网上看的，可惜没有碰过头。但是不要忘了，有个故事说中国和罗马军队真的碰过头，在哪里碰头？在甘肃永昌，大家听过这个故事吗？

（没有。）

甘肃永昌罗马人石像

2001 年，我们所的副所长，从台湾出发随着旅行团到河西去旅行。他们的旅行团被拉到甘肃永昌，我们副所长和他的爱人在那里拍了一张照，把照片送给我。那里面竖了三个人的石像，一个是罗马人，一个是罗马人的老婆，中间是一个中国的官员。看过吗？电视片里看过吧。看清楚一点，在那个石像旁边，还立下牌子说是"骊靬怀古"，旁边还有个纪事碑，描述罗马的军团如何到了中国：

"骊靬怀古"碑

公元前五十三年，罗马帝国执政官克拉苏集第七军团之兵力入侵安息（今伊朗一带），在卡尔莱遭围歼。克拉苏长子普布利乌斯率第一军团突围，越安息东界，流徙西域，经多年辗转，于公元前三十六年前后，相继从大月氏郅支匈奴归降西汉王朝，被安置于今永昌者来寨。汉称罗马为骊靬，故设骊靬县。赐罗马降人耕牧为生，化干戈为玉帛。骊轩人英勇善战,东晋时曾战败前凉大将军和昊,威震陇右。后渐与汉及其他民族融合,为华夏民族团结、社会进步和经济繁荣作出了贡献。

这个是轰动海峡两岸的新闻,不只是我们的副所长去了,他们还修了一个纪念碑纪念。据说有一百四十五位罗马军团士兵当时到了永昌,然后建了骊轩县,这是在汉代。

香港《东周刊》杂志

这是罗马人的后裔,叫宋国荣,他的官衔是什么呢?是骊轩文化研究会会长。他是一位农民,182公分高,蓝眼睛,高鼻子,红头发。现在每一年,如果诸位有兴趣的话,欢迎到永昌去,参加他们的罗马军团的游行。

这是香港的《东周刊》。《东周刊》不晓得大家知不知道,就是香港有名的八卦杂志。香港城市大学应用社会系一个助理教授去参加这个盛会,然后在《东周刊》上发表了一篇报道,上面写:"罗马遗裔中华生根二千年。"拍了照片。大家看看,在永昌的街头,嘉年华会,罗马的士兵在游行,游行完以后一百四十五个人跟地方领导排在一起照像,为了证明他们是罗马人的后裔。

永昌街头"罗马"士兵游行

永昌"罗马"士兵游行结束与当地领导合影

　　最近干了一件事，就是要用DNA——最科学的手段去证明他们是罗马人的后裔。瞧瞧这些罗马人！这是英国《每日电讯报》2007年2月4日的报道，一个英国记者报道说：兰州大学生命科学院立了一个项目，就是研究河西走廊骊轩人群体的遗传因素。他们采集了九十一个被认为是罗马人的血液标本去做实验，去做DNA化验，看看他们到底是不是罗马人的后裔。给大家看一个简报，这个是2007年2月14日台湾的《中国时报》做的一个报道，第一句话就说："根据兰州大学生命遗传科学学院最近完成的中国西北地区少数民族变迁的DNA研究，甘肃永昌县者来寨确实为罗马军团的后裔。"不久以后，我就看到新华网上的一个新闻，新华兰州网2月14日的电讯，兰州大学生命科学研究院的副教授谢小冬同志说：整个研究目前还没有结论！很显然，台湾的报纸为什么会有这种报道，是因为在更

永昌的蔡如年，Richard Spencer, Daily Telegraph, 2007.2.4 报道

早的时候,在兰州大学生命科学院对 DNA 研究的正式结果还没有出来,
地方上已经在炒作这个事情,已经照他们自己的愿望下了结论。台湾的记
者不分青红皂白就把这个消息发在台湾的报纸上。

这个故事是怎么来的?为什么在甘肃永昌会有这么多的人相信自己
是罗马人的后裔?为什么当地领导还设立民间文化研究会,而且每年还要
做罗马军团游行?来源是洋人。澳洲一位写小说的教师,大卫·哈里斯,
他因为听说 1957 年有位英国教授叫德效骞(H·H·Dubs),写了一本书
叫做《古代中国的一座罗马城》。这位英国教授相信,曾经有罗马军团在中
亚作战失败以后,向东方流动,到了中国。这个说法让这位教师信以为真,
他就在 1989 年跑到了兰州,寻找梦中的罗马城,就好像当年德国的大富商
谢里曼去寻找《荷马史诗》里的特洛伊城,我看两者差不了多少,背后都有
这种非常浪漫的幻想和冲动,想要找出历史上有那么一点痕迹但是又很渺
茫的那样一些动人的故事。

他到了兰州以后,找到的是兰州西北民族学院的一位教授关意权,关先
生跟他合作。据说关先生提供给他地图,帮他去找罗马的后裔军团在哪里,
骊靬县城在哪里,最后找到了当地的一个地方叫者来寨,找到一些东西。细
节我就不再讲了,最重要的是,大致上是公元前 53 年,罗马的军团跟安息作
战,结果失败,然后他们就相信在公元前 36 年,因为罗马军团帮助郅支单于
守城,跟汉朝的军团发生冲突,结果单于失败,然后中国军队就把这些帮助
郅支单于守城的罗马人中的一百四十五人带回中国,然后在民间设县。

我觉得这个故事是比较符合一般人的愿望和心理上的期待。不止是
永昌地方上,包括学者在内,过去上百年来,不知道有多少学者搜罗各种蛛
丝马迹,希望找出中国古代跟罗马之间曾经有过什么往来,而且希望证明
不只是有关系,还有极密切的关系。

头几年这里有位学者,写了一本书,叫《中国与罗马》,我看到他的结
论,他说古代中国跟罗马关系之密切,就好像"铜山西崩,洛钟东应"。大家
听过这个成语吧?这边山崩了,那边"咚"的一下,极密切的关系。不但是

经济上往来极为密切,政治上中国的军事行动都关系到罗马的生存灭亡。

但是我就偏不信邪,我说所有的这些历史拿出证据来,你要证明古代的罗马跟中国有关系,拿出证据来。我可以非常清楚地证明,古代的罗马跟印度有极密切的关系,经济的关系。大家知道,这种商业的往来一定要拿什么东西换别人什么东西,对不对?贸易不是单方向的,一定是双向的,你拿什么跟我换什么。我们到印度去看一看,在印度留下来什么跟罗马之间贸易的证据?我们知道对罗马来讲,最重要的是向印度买他的香料。罗马拿什么东西跟他买香料,去交换他的香料?几种东西,贵重的东西,当然是金子,没有比这个更好的,金子、银子、金币、银币、玻璃、玻璃用的料,罗马古代地中海世界玻璃是非常重要的产品。我今天不讲玻璃,我今天只讲钱币。

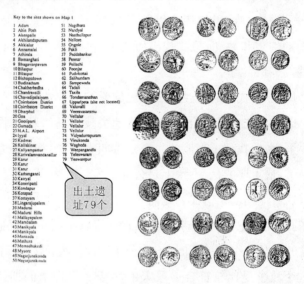

这里有个图,这是在印度发现的古代罗马钱币的遗址图,就在很多年前的一本书上,大概有七十九个遗址,大致上分布在印度半岛的东海岸、西海岸南边一点,都是公元1世纪、2世纪罗马最盛的时候罗马的钱币,金币、银币,值钱的币,铜币不要,铜币单算。长距离的贸易一定要拿最值钱的、重量轻的,香料,丝,价格高,但是重量轻,便于长途运输。他不会运粮食,不会运木材。我可以用钱币证明,当时罗马用钱币交换印度的香料。如果有人要告诉我说罗

马跟中国有直接的贸易关系的话，中国输出丝，那么是不是在中国应该也发现很多罗马的钱币，对不对？我这要求合不合理？合理，对不对？

我过去几年干了一件事。我为了寻找罗马的钱币，从兰州出发，沿着古人的道路，丝绸之路，一直到喀什，沿途我访问博物馆，问当地的学者，我也去请教了宁夏考古研究所的所长罗丰先生，有没有发现任何一枚秦汉时候的，公元前200年到公元后200年这一阶段的罗马钱币，我一直找到喀什，找到乌鲁木齐新疆维吾尔自治区博物馆，问了蒋其祥先生，那边做中亚钱币的专家，他们说："一枚都没有。"现在在中国境内发现过古代东罗马的钱币，大家可以看到东罗马的钱币、波斯萨珊朝的钱币有，但是就是没有比这个更早的罗马的钱币，一枚都没有。这证明什么？这虽然不能证明说中国和罗马之间没有关系，但是我可以证明，没有直接的关系。到了魏晋南北朝以后，大家知道，整个中亚地区的草原游牧民族大移动，很多西方的东西在魏晋南北朝以后进入中国。

我简单地做个小结，由周边看中国，在这个阶段，很可惜，很遗憾，在我的认识里面，中国看罗马，看不清楚，罗马看秦汉，也没看清楚，因为他们都在彼此不认识的那个世界里。但是并不表示这个问题不能谈，还可以谈，只是要用第三只眼去看，因为大家知道，我不是罗马人，我也不是秦汉时候的中国人，我是现在的中国人，怎么看历史，也都是从我们的角度去看，所以我只能把这两个东西放在我面前，我去看，我就变成第三只眼，从我的角度看。

我现在讲下面这个题目：城市之间，权力和两个不同的世界。

我非常喜欢 google map，这是到网络上抓来的，现在的罗马，我现在要给大家看一连串的幻灯片，基本上不必仔细看，最重要的是大家有一个印象就行了。这是现在的罗马，这是台伯河，罗马广场、斗兽场、赛车场。这是罗马的广场。这个是我在意大利的时候，他们有一个罗马古物博物馆，这个是墨索里尼时代曾经修过的一个非常大的，大概有这个教室这么大的古代罗马的一个模型，这些是从那个模型上拍下来的，他把当时的古罗马复原。大家在电影里面经常看到赛车、赛马的场地。这是台伯河，这是罗马非常有名的卡拉卡拉公共澡堂，这一块是罗马的引水道，现在的样子，这个是复原图。我很快地放过去，大家只要有一点印象就行，这个是台伯河口罗马的港口。罗马离台伯河有一段的距离，是它一个最重要的港口。这个是这个港口城市的平面图。

我请大家注意了，这个空间，它里面主要的建筑是哪些呢？主要建筑不外乎两种：一种是私人建筑，一种是公共建筑。私人建筑就是私人住家；公共建筑有哪些呢？有剧院、广场、斗兽场、公共澡堂，就这些东西。现在这个古罗马帝国环地中海世界，留下来的这种古城遗址非常非常的多，大家有机会可以到很多地方去看，这是利比亚的，这是非洲的，

大家可以很清楚地感觉到，所有这些城市的空间规划、建筑格局，基本上都是拷贝罗马。

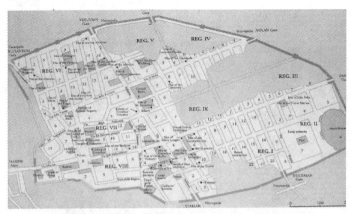

　　这个是棋盘式的街道，跟中国有点像，但是重要的是，它也有广场、剧院，这是在英国南部，这是在土耳其西部，这是在叙利亚，两河流域那一带，是丝绸之路上的一个非常重要的城市的遗址，这个也是叙利亚另外一个城市。

　　所有刚才讲的都很快过去，我主要利用庞贝城跟大家稍微讲一下。因为这个庞贝城整个遗址现在被揭开，考古工作还在继续。由于这个公开，大家可以看到这个城市里面的人、居民住的地

酒店柜台

方、还有这个城里面的公共空间跟其他我们看到的罗马帝国从南到北、从东到西各个城的遗址的空间规划基本的特性是一致的。这是一个探照图，这是一个平面的线描图。这是一个吧台，用今天的话来讲。这是想像中的

一个私人开的商店,沿着庞贝城的街道开的商店,有喝酒的地方。这是广场,后面是维苏威火山,这是跟我爱人去的时候拍的。然后这个是剧院,可以容纳上千人同时观剧。

庞贝城的壁画

　　这是庞贝城的壁画,壁画里描绘的是庞贝城的斗兽场,根据它旁边的题字,可以知道为什么会有这个斗兽场的壁画出现在这里,是因为当时曾经举行——大家知道那个时候,也搞这套,不同地方的人组织自己的角斗士,到这个斗兽场来比赛,结果就跟今天意大利看足球的球迷一样,打成一团,结果就闹了事。这个画是在描绘庞贝城的角斗士跟别的城的角斗士发生冲突,你可以看到画上的细节,里里外外都在打。

　　这个是庞贝城公共洗澡堂的一个平面图,这是内部的一个角落。公共洗澡堂非常重要,对每一个罗马城市来讲都非常重要,这是一个公共活动的空间,而且是不分贵贱、老少,男男女女都在这里,怎么样?肝胆相照。

　　我讲个故事,公元2世纪时,罗马有个非常好的皇帝叫哈德良,这位罗马皇帝喜欢到公共澡堂洗澡,你相信吗?进去以后,看到几个老人家在墙

庞贝城公共澡堂一角

壁上搓自己的背,靠着那个大理石的墙壁搓自己的背。哈德良就问他们说,你们什么毛病? 他们说我们太穷了,请不起奴隶来帮我按摩,只好自己救急,在墙壁上搓。那他问,你当过兵吗? 对方说,我当年就跟随您皇上吃粮当过兵的。对方说,好,那我就赏你几个奴隶。就赏了他几个奴隶,还给他养奴隶的钱。第二天,哈德良又去洗澡,噢,不得了,一大堆老人在那儿,都在搓背。这个故事告诉我们什么? 皇帝到澡堂跟老百姓一起洗澡,而且他天天都去,所以消息传出去以后,有人会在那边等他,大家可以期待他会在那出现。你能想像中国皇帝会跟百姓一起洗澡吗?

公共澡堂里面不只是洗澡,也是八卦中心,所有城市里发生的大大小小的事情,那个时候没有网络,也没有报纸电视,城市里的公共生活,通过哪些管道可以互相沟通? 公共澡堂是非常重要的,男女老少,不分贵贱,免费进去洗澡,里面有冷水、热水、蒸气浴,还有 massage。

就刚才讲的这些,归总起来讲,无非就是这么两句话,庞贝人居住在城内,我们看过很多很多罗马城市的遗址,居民居住在城内,城外给谁住,大家知道吗? 死人。罗马的城,从城门出去以后,道路两边是家族的坟墓,死人住在城外,活人住在城内,这个跟基督教兴起教堂出现以后的整个欧洲的城市规划是完全不一样的。很多欧洲城市到中古以后，教堂成为城市的中心，教堂的旁边就是墓地，所以死人就从城外移到了城内。如果大家有机会到欧洲旅游的话，你注意一下这个特点。可是在这个阶段，活人在城内，死人在城外，城内最主要的建筑是公共建筑，除了自己的住家以外，最重要的是公共建筑，是为全体居民服务的。我前面讲的所有的这些空间规划，都归结到这一点上来。

庞贝街头墙上的竞选标语

这一点还不重要，更重要的是这个城市的权力掌握在谁的手里？在庞贝城的墙上，考古学家已经揭下来好几百条当时在庞贝城里举行选举的竞选标语。这是其中的一条竞选标语，这是另外一个竞选标语。你现在可以想像，当时街道上，每一年春天的时候，就会把这墙壁上去年选举的标语刷掉，然后换上新的标语，第二年再继续进行选举。

下面我举个例子，这个选举标语的内容是："我们恳请大家选举马可·塞伦留斯·瓦提亚出任市政官。所有深夜酗饮的酒客们都支持他。"底下有签名。我们在选举标语上看到各式各

样的人，可以依照自己的意愿，你想支持谁就支持谁，把名字写上来，你的邻居，你是哪个教团的信徒，你是哪个球迷，都在上面写下标语。这不是我

乱说的,都有标语为证,他们每年都选举。

庞贝的成年男子,只要具有市民身份就是这个城市的主人,就有权投票

当政意味着什么,意味着庞贝的成年男子只要有市民的身份,就是这个城市的主人,就有权投票。这两枚罗马钱币上面所显示的,是罗马人怎么投票。在这个城市里面选出市政官,来主持这个城市里所有的公共事务,包括道路的修建,神庙的维护,公共设施的新建跟维护,还有举行各种的赛会,粮食的供应,都是由市政官员以及他的属下来负责的。

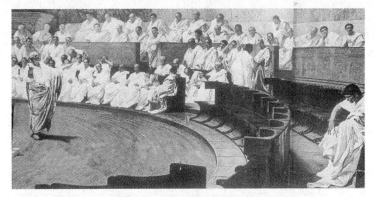

市议会是城市的最高权力机构

这个城市的市政官任期只有一年,他离任了以后干什么去?进市议会,成为市议会的一员,而市议会是每个城市的最高权力机构,所有市政官员的所做所为都要得到市议会的同意。这种权力关系是怎么来的?在公元前 80 年,当庞贝成为罗马的一个殖民城市的时候,罗马的元老院曾经颁

布一个法律文件给这个城市。这个不是特别的，每一个罗马帝国城市都会从元老院那里得到一个法律文件，依据在罗马征服过程中这个城市的表现，跟罗马人的关系，确定不同的关系，有不同的法律权益，现在大家在图上看到的，这不是在庞贝出土的，这是在西班牙另外一个城市出土的一个城市特许状，特许状由罗马的元老院颁发给各个城市。在这个特许状里面，清清楚楚地规定了这个城市的地位，这个城市应该怎么组织，怎么运作，它有哪些官员，这些官员领多少银子，哪些可做，哪些不可做，一条一条列出来。庞贝的政治模式来源于地中海世界早已普遍存在的城邦政治。所不同的是，庞贝归顺罗马以后，受到了罗马法律的监督。公元前80年，当庞贝成为罗马的殖民城镇时，罗马的元老院才颁发了一纸特许状。在特许状里，罗马人根据庞贝跟罗马的关系，规定了罗马的法律地位。所以在庞贝城市政官员的选举，一年改选，然后加入市议会的做法，基本上是拷贝了罗马城本身的组织和权力运作方式。大家知道，在罗马有元老院，就相当于庞贝的市议会。每年改选，这也跟罗马一样。基本上罗马人是把罗马的那套复制到地方上去，罗马的城市自治，是建筑在城市为市民全体所有的基础上，治理的权力也来自市民的权力。换句话说，全体的市民是权力的主体和来源，基于市民的付托，市议会和市政官依据城市的法律，才有了

特许状

监督和管理这个城市的权力。在这样的城市里,市民的身份和法律可以说是城市公共生活的基础。那么从这个地方我们可以看得到,在这个城市空间里面,什么人在里面住?有什么样的公共服务以及什么人在决定应该有哪些公共服务?这些权力基有本上是在居民手里。

　　那么底下看一个奥古斯都钱币上的几个字,SPQR,可以看得很清楚吧?这个代表什么意思呢?这是罗马政治史上非常重要的一个缩写字,他代表罗马的元老院和罗马的人民,他把每个字的字头拿出来组成一个缩写字,那个que,相当于英文里的 and,就是什么跟什么,罗马的元老院跟人民,这个象征着罗马的主权。如果大家有机会到罗马广场去旅游的话,也可以看到那里有一个凯旋门。是 Titus 皇帝,公元 1 世纪毁灭耶路撒冷城的那个罗马皇帝,为了纪念他的战功,修了一个凯旋门,在这个凯旋门上,就有这几个字,代表了罗马

凯旋门上的石碑

图拉真皇帝的钱币

的主权。罗马的主权在罗马人民和罗马元老院的手上。上面我们看到罗马石碑上的另外一个SPQR，一个缩写字，下面是图拉真皇帝的一枚钱币，在钱币上也有 SPQR 几个字母。很高兴这枚钱币是我的，这枚罗马钱我今天带来，大家可以传观一下。SPQR 可以看得很清楚。这个意味着什么？这个意味着钱币，这个最重要的、人人所爱的钱币，它的合法性以及罗马皇帝的观念。他的权力来自哪里？来自于人民，来自于元老院，他发行钱币，要把这几个字放在他的钱币上面。以下还有两个字，SC 两个字，这两个字是拉丁文的缩写，是代表着元老院的许可，或者元老院的批准。所以这个钱币虽然是皇帝老爷打造的，但是批准的可是元老院，可是罗马的人民。这个告诉我们什么？这告诉我们罗马的权力、皇帝的权力在哪里，依据的是什么。如果说希腊城邦曾经在地中海地区起到典范作用，那么罗马帝国应该可以算城邦的延续和扩大，大家也都知道基本上罗马帝国在很多方面，都是继承了希腊那一套，虽然帝国建立，但是罗马帝国

在根本的观念上还是延续了过去地中海式的城邦的传统。右边的那个,不晓得你们教科书上有没有,可能有吧? 希腊投票用的,左边是罗马人在投票,这整个传统是一脉相承的。

前面我们所看到的、所讲的,基本上是从一个城市的空间去了解古罗马的权力结构,以及它的权力在什么人手上,什么人居住在城里,什么人居住在城外。

好,现在回到咱们中国,我们看中国秦汉时代是怎么一个情况。很可惜,非常可惜,因为古代的罗马,很多的建筑基本上是用石头去造的,所以能保留下来,而中国古代的建筑基本上是木结构的,绝大部分没能留下来。现在很感谢考古学家们非常努力地、尽可能地去找寻中国古代的城市遗址。过去几十年,社会科学院考古研究所,他们长期在陕西西安那边发掘汉代的长安城。现在基本上汉代长安城的规模已经完全知道。请大家看一看,这个长安城里面,它的空间是由哪些部分构成的? 这是非常重要的未央宫、长乐宫、桂宫、北宫、明光宫五处,请大家帮我算算,这几个宫殿把这个城市的空间面积占去了多少? 接近一半,至少有三分之一,只有东市西市在这个城市的西北角。城里面这个空间属于谁? 皇帝老爷。那我们住到哪儿去? 城外。好极了,我们不是死人,不过我们得往外移。北宫、南

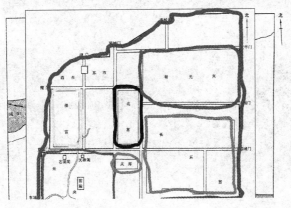

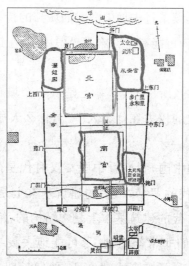

东汉洛阳

宫、濯龙园,这个是皇帝老爷们打猎的地方,还有永安宫,还有其他一些宫,大致上,汉代的洛阳,基本在城内主要的空间也是宫殿。中央城市类似首都,那么我们不能以北京代表全中国吧?上海也是,对不对?

想像中汉代长沙国王城一角——湖南省博物馆(局部)

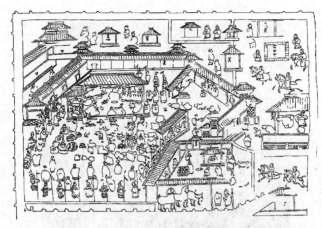

内蒙古和林格尔汉墓壁画中的地方官衙

　　我们看看地方上的城市是怎样情况。我有一年到湖南省博物馆去参观,他们修了一个新馆。大家知道湖南省博物馆有一个非常重要的收藏——马王堆的西汉墓。里面的那个女尸,可能有很多朋友都看过,他们现在做了一个非常大的 180 度的壁画,描写西汉时候长沙国的情况。我今天插的这个图很能准确地反映出那个时候城市的功能。大家可以看到,城里面是什么? 长沙国王的宫殿。老百姓住在哪里? 老百姓住在城外。

　　刚才是我在湖南省博物馆看到的壁画,那还是现代人做的,可能还基于我们的想像。我现在举一个在内蒙古和林格尔出土的东汉时候墓葬壁画,因为那个壁画保存得不是特别好,所以我用一个线描图给大家看。这个是描写那个墓主,东汉时候的一个护乌桓校尉,他的官衙,他所在的那个城。大家可以看到,周围有一圈代表城圈的城堡,中间所描绘的,大家请注意看一下,描绘的是什么? 就是地方官府。可以说把城里面主要的空间全部占满,它甚至也有市,也有门。

　　我们可以非常清楚地看到,不管是在中央的都城也好,在地方的县城也好,城市的空间基本上城内是由统治者所居住的。简单地说,统治者、劳心者住在城内,被统治者、劳力者住在城外。孟子曾经说过,世界上不外乎两种人,一种是劳心者,一种是劳力者,就这两种人,一种是当官的统治者,

四川出土市街画像砖

成都出土卖酒画像砖

一种是服侍人家、供养人家的劳力者，统治者住在城内。你从城市里面什么人在住，谁在掌握权力，就可以知道地中海世界跟咱们中国秦汉的不同。百姓务农，经营工商，日出而作，日入而息，完粮纳税，劳碌终生。他们从来不曾想过自己有什么权力去选举自己喜欢的官，同不同意？

　　中国有没有市场呢？有。古代照样要做买卖有市场嘛。这是四川出土的画像砖，大家的课本里也可能都有这个图。市场周围有墙围起来，中间有一个鼓，敲鼓以后市门打开，大家进去做买卖，落日以后又要把这个市场关起来。整个市场的管理掌握在地方官员的手里,用句话说,这个也是"市长",整个经济活动掌握在城市某一个管理经济活动的官员的手里。也有酒馆,跟庞贝城一样,你也可以去买酒喝。这也是成都出土的画像砖,描写卖酒的情形,也有做买卖的,跟整个权力结构是不一样的,城里的权力结构是不一样的。这是杨林出土的俑。我记得有一年到法

杨林出土的俑

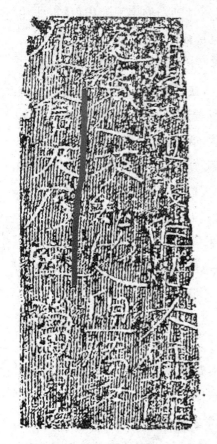

曹氏宗族墓地所出"仓天乃死"字砖

门寺去,从西安坐车到乡下,我就一路注意,陕西乡下农民长的样子,我觉得跟这位还真有点像。那么汉代的农民,在那个阶段他们心里面所能够盼望的,是什么呢?是今上圣明,用人得当,轻徭薄赋,使百姓有太平日子可过。大概这个是那个时代老百姓在政治上最普遍的期望。如果有官员欺压他们,可以发发牢骚,喝喝闷酒,也可以告御状。"缇萦救父"的故事大家听说过吧?替他老爹给汉文帝上书,也可以告御状,请今上做主,替他拿个主意。如果天子糊涂,今上不圣明,老百姓只有两条路可走——逃亡、造反。这是在曹操的老

家曹氏宗族墓地出土的一块砖,砖上有"仓天乃死"四个字。这个课本里肯定会提到,黄巾起事的时候说"苍天已死,黄天当立",这就是一个活生生的证据,老百姓没有机会选举官员,逼得无路可走,只有揭竿而起。

前面我讲了古代罗马的城市空间和权力,讲了中国城市的空间和权力,作了一个对比。我一直在思索,为什么会有这样的不同?我不能够提供一个完整的答案,我只提供一个思考的路子,请大家指教。秦汉中国的时候,其实中国已继承一套夏商周三代相承、行之千年之久的政治传统,在我们教科书里面,总会告诉我们说,春秋战国是天地间一大变局。到了春秋战国的时候,封建制度崩坏,礼崩乐坏,战国的时候中国开始进入一个郡县帝国的时代,尤其是秦汉以后。但是我感觉到咱们中国的历史,不能在春秋战国的时候就切得这么干干净净,他是藕断丝连,抽刀断水水更流。春秋战国以前周代封建时代所立下的很多政治规模,并没有因为春秋战国而真正、完全彻底地改变,秦汉郡县的时代,在很多重要的根本方面仍然延续夏商周千年以来的政治传统。我们可以看到秦始皇统一天下以后所颁下的诏书的诏版,分天下为三十六郡。在朝堂之上有一场封建跟郡县的辩论,好像封建就这样过去了,从此以后中国进入一个新时代。但是我们想一想,秦汉帝国建立以后,封建制度,我个人以为,仍然支配着中国政治最基本的格局和观念。封建之世,周天子因天命,称天子,拥有天下,子孙相承八百年。周代号称有八百年。秦汉的统治者不也是奉天命,由一姓之子孙相继为治吗?最重要的权力从周天子开始,到秦汉,到清朝,中国格局有什么根本变化?

在春秋战国的变局里,小老百姓地位似乎上升了,他们可以像过去的贵族一样,有爵位,有姓氏,有土地,甚至可以读书受教育,"布衣可以为卿相",书里都说了。可是他们并没有像雅典跟罗马的平民那样有过身份和地位上普遍的突破,成为权力的主体,甚至因公民的身份而担任公职。有没有?请大家回答。很多的历史学者、哲学家曾经说公元前500年有一个哲学上的突破,是一个轴心的时代。没错,有过哲学上的突破。但是没有政治上的突破,春秋战国时的平民,可以为卿相,但是所有的老百姓,他们的身份仍然是劳力者,仍然需要去供养那些劳心者,那些统治者。

统一天下秦诏版

　　说到这儿大家心里有点不舒服吧?我鼓励大家两句。大家不要以为罗马人民可以做主就是件好事,不见得。罗马不可避免有它的黑暗面,咱们中国也不无可爱之处。怎么说呢?除去我刚才讲的那些,实际上,我们还要注意另外一个在古代罗马、希腊社会上一个重要的现象,就是那是一个阶级分明的社会,而且他这种阶级划分是依居民的财产作为标准,而不是依你个人的才智作为标准。虽然在古罗马时代,你是罗马的公民,可是如果你没有财产的话,你可以享受免费的面包和马戏,但是你不可能有机会去担任公职。财产不够不行,上有元老阶级,有骑士阶级,所有的公职基本上必须有一定的财产,根据财产的多少,你才有机会被选举去出任那些公职。你有公民身份,你可以去投票,但是你没有被选举权,这是一个阶级的社会。相对来讲,咱们中国从春秋战国以后我觉得真了不起,变成了一个阶级开放的社会,封建时代的那种身份世袭成为过去,这一点我们必须承认。身份世袭成为过去,平民之中有才智的,凭借他的才智可以从城外搬到城内,从被统治者变成统治者,参与官僚体系,使得中国从一个封闭的阶级社会,从封建时代转变成一个身份流动的开放社会。秦汉以后,我觉得这是一个重大的突破,就这个意义上来讲,千百年来,从秦汉中国开始,基本上社会上最优秀的分子通过一个公平竞争的机制,参加到政治权力里

面来。虽然这个权力掌握在一家一姓的手里，是家天下，但是里面也有公的一面，就是这个政权也在某种程度上开放，让社会所有的精英，凭借才能、道德进入管理、统治的这个体系。我觉得秦汉时期进入这个状态。

好，我们从空间看一看整个权力的关系，在这两个不同世界里面大致上的一些情况。回到我们刚开始的那幅图，左边那张是我大学时候画的，怎么画的呢？根据凯撒的雕像画的。我不晓得大家在读书的时候有没有注意到，或者在画片上、在电视上看到，如果你到欧洲旅游，有一个非常跟我们这边不一样的现象，大街小巷，到处都是塑像林立，古代罗马的街头都是皇帝的雕像，留下来的不知道有多少，所有的皇帝几乎都有。甚至不只是在街头，很多的装饰品上都有，不只是出现在街头，还铸成钱币。这是奥古斯都的金币，他征服埃及以后，铸币来纪念他的光荣。这是尼禄皇帝，他的钱币。这很快讲过去就行了，大家在很多图片书里都看过。这是最后一

图拉真　哈德良　Marcus Aurelius　Commodus

Caracalla　· Diocletian　Constantine the Great　Romulus Augustulus AD475-476

个西罗马皇帝,476年,在他手里西罗马帝国终结掉了。大家可以看到,这是罗马人的一个习惯,把皇帝放在街头,或放在口袋里。我口袋里还有两枚,这两枚钱币,我今天也带来了,传一下,绝非伪造。这是什么意义?等下我会讲。

我们再来看中国。在中国,谁能摸皇帝的头?罗马皇帝的头你们可以随便摸,可以装在你的口袋里。可是,谁能摸中国的皇帝?谁能看到中国的皇帝?在秦汉的时候,神龙见首不见尾。大家一定听说过一个故事,张良曾经想要刺杀秦始皇,听过吗?在博浪沙请了一个大力士,弄了一个大铁锤,想要锤他,等秦始皇出行的时候,听过这个故事吗?他弄不清秦始皇在哪个车里,结果误中副车。皇帝老爷出巡你能随便看吗?秦汉时候的皇帝出行要出警入跸,要清街道,要把街道清理干净,不能在那里随便看。谁看过秦始皇啊?大家知道吗?刘邦跟项羽都看过,他们远远地看到秦始皇出巡的时候，真威风啊，"大丈夫当如斯也"，"彼可取而代之"，这两位英雄人物分别说下这两句话。但是他们都没有真正看到秦始皇，因为秦始皇坐在车里。大家看过陕西兵马俑出土的那个马车吗？那个马车据说窗子特别讲究，你座在车子里面，从车窗里面可以看到外面，但是外面看不到里面，下回上西安你去看一看。要不然张良派个大力士，用铁锤怎么看不见他就锤错了呢？为什么？皇帝不是平民百姓可以随便看的，要保持他的神秘性，他是真龙天子，不能让别人看见。他当然不可能让你摸他的头，当然更不可能让你跟他一起洗澡。

我们可以找到，可以根据罗马的雕像去画凯撒、奥古斯都，一直到罗马最后一个皇帝，但是我无法想像秦始皇长什么样子，你能告诉我吗？你现在所能看到的中国古代的皇帝，《三才图会》里面秦始皇、汉武帝，这都是后来人们的想像，他真长什么样子，我们只能期待陕西考古研究所的诸位考古专家，秦始皇陵如果继续挖下去的话，不知道会不会挖到他老人家。谁也不知道，我们期待。

这个意义在哪里？下面我作一个简单的对比。为什么罗马人要把皇帝的雕像放在街头，让老百姓放在口袋里，而且成为每一个老百姓的最爱？你跟我应该一样吧，喜不喜欢钱？我告诉你，我非常喜欢钱，每个人每天口袋里掏出来都可以看到今天的皇帝是谁，长什么样子，金币、银币、铜币。为什么皇帝要把像放在街头？原因非常简单，因为他的权力来自于罗马的人民，他要讨好这些罗马的人民，要让这些罗马的人民认识他、了解他、团结他。

刚才我们讲到罗马皇帝统治的正当性，是基于元老院跟人民的同意，而中国的皇帝是建立在天命上的。名称也不一样，中国的皇帝叫天子，叫皇帝，而罗马的皇帝叫做第一公民。中国皇帝的名称是强调为天之子，而罗马皇帝名称是强调这个皇帝是为民之首，他也是公民，只不过是第一个公民，在元老院开会的时候，他第一个发言，他走在最前面。所以从奥古斯都开始一直到戴克里先的时代，罗马的帝制被称为元首制，这里强调的是第一公民的精神，就是皇帝也是公民，他的身份跟罗马所有的公民基本上是一样的，只是他是第一个。

中国的皇帝是自天受命，而罗马皇帝必须有元老院的授权，包括他铸造钱币都必须有元老院授权。中国皇帝的权力无所不包，但是罗马皇帝的权力是罗马共和时代，各种公职跟职权的累积跟集合。大家知道罗马共和时期，有所谓执政官、保民官，罗马皇帝基本上是把这些执政官、保民官、财政官、司法官的权力集于一身，而且不是每一个皇帝都有所有的权力，他也不是每一年都担任执政官，也不是每一年都担任保民官，他的权力仍然延续着罗马共和时候的传统，每年要选，由元老院来认可，然后这个罗马的皇帝才有了那一年的执政官的权力，和那一年保民官的权力或者是大祭司的权力。

比较而言，中国的皇帝权力有他的完整性，但是罗马皇帝是不完整性；中国皇帝权力无增无减，因为他是受之于天地，这个天地是无所不包的，并不会出现哪个皇帝的权力特别多，另外一个皇帝特别少，他的本质上是无增无减，只是看你用不用这个权力，和你怎么用这个权力，或者这个权力会不会被别人拿去了。

第三，中国皇帝的权力是非行政性的，皇帝老爷不必特别担任某一个职务以后他才能在这个职务上做某些事情。从古代到清朝，你去查查看，有哪个法则规定中国的皇帝有哪些项权力？没有。可是在罗马，罗马的皇帝，他的权力是清楚地一条一条地记录下来的，有一个由元老院给他的一个权力状，上面一条一条清楚地列出来他有哪些权力。现在这种权力状还有流传下来，我的一本书里已经把这个权力状翻译出来了。一个是非行政性，一个是行政性，那么罗马皇帝的行政性是什么意思？如果他拥有司法官的权力，他就得每天坐在那里看各种案子，决定这些案子该怎么判；如果他担任大祭司的话，他就要颁布历法，来决定罗马一年那些祭典在什么时候举行，它的规模多大，国家祭典的时候他要穿上祭司的服装，去行祭礼。有什么职位，他就要干什么事情，所以他有行政性。但是中国的皇帝是非行政性，他无所不在，无所不管，他也可以什么都不管，中国皇帝几十年不上朝的都有，但是并不表示他的权力比较小。

在中国，皇帝权力是私产，是父传子，所以有后宫跟太子的制度。但是在罗马，皇帝的位置是公职，由军队拥立，然后由元老院认可，这是从奥古斯都形成的一个模式。奥古斯都在世时，非常不愿意看到军队干涉权力的继承，但是无可奈何，还是被军队干预。如果大家知道一点罗马史，就知道，罗马多少个皇帝都死于刀下，都是被军队干掉，然后很多皇帝也都是被军队所拥立的。军队拥立以后，率领大队的人马到元老院，逼迫元老院盖上平民章，接受他是罗马合法的皇帝。这是罗马权力转移的一个基本模式，因为罗马皇帝的权力是公的，他的权力来源于元老院跟人民，所以皇帝不能私自指定他儿子当他的继承人，没有后宫，也没有太子制，没有一个制度性的指定继承人。但是他可以用拐弯抹角的方式，各种暗示的方法，去暗示大家，让大家了解他希望谁当他的继承人，大家心里都有数，或者在他还没有死以前就先做权力的安排，让他属意的继承人先担任某些重要的职务，然后他一死，权力就转移过去。但是他不能指定太子，因为不是私产，这个权力是来源于人民跟元老院，在权力转移上我们可以看出这一种基本差别。

现在我们再来看一看罗马皇帝的形象跟中国皇帝的形象有哪些基本区别。在中国，皇帝基本上是君、亲、师，证明皇帝老爷理论上是民之父母，他不但要治之，还要教之，养之，这个是中国皇帝的基本形象。可是罗马皇帝呢？他最重要的形象是第一公民，第二，他是胜利的英雄，是人民的保护者。刚才我没有讲，罗马皇帝正式头衔（Pater Pateriae）的第一个字就是将军的意思。奥古斯都老年的时候，元老院给他的另外一个封号叫"国父"，这个就比较有一点神圣的味道，奥古斯都这个字本身也有神圣的意味。从罗马的共和传统来看，皇帝最重要的形象，必须是一个有能力保护百姓的军事上的英雄；另外就是他必须是跟其他所有的公民平起平坐的公民，但是他是公民的第一人。这个形象跟中国传统的君、亲、师是完全不一样的。

在中国来讲,天威不可测,天高皇帝远。可是在罗马,第一公民跟老百姓一起看戏、洗澡,亲自接见小民,处理小民的要求。

我再讲个故事。刚才那个哈德良皇帝有一次去上街,在街上走,有一个老太婆看到他,就跟他提出要求,就是拦街喊冤。有事要找皇帝老爷替他摆平。哈德良就说,我现在急着有事,不能停下。你猜那个老太婆怎么说?那老太太说:"你不停下来,就不配做我们的皇帝。"哈德良就乖乖地停下来,听那个老太婆有什么要求亲自处理。街上任何人都可以递状子给他。

我不晓得大家读过莎士比亚的那出戏吗?在凯撒到元老院去的路上,有人知道今天在这条路上有人要暗杀他,就想在路上拦着他,递一个条子给他通风报信。这表示出什么?当时罗马的老百姓,随时都可以在街上把皇帝拦下来,你是可以接近他的。可是在中国,在秦汉的中国,这是不可能的。我不晓得大家看过《末代皇帝》那部电影没有,溥仪——最后一个皇帝,有一次在宫里走,两旁都有行人,皇帝的轿子过去的时候,所有的人都面对着墙,不能看皇帝。皇帝过去以后,他们才能正常走路。这个就是中国皇帝跟被统治者的关系。

在什么样的社会里面产生这两种不同的统治体系?我的一个看法,我觉得中国秦汉时的社会,基本的结构老实讲是一元化的结构,最重要的是血缘性和假血缘性为原则的一种一元性的社会。而在罗马,除了跟中国一样有血缘性和家以外,还有城市。这个城市是一个公共的空间,这个公共的空间依据的最重要的原则是法律,他是一个二元的结构。有血缘,根据血缘的关系所建立的一种关系以及依据法律还有公民身份和各种公民的关系,这是一个二元结构。从个人到家到国到天下,中国古代的国跟天下无非就是一个家的延伸和扩大,它的代理原则基本上也是一致的。可是在罗马,在家里面,有父母、夫妇、子女、主人、奴隶,在城邦里面,要分成各种tribes,每一个公民是属于一种 tribe,然后构成一个城邦。因为这种城邦结构、社会结构性质的不同,造成了这两个社会——中国古代跟古代罗马社会,一个基本的区别。

大家都知道,罗马在共和时代有一个十二表法。十二表法的最后一个表,十二表的第五条,也就是最后一条,有一句非常重要的话:"人民最后的任何决定,具有法律的约束力。"这是罗马最早期的一个法律文件,人民的决定相当于法律。在公元 3 世纪的时候,罗马的很多法学家开始把过去罗马的法律编成法典,很多的法学家,为了教一般人怎么去学习法律,所以就编很多的书。其中有一本书里也有这样一句话,他说:"法律是由人民所命令和制定的。"古代的罗马,他们习惯生活在那样的城市里,习惯在那样的空间里去选举他们自己的官员,去制定他们自己的法律,管理自己的生活。

最后,我问一个问题,古代罗马人怎么看秦汉中国? 如果要我用一句话来描述的话,我猜想,假如有一个罗马人在那个时候到中国来,他看到中国的这种情况,他可能会说,这是一个没有选举的奴隶世界。为什么要这样讲呢? 大家知道,罗马人最崇拜的是希腊人,很多罗马人的老师是希腊的奴隶,教他们希腊文化,学习希腊的古典。如果大家翻一翻《波希战争史》,这位最重要的希腊史家曾经说过,当时的希腊城邦为什么要奋起对抗波斯的入侵? 在好几个地方,他曾经说到,这是一场自由与奴役之间的斗争。他借着当时不同的人的口里说出来,他说我们希腊城邦的人是能够自己做主,是享有自由的,我们为什么要对抗波斯呢? 是因为波斯的制度是一种奴隶制帝国,君王把权力抓在自己手里,他的军队虽然庞大,但是他们都只是奴隶而已。我们不愿意变成奴隶,我们要为我们的自主权战斗,所以我们要维护我们的自由,我们要对抗奴役,要团结在一起对抗波斯大军。我相信,如果有一个罗马人到当时的秦汉中国去,那些希腊的古典在他的脑海里,当他看到一个中国的城市,看到中国皇帝的那个样子,看到秦汉时候的中国百姓,他一定会想,这个国家跟波斯也没有什么不同,他们没有选举,他们日出而作,日落而息,劳碌终生,从来不曾想过他们能够有权利去选举自己官,那是什么呢? 就跟波斯一样的。

我今天最后要讲的一句话,也向葛院长交代,从古罗马看秦汉中国,从古罗马到中国来看一看，可能就是这样一个没有选举的奴隶世界，这是我的结尾。

好，谢谢大家！

提问与回答

葛兆光：

我觉得邢义田教授讲得非常的精彩，因为时间的关系，我们请三位同学提问，希望每个同学的问题简短。这位是黄洋教授，他是古罗马史的专家，我想我们先让专家进行提问。

黄洋：

很惭愧我不是古罗马史的专家，我主要是做希腊史的。非常感谢您做了一个非常精彩的报告，您讲的关于罗马帝国和秦汉帝国的这些差异性我觉得都是存在的。但是我有一种非常大的担心，您这个讲座整体的危险性是把它两极化了，这让我想起了阿克顿评价兰克的一句话，他说兰克的每一句话都是真实的，可整体的 picture 可能不是那么回事。您把希腊古典和罗马帝国混在一起，其实，从罗马共和国到帝制是一个非常深刻的社会制度、政治生活方式跟观念的对比。所以不能简单地把罗马帝国看成希腊罗马城邦世界的扩大，我觉得这里有一个很大的问题。您讲了皇帝的反面是奴隶，但这是一个共和体制的意识形态的延续，其实在罗马帝国，皇帝的形象还有另外一方面，在钱币上，比如说，更多的皇帝是神和神之子，您刚才传递的那几个钱币上的头像，其中是 Antoninvs，就是神圣的 Antoninvs，那个观念的确还在那儿，但是其实已经成为一个历史形态。我没有太多时间来跟您讨论，只能提供一个意见。

邢义田：

黄教授，非常感谢！有教授在场我非常的惶恐。我完全同意刚才黄教授所说的。我今天所讲的应该说是一个泼墨画，不是工笔的山水，所以很多的细节我都省略掉了，我只能勾勒，而且的确像黄教授说的，我是把那个主线条勾勒了一下。如果我们要仔细研究希腊世界跟罗马世界，当然不同，每个城邦都不同，我想黄教授一定是专家。希腊世界的城邦体制，照亚里士多德的说法，权力在少数人手里、在一个人手里或在多数人手里，这个可以分成不同的体制，然后有一种循环的关系，这三种体制也还简单了，如果我们真要细致去研究的话。希望我今天没有误导大家，我只希望大家能够提升一点对中国以外的文化传统的兴趣，不能这么简单地像我今天所讲的那样去看历史，这一点我完全同意黄老师的说法。

神圣这个问题我也做一点回答。毫无疑问黄老师指出来的也完全正确，我刚才讲，奥古斯都的徽号，本身就有神圣的意义，而且罗马皇帝在活着的时候，就被当成神崇拜。奥古斯都跟罗马这个神——大家听到罗马这个神一定很奇怪，罗马人往往把一个东西或一个概念名人化，然后做成一个神像放在神庙里祭拜，而奥古斯都的像跟罗马的神像是一起被摆在神庙里面供人祭拜的，这叫皇帝崇拜。我完全同意黄老师所说的，这个是毫无疑问的。但是我刚才要强调的是，即使是在罗马时代，罗马皇帝也没有指定太子，他不能够制度性地指定一个自己的继承人，他要拐弯抹角，要用各种方法让大家了解他的心理，而且在形式上他必须得到元老院的同意，这才是共和时代的一个传统，以此来突显跟中国制度的差别。我今天是比较强调这个，黄老师请多指教。

学生：

我刚才看到邢先生展示了很多图像资料，我想说的是，您可能忽视了图像资料的宣传性质，比如说像奥古斯都的图像，或者是钱币等等，这些都是属于一个博物馆。我们知道奥古斯都博物馆属于一个非常大的宣传计划,所以说,如果把这些东西直接当成罗马人相信皇权,或者是皇帝权力是从人民授予的证据,我认为是有商榷余地的。

邢义田:

非常谢谢!我简短地回答一下。我觉得这位老师提出了一个非常重要的观点,就是这是一个宣传。我要问的问题是,他为什么要这样宣传?向谁宣传?他要说明什么?中国的皇帝为什么不搞这个宣传?大家看过中国的秦汉时候的钱币吗?就一个方孔,上面写着"五铢"两个字,啥也没有。我们今天没有时间去讨论这个问题,不过大家想想看,为什么中国的皇帝不做宣传?由于时间的关系,我就不再多说了,很抱歉。

学生:

我想问一下邢教授,您前面说到每个罗马的城邦会跟主城罗马签定一个法律,就是一个特许状,根据这个特许状决定这个城邦在整个帝国中的法律地位。那么我想问一下邢教授,在罗马大概有几种不同的法律地位的城邦?请您简单谈一下,谢谢!

邢义田:

这个讲起来话会很长,我有一本书叫《古罗马的荣光》,这一些罗马跟不同城市定的约,不同类型的,我都曾经翻译过。这个书在美国出版社出版过,我不晓得这里能不能买到。

葛兆光:

现在因为时间已经超过了,我最后讲两句。我想今天最主要的地方在于,当我们了解了一个跟我们不同的文化,我们会反过来看中国的文化,中国的历史。而看到中国的历史和政治和传统一些特点以后,那边的历史和传统的特点我们会看到跟我们不一样的地方。依我看,依我在外面旅游或访问的经验，一个人常常是这样，对另外一个陌生的地方跟我们不一样的地方，看得格外的清楚。因此当我们从一个文明旅游到另一个文明的时候，也许我们更多的关注的是差异。在这个时候，我们不大会想到它们的相同。所以，在这一点上，我想邢义田教授今天所讲的——当然，也许是由于我的强迫，希望他来讲从古罗马看中国的秦汉，那么他今天主要介绍的是两个文明差异的情况。但是我当然相信，不同的文明之间，因为大家都是人，肯定有很多相同的地方，比如说美国人他也要吃、喝、拉、撒、睡，那么如果比较的话，一般来说都是在凸显差异。

我们今天非常感谢邢义田教授，他给我们带来了一个很生动的演讲。我说实在话，我的最大感受是什么？当一个反复要提拿证据来的历史学家，在面对很多听众的时候，他如何把他的知识讲得生动和染人耳目，这是我们大家共同希望的，不过我觉得邢教授今天讲的，已经让我这个外行也觉得太精彩了。好，谢谢！

庐山面目

——论研究视野和模式的重要性

主讲人:张隆溪

主持人:陈思和

张隆溪

　　美国哈佛大学博士。香港城市大学比较文学与
翻译讲座教授、北京外国语大学长江讲座教授。主
要从事西方文论和中西文学及文化的比较研究。著
作有《二十世纪西方文论述评》、《道与逻各斯》（*The
Tao and the Logos：Literary Hermeneutics，East
and West*）、*Mighty Opposites：From Dichotomies to
Differences in the Comparative Study of China* 、《走
出文化的封闭圈》、*Allegoresis：Reading Canonical
Literature East and West*、《中西文化研究十论》、《同
工异曲：跨文化阅读的启示》等。曾获美国亚洲研究
学会列文森书奖荣誉奖等。

陈思和 | 教育部长江学者特聘教授，复旦大学中文系主任。中国现代文学学会副会
长。主要研究方向为中国现当代文学、中外文学比较和当代文学批评。

陈思和：

同学们，下午好！我们今天的讲座开始了。同学们这两天已经感受到，我们复旦连续两天进入到一个人文学术的高潮。昨天成立了复旦大学文史研究院，葛兆光先生请来了一些中外著名的学者，作为我们这个文史研究院的学术委员和评鉴委员。现在是第二轮的，就是我们请专家跟同学们见面和做一个学术报告。今天同学们很多都已经站在后面，这一个姿态已经表示了，我们对张隆溪教授的热烈的欢迎。

张教授大概不用我介绍了，大家都非常熟悉的，他是美国哈佛大学的博士，现在是香港城市大学中文翻译语言学系的教授。其实张先生在二十多年以前，在国内就已经非常著名了，我当时还在读大学，刚刚比较文学开始的时候，张先生研究钱钟书先生。钱钟书本来就高不可攀，可是他已经攀上去了。这是二十年以前，当时我就拜读了他很多文章，虽然我和张先生见面才没有几次，就是最近几年的事情，可是我久仰，真的是久仰，很早很早以前，在我学术刚刚起步的时候，张先生很多文章都已经非常激励我，也可以说中国比较文学学术的发展，跟张先生他们最早的探索是分不开的。

下面我就把时间让出来，请张隆溪教授跟我们同学直接交流，他今天演讲的题目，上面已经有了《庐山面目——论研究视野和模式的重要性》。

我们现在欢迎张教授！

张隆溪：

谢谢！谢谢大家！

今天非常高兴有这个机会到复旦大学来做这次演讲。尤其是星期天的下午还有这么多同学来听我的演讲，我真的非常感动。这个题目刚才已经讲了，《庐山面目——论研究视野和模式的重要性》。

我主要想讲的是怎么样去认识事物这个问题。我们知道庐山面目是苏东坡的一首诗："横看成岭侧成峰，远近高低各不同。不识庐山真面目，只缘身在此山中。"这首诗非常短小，它是带有一点禅宗偈句韵味的诗，他的这个诗，因为讲的道理是人的眼界和视野跟人的认识之间的密切关系，因为有这么一种哲理的关系，所以成为非常有名的一首诗。非常短，但是他讲的道理非常深刻。这首诗只有四句，最有名的就是后面两句："不识庐山真面目，只缘身在此山中。"这两句诗我们这样读起来，意思好像是说你处在这个山当中，你是看不清这个山的全貌的，你要退出来，走到山外去，才能看得清楚一点，就是说当局者迷，旁观者清这样一个道理。这起码是一种解释，对这首诗的一种理解。这样理解这首诗，就是肯定局外人的观点，一般来说，在处于内部的时候，不太容易看得很清楚，可是站在局外，有一定的认识的距离以后，对一个事物的认识也许更全面一点。

我今天想要讲的，主要内容不是苏东坡的诗，而是借这个开一个头，要讲的是在海外的汉学、中国学、中国研究怎么样认识中国的问题。很多在西方研究中国的学者，大概都抱有一种看法，就是因为他们是在西方，不是在中国，不是中国人，所以他们在某种程度上，就好像是在外面看山一样，也许他们会看得更全面，中国人自己处在山当中反而不见得能认识得那么真确。这个问题，就是所谓眼界的问题，视野的问题，在阐释学，就是 hermeneutics 这个学问里面，是非常重要的一个观念，这个观念就是说，人的视野是决定人认识事物的前提和条件。

视野这个字就是 horizon，德文是 Horizont，是非常重要的概念。我们知道，在 20 世纪最重要的关于阐释学的著作，是德国的哲学家叫伽达默尔（Gadamer），他有一本书叫做《真理与方法》。《真理与方法》这本书里面，他特别谈到人的认识跟人的视野是有关系的。那么，什么叫做视野呢？他说视野就是从某一个特定的观点看出去，视力所能够见到的那个范围，包括所能看到的一切东西。把这个概念运用到思考的方面，我们就常常说视野的狭隘呀，或者说扩展视野的可能性和打开新的视野，等等。自从尼采和胡塞尔以来，尼采最先用了视野观念，这个概念在德国哲学里面，把它跟哲学重要的认识论的观念结合，从尼采开始就用得比较多。后来在胡塞尔的现象学里面，也专门讨论这个观念，所以从尼采和胡塞尔以来，哲学里面就已经采用这个词，来描述思想及其有限的决定性之间密切的关系。

我们人的思想认识，和一个人的思想认识的局限是分不开的，或者说一个人的视力、视野是有一定限度的，可是这个视野又是可以逐渐打开、逐渐扩大的。我们所能看见的一切东西，首先必须进入我们的视野，才能看得见，所以这是一个前提。也就是说，视野形成我们理解的前提。海德格尔《存在与时间》这本书里面讲到，我们人的认识这个东西，都有一个认识的先结构。什么叫做先结构？就是我们在认识事物的时候，人的头脑不是一个白板，不是像 18 世纪英国哲学家洛克提出来的 tabularasa，说人的认识好像一个白板，逐渐有经验的感觉，在白板上写下这些东西，然后逐渐就有认识。海德格尔认为，我们认识任何一个事物之前，人的头脑对那个事物本身已经形成一定的预见、一定的预期，就是你觉得这个事物是怎么样的。换句话说，我们的视野在某种程度上就决定了我们的认识过程。这也就是阐释学当中经常提到的一个观念，叫做阐释的循环，hermeneutic circle，是说我们的阐释既然是从一种视野预先形成的观念开始，所以这个预先形成的观念，在某种程度上又决定了我们能够认识和能够看到的东西。视野有多大，你就能看到多少东西，在你视野之外的东西，你就看不到，你注意不到。在某种意义上，你的认识会受到你原来有的理解的先结构的决定,所以是个循环的过程。

　　在这个意义上讲,在西方研究中国的那些汉学家和中国学者,他们自然而然一定是从自己的西方人的视角出发,来理解中国,这一点是完全合理的,也是必然如此的。可是,Gadamer 在《真理与方法》这本书里特别提到海德格尔阐释循环的概念,特别指出阐释循环的概念的要义,并不在于说我们的理解必然是循环性的,说我们能认识的东西,一定是我们预先就已经知道的,如果真是这样的话,好像认识就完全没有进步的可能,没有正确的可能。其实阐释循环要讲的,不是说我们的理解是循环的,或者说我们的主观性,认识的主观性是合情合理的。恰恰相反,Gadamer 就指出来,一切正确的解释都必须注意防止想当然的武断,防止思考的习惯在不知不觉之间带给我们的局限,都必须把目光投向事物本身。就是说,确实,我们在理解一个事物之前,我们有一些预见,有一些预期,甚至 Gadamer 故意用一个词叫"vorurteil"英文叫做 prejudice,就是偏见。偏见当然有很负面的意义,偏见就是一个人对这个东西的认识是不对的,是你的主观的偏见。他故意用这个词,他说我们认识事物之前,确实就有这样的 prejudice,但 prejudice 这个意思,不是我们一般在比较坏的意义上讲偏见,而是 pre-judgement,就是你在一个事物没有认识它之前,对它有预先的判断,这个判断是可以被修正的。怎么样修正? 就是因为这个事物是自己存在的,这个事物有它自己的声音,所以你要听听那个事物的声音,然后在认识当中,不断修正你自己预先的预见。认识就是这样一个过程,而不是说,你的认识过程只是你先有预见了,然后你就固定下来,如果你这样认识的话,你的认识当然是不正确的。所以他认为一切正确的认识都必须要注意防止想当然的武断,防止思考的习惯在不知不觉之间带给我们的局限,都必须把目光投向事物的本身。

　　我们以这样的哲学的洞见来看西方的汉学或者中国研究,就会明白我们不能简单认为局外人的观点一定是优越的。我们刚开始讲苏东坡的诗说"不识庐山真面目,只缘身在此山中",那意思好像是说你要是走出山外面,不是就看得更好一点吗? 如果是这样理解的话,我就觉得是有问题的。认为局外的人观念、旁观者一定就清,这个不一定是合理的。这样就往往过度地去强调自己主观的角度,而忽视了他人的观点,尤其是从一个内部人认识的观点。换句话说,不一定你站在山外面,就能够认识到山的全貌。

　　这样一个看法,在美国的中国研究历史上,在二十多年以前,有非常重要的一本书,就是 Paul A. Cohen,翻译成叫柯文这样一个人,他写了一本很重要的书,重要的意思并不是说这本书的内容是如何如何重要,但是他在研究中国历史上提出了新的思考的模式和观念,这一点是很重要的。他的这本书叫做 *Discovering History in China*,这本书的中文翻译叫做《在中国发现历史》。在这本书中他就有意识地要打破西方汉学仅仅从外部来看问题,仅仅从局外人的视野去研究中国历史这样一个老的模式,而他要建立在中国研究当中一个新的模式。这是二十多年以前出的一本书,检讨美国的中国研究的历史,尤其是研究从鸦片战争到义和团到民国初期,19 世纪到 20 世纪初这样一段近代的历史。他认为在 1950 年代,那些老一辈的学者,像以费正清他们为代表的那些学者,大多离不开西方的冲击和中国的回应这样一个研究模式。这样的模式基本上的想法就是说,中国历史在近代是一个停滞不前的历史,所以中国在近代历史发生的变化,是由于西方的冲击。就是鸦片战争以后,由于面对西方,所以西方给中国带来许多的东西。西方的冲击对中国近代历史是一个决定性的因素,因此,研究中国近代史,必须要研究西方的冲击和中国怎么样去回应这样一个事实,所以这是一个冲击和回应的模式。1950 年代很多美国学者抱着这样一个观念。

　　另外跟这个相关的一个模式,叫做现代化的模式,modernization 这样一个模式。这个模式认为中国的近代历史就是中国逐步进入现代化的历史,而现代化就是西化,西方的就是现代的,而现代的就是重要的。在这个模式当中,如果把现代化跟西化等同起来,那么在研究中国历史当中,当然西方和西方的那些观念,现代化的这些东西,就变得非常重要。而中国自己的历史发展当中，不管是社会政治各个方面，跟西方这种现代化的观念没有直接关系的东西，就认为不是重要的。这是另外一种研究的模式。

随着美国历史、整个西方历史的变化，到 1960 年代，尤其是 60 年代末期的时候，在美国发生了反越战的运动，然后有争取公民权利的运动，就是马丁·路德·金领导黑人争取公民权力的运动，这是一个很大的变化。那个变化就使整个美国和西方对于自己对西方的价值观念有一个批判的看法，所以是有很强的自我批判的一种转变。这个转变就产生了一种新的看法，一种自我批判的看法，在中国研究当中，也相应产生一种新的模式。这种新的模式，柯文把它叫做帝国主义模式，其实是反帝国主义模式。为什么是这个道理呢？这样一个新的模式和观念主要认为，研究中国近代史，最主要的要强调的方面，是应该看西方帝国主义怎么样阻碍了中国自身的历史发展，给中国近代历史造成了很多障碍。这个模式，虽然是批判西方的，可是它仍然把西方的冲击，西方对中国的影响看得是非常重要的。只是它跟以前的模式不太一样，它不是肯定这样影响的冲击，而是认为这个影响的冲击对于中国近代历史造成了很坏的作用。这是一个批判的看法，但是它研究的重心，还是在于西方的本身。所以这样一来，柯文就认为这三种模式，就是所谓西方冲击中国回应，还有现代化的模式和他称为帝国主义的模式，这三种模式，都是把西方和西方的观念和西方的冲击放在研究的中心，而不是以中国本身放在研究的中心。这是讲中国研究，不是讲一般研究，他专门讲的是在西方的汉学和中国研究当中，在这三种理论的框架和模式里面，都是研究中国历史，可是讨论的内容和主要关注的问题不是中国本身，而是西方。因此，他认为这三种模式都体现一种欧洲中心主义和西方中心主义的观念。于是他就提出一个叫做"中国中心"的模式，叫 China－centered 模式。

他提出中国中心的模式以后，这样来描述这个模式，他说，鉴别这种新趋向的主要特征，是从置于中国历史环境中的中国问题做研究，这些问题有些可能是受西方的影响，甚至是由西方造成的，有的则和西方毫无联系，但是不管怎样，它们都是中国的问题。说它们是中国的问题，有两重含义：第一，这些问题是中国人在中国经历的；第二，衡量这些问题历史重要性的准绳也是中国的，而不是西方的。换句话说，它注重中国自己的历史的发展本身，而不是把西方放在研究的中心，而且一个问题对历史研究来讲是否重要，不是按西方人做西方历史的标准来看，而是在中国自己历史发展的内部观念当中来看。当然，柯文不是要求西方的汉学家都变成中国人，那是不可能的事情。他说，西方史学家面临的严重的挑战，并不是要求他们彻底干净地消除种族中心的歪曲，那是不可能的，而是要求他们把这种歪曲减到最低限度，把自己解脱出来，从一种西方中心色彩比较少的角度来看待中国历史。因为要做到这点，确实可能。柯文所谓中国中心的观点，就是要承认中国近代史有自己内在的结构和发展的趋向，而不是把西方外来的影响，视为中国近代史演变当中起决定作用的因素，所以他强调中国人在中国经历的历史。那么这个目的，就是力图要接近局内的当事人的观念和视野。他说他使用"中国中心"这个词，目的就是要描绘一种研究中国近代史的取向。这种取向力图摆脱从外国输入的衡量历史重要性的准绳，并从这一角度，理解这段历史中发生的事变。

柯文非常注重去阅读中文的材料，他认为在 1950 年代，当时美国汉学家之所以没有办法以中国作为中心，是因为当时汉学家的中文程度是不高的，他们利用的基本上是外文的材料，不像后来的汉学家逐渐中文的程度提高了以后，能够直接去处理中文的材料，他认为这是有原因的。在他那个年代的汉学家里面，对中文的修养又提高了一些，他认为非常重要的是要去直接研究中文的材料，而且要去从中国历史本身内在的因素，去寻找近代史演变发展的动因。概括起来，就是希望要打破局外人隔靴搔痒、雾里看花的这种局限，转而了解局内的、当事人的眼光、视野和经验，力求在美国的中国研究当中超越西方中心主义，开拓一个中国中心的模式。所以，在这个意义上，我们再回到刚开始讲的苏东坡的诗，他不是希望在山外看山，他是想进入到山里面看山。

在 2003 年出版的他另外一本新书叫做 *China Unbound*，是他以前的很多文章选起来的一本书。在这本书里面，他回顾自己在 1980 年代初写《在中国发现历史》那个时候，他把他当时的主要想法讲得就更清楚了。他说，我始终关注的是决心要进入中国内部，尽可能像中国人自己所经历的那样，去重建中国历史，而不是按照西方人认为重要的、自然或是正常的标准。简而言之，我想要超脱被欧洲中心或西方中心偏见拖累的那些研究中国过去的办法。他还说，我称之为"中国中心"这一方法，最主要的特点，就是尽量采取设身处地的移情的方式。移情，就是把自己的感情转移到另外一个时空，就好像是你自己站在那里设身处地想到当时 18 世纪或者 19 世纪 20 世纪初的中国人是怎样的情形。用这种办法，像中国人亲身经历那样去重建中国的过去，而不是按照从外面输入的历史问题意识来重建中国历史。

柯文是美国哈佛大学毕业的学生，在哈佛的费正清中心做研究，同时在另外一所大学教书。他是个美国的学者，而他力求主动地去认识到主观的局限，局外人的局限，希望像中国人经历的历史那样，去从内部的当事人的角度，来了解中国历史，重建中国历史，而打破西方中心主义这一点，当然是值得我们敬佩的。而且，一个尽量地设身处地去以当事人的角度重建当时的历史，这在历史研究当中也是非常负责任的做法。

可是，我们再想想苏东坡的这首诗，介入到内部像中国人自己所经历的那样去理解中国的历史，并不能够保证把历史的全貌很好地认识，从史学理论的角度，从一个 philosophy of history 的角度来看，柯文提出这个模式，要求史家像历史的亲身经历者那样去重建历史，就很接近于在西方的史学里面最早的理论家。可以说，在西方最早建立起历史理论的，是 18 世纪意大利的哲学家维科，Giovanni Battista Vico。朱光潜先生翻译了他的《新科学》。在《新科学》那本书里面，维科就很明显地提出历史哲学的问题。但是这也非常接近于 19 世纪德国的哲学家狄尔泰（Dilthey）。狄尔泰在阐释学历史上也是非常重要的一个人，柯文的观点其实是非常接近于维科跟狄尔泰的思想的。

维科在 17 世纪晚期 18 世纪初，主要是针对当时笛卡尔在欧洲思想当中的唯理主义思想。我们知道笛卡尔是法国的很重要的哲学家，是所谓理性主义哲学家，rationalism。笛卡尔非常重要的一句名言是"Cogito, ergosum"，那意思就是说"我思维，所以我存在"。他为什么这样讲呢？他是一个理性主义哲学家，他认为世界的一切都可以怀疑，一切都必须在理性的法庭面前重新判断，获得自己存在的理由，所以一切都可以怀疑，从上帝到世界上的任何事情。那么，唯一不能够怀疑的东西，是他自己在怀疑这个事实。所以，唯一使自己能够证明自己存在的，就是自己在思考在怀疑这个事实，而由这一点，再重新建立这个世界存在的可能。所以这是一个唯理的哲学很重要的一个原则。所以他说，我思考，所以我存在。

但是这样一种理性的哲学有一个很大的问题，这也是 17 世纪以来一直到 20 世纪，现在大家讨论得比较多，或者也批评得比较多的问题。因为笛卡尔自己是数学家，非常有名的数学家，他把理性，尤其是以量化的数学的精确计算的东西，把自然科学的认识，认为具有真理性，而一切没有办法以自然科学，尤其是以量化的角度、数学的办法来表达的东西，都不是真理。而这是维科对他提出批评的最主要一个观念。

所以维科的《新科学》，为什么叫《新科学》呢？维科的书叫 *Scienza Nuova*，在那个时候，在 17 世纪 18 世纪的时候，还没有在 19 世纪 20 世纪以来我们所说的科学，我们现在讲 science，一定是讲自然科学，我们如果说社会科学，一定要讲 social science。但是在那个时候，scienza 或者 Science 这个词，从拉丁文来，它的意思就是"认识"，所以我们翻译成《新科学》，但它的意思是新的认识，也就是 new knowledge。笛卡尔认为，只有对自然的知识，这种 knowledge of nature，才是真理。维科认为在这之外，还有其他的认识的真理。维科在人文科学的历史上很重要。他提出了一个很大的问题，就是说，人能够认识的是自己创造的东西。自然是上帝创造的，所以只有上帝才能真正认识自然的秘密，所以自然科学其实不是人的真正的认识。人是创造历史的，人的历史是自己创造的，所以人最能认识的是历史,所以历史是最真确的认识,最真确的知识。在这个意义上,历史比自然科学是更可靠的认识。所以,可以说维科,在 18 世纪针对笛卡尔的唯理主义建立了人文科学的重要性。

到 19 世纪,狄尔泰讲到生命哲学的时候,在很大程度上借用了维科的观念。狄尔泰自己对历史有很多研究,写了很多东西,他说历史科学能够建立成人文科学的第一个原则,就是因为去研究历史的人就是创造历史的人。我自己就是历史的存在,所以我去研究历史是研究我自己的创造,所以历史科学是非常可靠的科学。这个观念,当然是和维科的观念一样的。

可是这一点,Gadamer 在讨论阐释学的时候,就提出一种批评。虽然 Gadamer 在 20 世纪,实际上也是针对于科学的方法,提出人文科学的重要性,他对于维科、对于狄尔泰,都有很多肯定的东西,但是就这个问题,他提出一种疑问。这个疑问基本上是这样,你说一个人创造历史,在什么意义上创造历史? 历史的全貌是非常多的人,很庞大的社会,非常复杂的结构,其实处在历史当中每一个具体的个人,对于历史的全貌都是缺乏认识的。所以,在什么意义上一个个人的经验可以成为历史的认识,一个个人的有限的、局部的认识,成为历史全面的认识? 这是个很大问题。而维科和狄尔泰都没有对这个问题做出满意的回答,所以他认为这个是有问题的。他说有限的人性如何可能达于无限的理解,个人的经验和对此经验的认识,如何成为历史的经验,这个是没有回答的问题。当然重建历史的面貌,非常需要史家设身处地地去体会当时历史人物和当时的情形,这是所谓移情,这是柯文讲的设身处地的移情的办法。

我们知道在美学上,朱光潜先生的《西方美学史》上曾经谈到过德国的里普斯(Theodor Lipps)讲这个移情的作用。移情是 19 世纪一个美学上的观念,但这个观念到后来也有很多人批评。移情是一种主观的意愿,它并不能完全消除自己主观的立场和局限,所以移情并不能取代史家自己的视野而保证理解的所谓客观性。柯文这本书,中文翻译是林同奇先生,林同奇先生前面有个序言,也对这一点提出了一点批评。他说,史家不可能也不应该放弃自己独有的立场,但是移情方法的内在逻辑却企图使用并列杂陈的立场来取代这个中心的出发点,这种做法,不仅在理论上缺乏说服力,在实践上也是行不通的。如何把多元的、分散的、局中人的观点和关照全局的史家个人的观点统一起来,是中国中心观面临的又一个潜在的矛盾。这是林同奇先生在翻译柯文这本书的时候,在前言里面作为译者,他讨论这本书提出的一个问题。可是这个移情方法的问题还不仅仅是林同奇先生讲的,用并列杂陈的立场来取代一个能够明察全局的中心的出发点。这个问题在哪里?问题在于在理解和阐释的过程当中,根本就不存在一个能明察全局的中心的出发点。这个道理其实苏东坡的诗已经讲得很清楚,"不识庐山真面目,只缘身在此山中",通过移情你去体会到局内人的观点,你还是在山中,你还是不能认识庐山真面目。所以,你虽然移情,哪怕你达到了回到当时19世纪20世纪初,中国人经历的中国历史的观点,那也是一个当时的中国人的观点。这个观点是不是就是历史全面的、全貌的真切的认识呢?当然也不是。所以并没有解决一个认识的问题。

　　柯文一方面在强调移情的办法,从局内人和亲身经历的角度去重建中国的近代史,可是另一方面他又提倡,因为中国确实太大,问题太复杂了,所以你变成一个局内人也只是很局部的,不可能了解中国的全貌。所以,他提出另外一个办法,把中国在横向和纵向上,都划分成更小的、比较能够认识的小的单位,就是在横向上把它分解为不同的区域,在纵向上分解为不同的社会阶层,因此,他推动区域史和地方史研究,还有下层社会,包括非民间和民间社会历史的研究。这样一来,就像柯文自己所认识到的,这种取向并不是以中国为中心,而是以区域省份或者地方为中心。因为中国太大了,他虽然讲的是中国中心,其实到最后变成中国的一个省份或者中国的一个市、中国的一个地方为中心,而不是以整个中国为中心。在某种意义上,其实对中国中心的模式有一种瓦解的作用。他在评论1970年代以来,美国学者在中国研究领域里面取得的很多成果,举了很多成功的例子,给予了肯定的评价。他指出,这些成功的例子和评价,其实这些不同的研究者,都受到比如说系统论、人类学等各种社会科学方法和理论的启发和影响。那么柯文的所谓中国中心的研究模式,就有另外一种特征,那就是他说的,热情欢迎历史以外的诸学科(主要是社会科学,但也不限于此)中已形成的各种理论方法与技巧,并力求把他们和历史分析结合起来。这又是一个问题,因为西方的社会科学,确实有不同的领域,不同的方法观念和术语,可是这些都是西方学术,比如人类学、社会学,往往是西方的人类学,西方的社会学,而不是在研究中国当中产生的理论、观念和方法。在这个意义上,他们研究社会科学的人,往往会产生一种优越感,因为他们有理论,中国的历史,中文的材料,反而只是研究的材料,而科学的理论和方法、概念和术语都是西方的。那么,在这个意义上,对中国中心的模式,其实是种瓦解。哪里是以中国为中心? 根本不是以中国为中心的,而是以西方的一种研究的理论和模式来套用在中国的材料上。

在这里我可以补充一点,就是我在哈佛做学生的时候,我住的宿舍有很多哈佛的同学住在那里。有一次,我去拿信的时候,发现波士顿大学有一个杂志发过来,封面上是一个比较有名的汉学家的肖像,然后上面有一篇文章。我有点兴趣,随便就翻一翻,因为放在那里也没人取,我就看了。在当时我觉得印象很深的一点,就是说这位汉学家认为,对中国的研究是中国人自己没有办法做出来的,为什么? 因为他学习了西方的先进的理论和方法,而中国人只能提供材料,就是中国人也承认他们自己做不出。我不知道中国人承认,是指哪些人承认,也许有些人这么说,但是一个中国人说并不代表中国所有人都这样想,所以,对于用一个人的说法来代表整个文化、整个民族,我觉得是非常可疑的。但是,确实有这样的情形。所以我看到了西方理论产生出的一种高傲与自傲,认为只有他们用这种先进的西方理论去研究中国的材料,才能做出一种研究的成果,而这种研究成果是中国人自己做不出来的。这个,我觉得也许在一段的时间里面,有一定的道理。我们不能不承认,在20世纪很长一段时间,中国的学术研究受意识形态的干扰是非常大的。对历史也好,文学也好,很多领域的研究也许在没有研究之前,先有一套观念,有什么样的研究方法,什么样的结论,什么东西是正确的,什么东西是不正确的,什么东西是可以批评的,什么东西是应该赞扬的,这些都有预先的一套束缚了研究者的真正的学术自由和思考,所以,在那个时候产生出来的一些研究成果,往往是有局限的,这个是我承认的。但是,这个并不是没有例外,而且,尤其是最近,中国近十多二十年,变化非常非常大,中国自己在发生很大的变化,中国的学术研究也在发生很大的变化。因此,如果在我们现在这个时代,还要有这样一种态度,我认为是完全不能接受的。

那么,我们看看1970年代以来美国和西方的汉学研究,对中国的研究,就可以看到柯文所呼唤的以中国为中心的这种模式,并没有成为西方对于中国研究的一个主要的影响,并没有真正取得主导的地位。如果你在西方更大的,不光是美国(我刚才讲的是美国的),在整个西方的汉学研究里面,那就更是如此。比如说,我举几个例子,一个是法国的学者,叫做于连,他写了很多关于中国的书,最早的一本书,是在一九八几年写的,一直到最近出版的,二〇〇几年出版的书,我大概都看过。他连篇累牍的著作,都非常明确地区分作为欧洲的自我和作为他者的中国,他明确地说,研究中国的目的,不是去认识中国,而是在与中国的对比当中,反观自我,来认识欧洲的自己,最终是回到自我。他说通过中国去迂回地、再返回欧洲传统这个策略,可以引导西方学者进入所谓理性传统之光没有照亮的地方。这是他的一篇文章里面讲的话,就是认为希腊已经有理性,在希腊影响之下整个西方传统是个理性的传统,而中国,恰好就是理性之光没有照亮的地方。他说这话完全没有贬低中国的意思,我不是说他对中国一定是贬低,不一定的。他认为理性是应该批判的,因为在后现代理论里面,理性的、科学的这些都是应该批判的,而中国之所以好,就是因为没有理性,就是因为没有科学,这是他的看法。但是中国是不是就没有理性,没有科学呢?那是另外一回事情。我就认为,他们这些人,往往是先设定了西方的自我,然后把中国作为他西方自我的对立面,所以凡是西方有的东西,不管是好的也好,坏的也好,他认为中国就一定没有。他所主张的就是一种求异的比较,我认为是先入之见,来代替对事物本身的认识。就像 Gadamer 所讲的,我们不要受到自己主观的局限,理解阐释循环,要注意的是去把目光投向事物的本身。我认为他们的研究不是把目光投入事物的本身,也就是说没有看中国的情形真的是怎么样,而是他们所设想的中国的情形,是把中国设想为西方的对立面,希腊的他者。于连的研究往往有一个模式,一个 pattern,基本上就是先讲出希腊,或者西方有一个什么样的观念,然后说中国是没有这样的观念的。比如说希腊人和在希腊影响之下的西方人有一种抽象思维的观念和能力,而中国是只有具体感觉,没有抽象思维的;西方人是有哲学的,中国人是没有哲学的。

这一点使我想起,几年以前,法国哲学家德里达到上海来跟王元化先生见面,好像很不愉快,就是因为德里达就讲中国是没有哲学的,王先生一听就不高兴了,就说中国人怎么会没有哲学?当然德里达的意思不是说中国人不好,他是称赞中国人,没有哲学最好,西方坏就坏在有哲学,所以中国人好就是因为没有哲学。可是王先生听了以后很不舒服,觉得你不能把你所谓的希腊的哲学,就认为是哲学,那你这样一讲,中国当然没有希腊哲学,就好像中国没有希腊人一样,中国人是中国人,怎么会是希腊人呢!这是不需要什么大学问就都懂的东西。可是哲学是什么东西,什么意义上来定义哲学,这就可以讨论!为什么一定要是希腊的哲学才是哲学呢!

于连就讲,在希腊有真理的观念,而中国是没有真理的观念的,中国只有智慧,wisdom,可是没有 truth 这个观念。于连有一本书在 2000 年出版,这是比较近的了。这本书的书名非常有意思,这个书名叫 *Penser d'un Dehors*(*la Chine*),翻译成英文是 *Thinking from the Outside*(*China*),翻译成中文就是《从外部来思考(中国)》。所以说,中国是提供从外部来思考欧洲的一个参照物,这个书的标题已经讲得很清楚。在这本书里面,他就说中国没有真理的观念,他说在希腊,真理的观念和存在的观念,being 的观念很密切地联系在一起。而在中国,他说由于不曾构想过存在的意义,在中国的文言里面,甚至根本就没有存在这个字,所以就没有真理的观点,中国人是没有存在的,所以就没有真理的观念。他还说,道,way 的观念,在西方是指向一种真理的,不管是神奇的还是自然的真理;可是中国的道,是引向无的,所以是没有真理的观念,也不是发现的真理。可是把西方跟中国做这样一个对比,一个决然非此即彼的对比,其实是非常简单化的。

我想举的例子就是,西方非常有名的研究希腊的一个权威学者,叫 Geoffrey Lloyd,他是剑桥大学希腊历史讲座教授,刚刚退休。大概几年以前,他就写过一本书,他自己对中国也很有兴趣,而且学了中文,虽然他的主要研究领域是希腊,但是他对中文也很有兴趣,他写了一本书讨论希腊跟中国,讲到真理这个问题。他说在希腊至少有三种对于真理的不同观念,一种观念是所谓客观主义,objectivism,包括像柏拉图,包括像亚里士多德,包括像巴门尼德,他们当然都不一样,但基本上在真理是客观存在这一点上,他们是同意的,我们可以把他们称为在真理问题上的客观论者。还有像 Protagoras,就是普罗塔哥拉,是一个相对论者,讲过很有名的一句话:人是一切事物的尺度。如果人是一切事物的尺度的话,那是不是事物的存在,那就很难讲了,因为人是衡量它的尺度,所以用自己主观的来衡量它,这是一种主观的,或者说相对主义的看法。还有希腊哲学中非常重要的就是怀疑论的看法,Sceptic 的看法,怀疑论者当然有 Pyrrhonian,可是在很早,就是在柏拉图之前,已经有哥吉亚斯,很早的怀疑论者,他就提出来,第一,世界上没有真理这回事情;第二,哪怕有真理这回事情,人也没有办法认识;第三,哪怕你能认识真理这个东西,你也没有办法用语言表达出来。所以,他用三层来讲,真理这个东西是不存在的,或者哪怕存在,你也不知道,或者哪怕知道了,你也没办法表达出来。这样看来,在希腊并没有一个统一的真理的观念,所以,于连说,希腊人有真理,中国人没有真理是没有道理的。你看,首先,在希腊起码就有三种非常不同的态度,哪里是一个统一的真理观念呢?那么在中国是不是就只有一个观念呢?也是不一样的。这样讲,把它绝对化的对比,是简单化地去理解希腊,也是简单化地去理解中国。这是讲于连。

另外一个,是老一代的汉学家。于连是差不多和我们同一辈的。比他更老一代的或者说我们前一辈的汉学家里面,有一位,就是 Jacques Gernet,就是谢和奈,他曾经有关于基督教和中国的一本书。这是我认为写得很糟糕的一本书。很遭糕的原因,就在于他把中西文化完全对立起来。他讨论的主要内容是 17 世纪到 18 世纪所谓"礼仪之争",就是当时传教士在中国的一些问题。他说为什么传教士在中国失败了呢? 为什么传教士不能在中国传教成功呢? 归根到底,他把这个问题上升到哲学和语言的层次,认为中国人跟西方人根本就不是一种人,认为中西之间不仅是不同知识传统的差异,而且更是不同思想范畴和思维模式的差异,所以西方人跟中国人的思维模式完全不一样,中国人根本就不可能理解神、基督这些精神的观念。这是谢和奈的一种看法。

另外在中国文学当中,在哈佛的一位教授我很熟悉,就是 Stephen Owen,他的名字中文翻译叫做宇文所安,我们一般翻译成欧文。他写过许多书,影响也蛮大的,也做了不少的贡献,但是他对中国语言和文学的基本观念我认为是根本错误的,因为他也是从西方汉学传统来看中国的语言文学。他认为中国语言本身是自然的,西方的语言是一种人为规定的、约定俗成的语言,而中国的语言是自然本身。他讨论《文心雕龙》的《原道》这一章,就说中国的文学是自然、宇宙的一种体现,一种显现,宇宙自然发展,发展到最后的阶段就变成了文学。所以中国的诗人,不是用想像和虚构去创造文学,而是从自然当中就可以得到文学,好像文学的诗就是自然物,好像一块石头捡起来就是诗了,好像到海边去拾贝壳,拿起来就是很漂亮的贝壳。这个你听起来就很奇怪,但是你读他的书,他就是这么讲的。

这一类的东西很多,在西方的汉学著作当中,我看到很多包括像哲学方面,Chad Hansen 写过一本书说中国古代的逻辑和语言,基本上是讲中国古代没有逻辑,中国的语言是没有语法的,等等。我要声明一点,这些人都不是说对中国很仇恨,对中国人不喜欢,不是,他们非常喜欢中国。这些人都有一种比较强的对自我的一种批判，这是好的。可是，他一定要把中国说成跟西方是相反的，这就是个问题。所有的这些看法，基本都有一个共同的问题，就是没有注重事物本身的实际的情形，而是预先设定了一个西方的自我，他们所理解的西方的自我。说实话，这些汉学家往往对西方自己的传统的了解是有限的，所以，他们所理解的西方的自我，实际上是一个简化的概念，在这个简化的观念之上，把中国的各个方面，语言、文化、文学、哲学、思想，都作为与他们所理解的西方的自我相反的对立面，这样来理解，来加以比较。所以，这些西方学者讨论中国的语言也好、文学也好、思想文化也好，都完全忽略中国学者自己的研究，这个和柯文所讲的中国中心的模式完全是背道而驰的。

从中国学者的立场来看，西方人从外面来看中国的这些观点和看法，尽管不是完全符合事实的，可是也可以使我们注意到，在跨文化的理解当中，由于不同的视野，一定会产生不同的印象和观念，所以对于认识我们自己，也还是有一定的参考价值。我觉得哪怕他们看错了，说得不对，可是对于我们自己也是有帮助的。我们昨天成立复旦文史研究院的时候，葛兆光先生就说，一个很重要的方面，是从周边来看中国。其实去了解西方的汉学家，不光是当代，包括历史上，西方人对中国的看法，对于认识我们自己其实也是有帮助的。为什么他们会这样来看？它的历史根源在哪里？为什么会造成这样的非此即彼、对立的看法？其实这对于我们理解自己也是有帮助的。

不过在这个当中，我们自己的立场是非常重要的。我刚才讲了，在上个世纪很长的一段时间里面，可能我们的学术研究确实受到政治意识形态的影响很多，所以，在这个意义上，我们的学术研究是有局限性的，有很多教条的束缚。我们以前是不知道汉学这回事情，或者知道，也没有人了解。可是最近一、二十年，我发现国内有很多介绍汉学的著作的专门的杂志，而且翻译了非常多西方汉学家对中国的讨论，大大增加了我们对西方的中国研究方面的学术成果的了解。在这些新近介绍过来的汉学著作里面，有许多是我们看起来很新鲜的观点和完全不同的研究方法，所以自然引起我们大家的兴趣和注意。但是，我觉得我们现在需要的是对西方的汉学，包括对于日本的，对于其他国家，不光是西方，就是对于外国研究中国的这些著作，都应该抱有一个研究的、批判的立场，这个批判不是一定就是说别人不好，这个批判就是critical。在英文里面critical是中性的，并不说批判就一定说你坏，不是这个意思，而是说通过自己的思想，独立思考去理解他，来讨论这些著作，而不是只是介绍、只是注意这些东西。如果说我们没有自己独立的立场和见解，不能够依据事物的本身的实际情形来做判断，而是人云亦云，甚至以为西方人的见解一定是高明的，盲目地听从海外一些并不一定是正确的意见，那么就失去了了解西方汉学著作的意义，也不可能在平等对话的基础上，给海外的汉学学术界，去做互有补益的真正的学术交流。你如果只是学他们的，那还有什么好交流的，他就告诉你什么是真理，你接受就完了。

　　比如说，什么是中国这个观念，历史上有没有中国这样一个观念，这个就是中国学者不能不有自己立场的一个很重要的问题。这个问题在西方有很多的讨论。在西方关于民族国家的观念，当然是以欧洲的历史作为基础发展出来的一个理论的看法。我们知道西方的很多国家都是在近代形成民族国家，比如说意大利。在19世纪以前，意大利是许多城邦国家，没有意大利这回事情，在罗马跟威尼斯跟那不勒斯，这些人之间都是互相不认账的，没有说我们是统一的国家，没有这种观念。德国也是比较晚才形成一个民族国家的。所以，在欧洲的历史基础上，就形成一个观念。什么是民族国家？是中世纪结束以后，进入早期现代的时候，有了民族的语言，有了民族自己的传统，有了民族的感觉，然后逐渐形成民族国家。比如说世界系统论，world system，这个理论在研究历史当中，比较有名的一位学者叫沃伦斯坦。在这个世界历史系统论里边他就说，现代国家是主权国家，而主权是在现代世界体系中发明的一种概念，所以主权这个概念是在现代发现的他讨论民族国家、主权这些观念，都是以欧洲文艺复兴和16世纪以后的历史作为背景的。

可是中国的历史，就是说，有中国这个概念，而且有自我和他者，有华和夷这样一个区别，夷夏之分这样一个概念，一个文化和政治观念的历史，比欧洲的文艺复兴要早很多。其实在殷商的甲骨和青铜器上面，就已经有中国这两个字。那么这个概念呢？台湾一个学者在讨论这个问题的时候，就是讨论中国古代先秦典籍当中中国这个概念的时候，表明古人在地理上认为，中国是世界地理的中心，中国以外的地方，东西南北四方是边陲，在政治上，中国是王政施行的区域，中国以外的区域，在王政之外，是顽凶居所。在文化上，中国是文明世界的中心，中国以外的区域是未开化之域，所以称之为蛮夷戎狄等带有歧视性的语汇。这是台湾一位学者讨论先秦时代中国这个观念，所做出的总结。

中国学者李学勤先生，在讨论中国的考古发现跟古代文明的时候也特别指出，无论如何，中国文明的肇始要比一些人设想的更早。中国和欧洲国家的情形，当然有很多是不同的，可是，民族国家的重要特点，就是有明确的疆界，有区别于其他国家的主权意识，那么至少在宋代，中国就已经显然具有欧洲人讲的近代民族国家的意义。比如葛兆光就讨论过这样的问题。他说，中国这一概念不仅在古代为中国的正统性跟中国文明，就是汉族文化的合理性提供一个构想和论述的背景，而且更成为近世中国民族主义思想的一个远的来源。我们当然不能笼统地认为，现在的中国是三皇五帝至于今都是现代这个样子，可是认为中国只是一个想像的共同体（这是流行的一种说法）、而且把中国的现实，中国的历史，加以剪裁去适合这种后现代和后殖民主义的理论的话，那也是错误的，也是没有自己见解的一种非常错误的看法。

我下面想讲的，就是在最近，美国在中国历史研究方面比较重要的一本书。作者是 Prasenjit Duara，翻译成中文叫杜赞奇，他写过一本研究中国近代史的著作叫《从民族国家拯救历史》。这本书可以说用西方理论、概念和方法，来研究中国近代历史。他自己是印度出来的学者，跟一般的西方学者有些不同，所以当中他处于一个尴尬的境地。一方面他批评民族主义建构的大一统的历史论述,认为民族历史把民族说成是一个统一的在时间中不断演化的民族主体,为本来是有争议的、偶然中形成的民族建构一种虚假的统一性。他是批评这个的,可是另一方面,他也不能不承认,至今还没有什么能完全替代民族在历史中的中心地位。作为一个印度裔的学者,他对于以欧洲历史作为模式来产生的民族国家的叙述,几乎抱有一种本能的警惕,一种置疑的态度。所以,他不能够完全赞同民族国家是近代的产物这个观念,所以在讨论西方学者从身份认同,从 identity 这个角度来看民族国家观念的时候,他就说,盖尔纳和安德森这两个人,视现代社会为唯一能够产生政治自觉的社会形式,把民族身份认同看成是现代形式的自觉,作为一个整体的民族,把自己想像为一个统一的历史的主体。他说实际的,就是历史的记录,并不能给此种现代与前现代的两极化的生硬论点提供任何基础。在现代社会和农业社会中,个人与群体均认同于若干不同的想像的共同体,这些身份认同是历史变化的,而且相互之间常常有矛盾冲突。无论是在印度历史上还是在中国历史上,人们都曾认同于不同的族群的群体的表述,这些认同一旦政治化,就成为类似于现代称之为民族身份认同的东西。换句话说,杜赞奇对由欧洲历史产生的理论模式,抱有一种批判的态度,他认识到中国古代已经明显有民族和文化的身份认同,而宋代对于汉族族群国家的表述是最为强烈的,所以他也认为,宋代其实已经具有欧洲所谓民族国家这样一些特点。然而,他虽然讨论中国和印度的传统,他的著作却不是柯文所讲的中国中心,事实上他对柯文提出的中国中心的方法是有批评的。柯文对于杜赞奇还有像何伟亚这些所谓后现代史学家,也有他批判的看法。他说,这种后现代著作的缺陷,在于滥用抽象概念的表述、生造的术语。这些学者有一种相当糟糕的倾向,即在自己周围筑起一道学术的高墙,让人不知道他们究竟要说什么。在柯文看起来,这些充满了西方理论新奇的概念和术语的著作,离他所呼唤的中国中心观的历史著述有很远的距离,在很大程度上仍然是一种西方中心主义的研究。

我最后要说的一点,我们再回到我刚开始引的苏东坡的那首诗,其实苏东坡头两句说得非常清楚，说"横看成岭侧成峰，远近高低各不同"，你从不同的角度去看山，庐山有时候看起来像一个连贯的岭，有的时候看起来突然是很高的峰，这两个东西并没有哪个是假的庐山，哪个是真的庐山，这都是一样的，都是同一个东西，只是你角度看得不一样，你看出来的意象，得到的观念就不一样。所以，你仔细看这首诗，其实他并没有说你站在山外就一定看得很清楚，他其实讲的是人总是有局限性的，你无论从什么地方看，都只是得到一种看法。那么在这样一个角度上，在这个意义上我们来讨论中国的学者自己的研究，和西方学者对中国的研究，我就觉得不应该说一定是站在内部来看，就看得清楚，或者说一定站在外部来看就看得清楚。其实苏东坡的诗，讲的是不管站在什么地方，"远近高低各不同"，都是不一样的。那么，什么样是对庐山面目的真正认识呢？应该是把所有不同的看法都综合起来，然后从不同的的侧面去认识这个东西，才能得到真切的认识，也就是比较接近于全貌的认识。

　　所以我要讲的是，在我们这个时代，不应该有内和外的区别，不应该有一个以社会科学的模式和内在的认识这两种对比。所以，怎么样才能认识庐山的真面目？应该是尽量地把中国的、国外的，对当时的一种体会和现代的理论的概念，把它综合起来，才能达到一个接近于真切的认识。所以我觉得应该打破内外的区别，尽量跨学科、跨文化，打破一切疆界来得到一个比较正确的认识。

　　好！谢谢大家！

提问与回答

陈思和：

　　我们非常感谢张隆溪教授给我们做了一个精彩的报告。张先生是从事比较文学研究的，大家可以看到，他从古到今、中西结合，从一个认识论的角度来讨论中国学者和西方学者对中国这样一个问题的看法。接下去，我们有相当宽裕的时间，同学们如果有对今天张先生这个报告，以及很多同学肯定事先读过张先生的很多著作，大家有什么问题，我们可以用以下时间来进行交流！我们看同学们有什么问题，现在就进入到提问题的阶段。哪一位同学带个头？

学生：

张先生，您好！首先感谢您的演讲！我有两个问题。第一个是说，如果我们在研究中国的问题的时候，可以不用西方的方法，但是我们看到很多研究生，现在在选取问题的角度上，比如说他会研究中国古代的妇女问题、儿童问题或是知识分子问题，那么这些角度上是否等于说也是学习西方的一种方式？这样一种研究问题的切入点，是不是有可能构成一种所谓反西方的西方中心处理的一种研究态度？那么这样一种研究态度有什么样的价值？有什么样的弊端？第二个问题是说，我们在近现代史研究方面，已经混入了大量的西方的概念，并且在中国的语境中产生了一些歧义和一些作用。在这样一种既成的情况之下，如何去清理出所谓您的中国中心的一种内在的理路？谢谢！

张隆溪：

虽然我讲柯文的中国中心讲得比较多，其实我后面讲得很多就是要说明，在美国也好，西方也好，现在的学术的情形，并不是中国中心，而且我说，中国中心并不一定就是一个正确的模式。为什么我要说"庐山真面目"，用苏东坡的这首诗？就是因为，你处在一个内部，处在中国中心，就是用中国的材料，以中国人的经验去体会等等，并不能保证你对中国历史有正确的认识，有全面的认识。我刚才也提到，Gadamer 对于从维科到狄尔泰的观念都有一种批评。比如说你是西方的一个汉学家，你可以设想当时参加义和团的一个中国人，他的感受、他的经历是怎么样吗？我们先不要说可不可能,哪怕是可能,你变成完全是 19 世纪末一个中国人的思想和观念,又如何呢? 那个思想和观念是不是代表着当时中国的整个历史的全貌呢? 这是有问题的。所以我刚才引用 Gadamer 对维科和狄尔泰的批评,就是说,你个人的历史经验和认识,有限的、个人的、局限的认识,怎么能成为对历史全貌的认识,这是一个很大的问题,他们并没有解决这个问题。所以我并不是赞成中国中心观的。

我的意思绝不是说,我们现在研究历史或者研究别的学术,要完全排除西方的观念、西方的理论,我绝不是这个意思。我的意思恰好是说,不应该有中和西、内和外这样的一种分别,也不应该说一定站在某一个角度,是唯一认识那个事物的最佳的或者唯一正确的角度,我觉得并不存在这样的角度。所以我基本的意思是说,要综合所有不同的认识,而不是说哪一种认识一定就是唯一正确的。一个方面,尤其在现在的中国,我们已经是 21世纪的中国,我们有很长的历史,在近代已经吸取了很多西方输入的理论概念和方法,这些理论概念和方法,经过几代中国学者的使用以后,已经不是西方的理论概念和方法,而是中国、我们自己学术当中的一部分,所以我并不认为要把这个排除,我绝不是一个要复古的人,我不赞成这样的看法。但是另一方面,确实,我也非常反对把西方的理论概念和方法生硬的、在没有深入了解的情况下,把它套用到中国去。所以,最终要说的是,对中国,我们自己的传统,对西方,对西方理论概念和方法,尤其是西方的传统、西方的历史要非常深入地去了解。我反对的是对西方的历史并没有一个深入的了解,而只是把西方当代最流行的一些观念和术语来生硬地套用。

在美国的时候,其实我是教西方的理论的,我在加州大学教的是两个研究生的必修课,一个是西方文学批评史,从柏拉图讲到 20 世纪,一个是当代的文学理论,所以我比较熟悉这些东西。很多美国学生,我跟他们讨论问题的时候,比如讲,读到这本书,他们对德里达对柏拉图的批评都非常熟悉,然后你跟他们讨论,你说你看过柏拉图吗? 没有。那你怎么办呢? 你只知道德里达怎么批评柏拉图,你自己并没有读过柏拉图,所以,你怎么能判断他的批评是对的还是不对的呢？所以我说，你一定要有一个历史的了解，你对那个传统有深入了解以后，你才能自己做出一个独立的判断，说这个批评是合理的，不合理的，是片面的，还是比较全面的，这样，才有自己比较深的理解。所以，换句话说，对中和西，对中国和西方的传统和历史都要有比较深的了解，才能有比较正确的认识，不然的话，你就永远避免不了理论和研究材料之间的矛盾。所以，我并不是主张要消灭或者消除利用西方的理论和方法，其实我们都在用，但是怎么样用？用得好不好？那就要看我们自己对理论本身的理解。

学生：

刚才听到张老师的回答以后，就是说，张老师的讲课方法，是既要"入乎其内"，又要"出乎其外"，内外结合，综合起来，才能接近事物的原貌，我们不敢说自己就是真正认识，只能是永远的接近。但是这里就有一个问题，就是我作为一个研究者，我要具备怎样的人文视野和基础，才能够具备这样的学术能力？刚才张老师说了，就是说既要认识西方的传统，又要认识中国的传统，可是目前有一个很大的问题，就这一代的年轻学人而言，我们比如说就以西方的传统为例，假如说是一个中文系的学生，他所研究的，学到的西方的文学，他是从西方文学史或者他是一个西方文学爱好者，他仅仅是看到一些西方的名著，但是如果他没有，就是说，像一个研究者那样自觉地从西方古代的古希腊、拉丁、罗马一直到西方的今天，到西方当代的、近代的一直到现代的、后现代的，如果他没有这样一个准备的话，他根本不可能认识清楚西方的传统。再回过头来看我们今天对中国的认识，就文学研究而言，现在已经割裂成了一个现当代文学、古典文学、古代文论，整个通贯下来，就缺乏一个从事不同领域的研究者，就是说他们都感到自己的那一份领域是更重要的。而对于别的领域，他所涉猎的东西，在我感觉，有时是非常薄弱的，在这里面，我观察每一个不同的学科，他们有他们自己的一套话语和范式，如果用他们的话语和范式来判断别的，你根本就得不出好和坏,那个价值判断成了一个诸神之争的价值混乱。在这种情况下,我不知道,如果我要成为一个研究者,我怎样努力或者我要多少年的准备才合格? 就是这样一个问题。谢谢!

张隆溪:

当然这个问题,我想,不光是对现代年轻人。我们往往把现代年轻人作为一个批评的对象,其实每一代人都是这样的。人的认识都是有局限性的,尤其近代以来,知识的扩展这么大,所以,我们现在都只能在一个比较小的范围之内,能够做比较深入的研究。而且大学的设置就已经变成这样,科、系。就拿中国文学来讲,有古典文学、古代文论、现代文学,分成这么几块,在某种意义上,有它自然的形成的原因,不是说人为的这样分出来的,有很多历史造成的原因。所以这是没有办法的事情。但是,我作为一个对比较研究,对 comparative study 有兴趣的人,我就觉得我们每个人都应该尽量去超出自己的局限,我们都首先得承认自己有局限。因此,我的建议就是,我们每个人都应该对某一个方面,某一个领域首先有比较深的理解。我觉得最危险的就是,很多人做比较文学就是对中和西可能都比较肤浅的了解,然后就牵强比附,拿来一比,就说这就是比较文学,我觉得这样的比较文学是没有太大意义的。比较文学,尤其是东西方的跨文化的比较文学是比较难的,可以说,因为它要求的是对非常不一样的传统,非常不一样的历史要有比较深的了解,所以是非常不容易的。并不是每个人随便做一做,就可以做到,而是要比较长期的训练和钻研,去花工夫来做的。

对你的问题简单回答起来就是,我们每个人首先都有一个自己认识比较深的范围和领域,然后在这之上,应该尽量地去扩展自己的视野,我们刚才一开始就讲视野的问题,尽量扩展自己的视野,视野是可以扩展的。虽然难,但是学术跟其他方面的东西一样,因为难才有价值,如果都是很容易就没有价值。就是因为难,能够超出自己的范围和眼光,能够看到一些带有普遍性的问题。毕竟中国古典文学、现代文学,文学总还是文学,有很多共同的方面,有很多共同的东西。人为地把它划得太细,我觉得是一个局限。钱钟书先生有一篇文章里面讲得很诙谐,他说我们作为一个专家,主观上是很得意的,我是个专家,我当然很得意,可是客观上是不得已的事情,你做不了一个通人,所以你只能做一个专家,只能对你的小的领域有一点了解而已。那是因为现在学术的发展和知识的爆炸形成这样一个环境。我觉得要尽量超出自己专业范围之外,去多看一点东西,跟这有关的东西,到一定的程度上,你如果真的去做长期的研究,有些问题是触类旁通的,到那个时候,你就觉得自己超出了一定的范围。不过那个局限永远是有的,没有一个人可以像上帝一样,可以全知全能,那就变成神啦!我们每个人都还是人,都不可能变成神,所以我觉得就是这样,所以是一个很艰难的过程,是长期的学习的过程。

陈思和:

这两位同学提的问题都提得非常好,我们看下面还有没有提问的?

学生:

我提个问题。张教授,您刚才讲的这些我很认同,我稍微有点不同意,就是您刚才讲的,看任何问题都是有局限的。这个讲话是完全正确的,但是我们可以以现在的发展水平,来一个比较。比如说,您刚才讲以西方为中心,现在我们中国已经崛起了,要回到中国这个中心了,您也不大赞同这个。那么您想,如果说不大赞同的话,您要提高到比他们的水平要更高层次的,这是您的观点。那么,我个人认为,应该以世界或者以全球主义的观点来看待我们中国的问题,这样更好,更有利于世界的和谐,也有利于中国的强大。这个问题就是您刚才讲的,有一个很好的比喻,您说德里达到复旦大学演讲,他说中国没有哲学,王元化不高兴。当然,他们的冲突就反映了我刚才的观点,德里达说的是西方哲学的观点,而王元化呢?是以中国哲学的观点,他当然不高兴啦!如果跨越他们两个,以全球和世界的观点来看这个问题,那就可以很好地解决这个问题,大家都有共通的东西。所以我想请张隆溪教授能否在这方面谈谈自己的看法。

张隆溪:

在某种意义我的意思就是这样,我就觉得柯文虽然提出中国中心观的历史研究的办法,而且我觉得他作为一个美国人意识到西方中心的局限,这是非常值得敬佩的,这也是对的。可是我也指出,中国中心观并不是认识中国历史的唯一的办法,也不是最好的办法。因为中国中心观的前提是说,照中国人所经验的那样去重建中国历史,这本身就有很大的问题,因为我们知道历史的认识、历史的全貌不是一个经历历史的个人的认识,这个当中,是有很大的距离的。所以,换句话说,我并不是在提倡中国中心观,我也并不是在提倡局外人的观念一定就好,我刚才举的例子说,我曾经在哈佛的时候,看见一个杂志上登说,美国学者的学问是中国人做不出来,因为他是有西方的社会科学训练和方法,我觉得这是一种西方的理论的自傲,我觉得这是不对的。站在一个中国人的立场我非常反感这种做法。所以我的看法并不是说一定要以中国为中心,或者以西方为中心,恰好其实跟你讲的有一点接近,就是要超出这样一种对立的观念。其实我在美国有一本书,我的英文书有一本叫做 *Mighty Opposites*,这个标题本身就是反对把中西方绝对地对立起来的。

再回到刚才那个具体的例子,其实不是德里达在复旦的演讲。当时法国驻上海的领事馆的领事,叫 Nicolas Chapiu,他的中文名字叫郁白。他请德里达到法国领馆去,也请王先生一起去吃午饭。因为德里达很想到中国来,跟中国知识分子谈话。我不知道是不是到复旦大学来演讲过,但是他跟王先生的这个对话是在领馆组织的一次午餐会上,德里达就讲"中国没有哲学",王先生听了以后不太高兴,所以,两个人没有太多的交往,没有太多的沟通。而且郁白恰好在这之后不久就卸任,好像是到日内瓦去做另外一个外交的职位。他路过香港的时候,我在香港就请他做了一个演讲。他和我一起聊天时说，他就感到失望，他本来的目的，是希望德里达和王先生有一番对话，中西方都是非常好的学者能够有一个对话，结果这个对话没有对上，就是因为有很多没有办法了解的观念。

我并不是觉得一定有一个比他们两个人更高的观念来看这个问题，我倒是觉得，对这个问题，尤其是德里达，其实他对哲学的定义是有局限性的，他认为一定是按照希腊这种苏格拉底式的对话式的辩证的、非常系统的写法，那个才叫做哲学。而中国历来在传统上没有这样的写法，没有这样系统探讨一些基本的哲学概念的问题，没有柏拉图的观念，什么 idea，所以中国没有哲学。我觉得这是很成问题的。

我在美国教书的时候，自己设计了一课，就把柏拉图的《哲学书简》里边第七封信，里面谈语言局限的那一封信，跟庄子里面有一段，说桓公在堂上读书，轮扁看了以后说，你读的都是糟粕，桓公很生气，说你这个造轮的人有什么资格批评我？轮扁就讲一个道理说，我做轮子七十年了，我这个东西，连我儿子都没有传下去，都没有办法教他，古人已经死了那么久了，他们的智慧怎么可能会在书里面，你现在能学得到呢？所以，"所读者古人之糟粕也"。他这个意思也是说，语言是没有办法把真理传达下来的。当然，柏拉图的想法不一样，柏拉图是以 circle，就是一个圆圈，作为一个观念。他说 circle 有五个不同的范畴，有 circle 作为一个 image，作为一个 concept，作为一个 name，作为一个 description，最后还有 idea。作为理念的 circle，才是真正的真实，其他四个都不是，所以哲学要探讨是作为理念的这个 circle，分了五个层次来讲，就是 circle 是没有办法用语言来传达的。所以，他有很有名的一段话，说一个聪明人，绝对不会把自己刚刚用头脑去思维的东西，用语言表达出来，尤其不能把它用书面的语言表达出来，因为是没有办法写出来的。那这个跟《庄子》讲的道理是一样的呀！《庄子》讲的也是 circle，轮子也是圆圈呀！《庄子》的方法是用讲故事的方法，一个具体的类比的方法，而不是一个抽象的来分成五个范畴的方法，可是这两个东西讲的问题是一样的，换句话说，讲的都是语言达意的哲学的问题，他们的方式不一样。有个美国学生就问：老师，你说的《庄子》的那个东西是哲学？那当然是哲学。你要认识到哲学不是只是西方那种表述方式叫哲学，探讨这种基本问题，这个是在更深的意义上去认识什么叫做哲学。我觉得德里达的观念是错的，因为他只是把希腊的模式叫做哲学，这样一来，那其他都不叫哲学。你想想，为什么钱钟书先生的《管锥编》，一开始他要讲"论易之三名"，他要批评黑格尔批驳中国的语言不能思辩。因为这是很大的问题，西方人有这个观念，那中西方的比较就不可能，那很多东西，假如说，西方有哲学，中国没有哲学，那就不要谈哲学啦，因为谈，压根儿中国人就没办法懂。说你没办法懂，不是知识不足，是你压根儿的思想里面就没有办法理解这个概念。不是你的翻译不能翻译，而是你概念上就不能沟通，这是一个哲学的问题，而不是翻译语言学的问题，这个是很重要的。

　　所以我认为德里达的看法，虽然他是批判西方的传统，认为是要解构西方传统，在根本意义上，其实还是西方中心观念，就是希腊的那个东西叫哲学，那其他不是跟希腊一样的方式都不叫哲学。你把哲学这个概念定义为这样的话，那当然，其他地方都没有啦！对不对？所以我觉得这是一个局限的问题。

　　我的看法倒不是说后来的人一定就更进步更高，其实在人文研究方面，在艺术，在每个方面，最新的不一定是最好的，不一定是进步的东西。我对进步的观念有一定的怀疑，可是，我们确实有不同的理解，可以看出他的问题在哪里，这样觉得是比较好的看法。

学生：

　　谢谢张教授给我们做的这个讲座，我受到很大的启发，关于中国中心问题，包括刚才已经明确了的全球主义的观念。我原来学的是文史哲的，算人文学科的，后来研究道家、医学，也算是理科的。看到您上面有一个"道与逻各斯"的题目，我想结合这个向您提一个问题。一个呢，就是说道家那个理论是正反两个方面来讲的，推向两极，然后他在当中也能运用自如，这种模式是不是跟您的就是说一个中心和一个外部的关系这种思维方式是不是一体？这是一个。第二个，道家最后由两极推到虚无，这个虚无即是无，这是不是跟现在西方哲学的存在与虚无的这个问题相关？后来哲学我没研究下去了。这是第二个。第三个呢，关于道和逻各斯，我个人认为，道也是一种逻辑，也是一种方法，我想就是说，听张教授很受启发，就这个问题呢，再把您那个书，我想了解里面具体讲的什么内容，可能对我将来研究道教医学还有点教益。这是第三个小问题。第四个，就是讲到两汉经学以后，讲到五行。五行我认为这个概念，比两极的概念更具体化了，他讲到人的状相，人的五脏六肺的状相对应的时候，他和五行具体的系统功能，就跟一般系统的理论，我觉得在功能上更接近了，使两极的思维更进了一步。大概就是这些了，重点还是想听听您谈谈道跟逻各斯！谢谢张教授。

张隆溪：

好！我那本"道与逻各斯"，副标题是从文学的阐释学来讲的，当然涉及到一个阐释学的问题。为什么讲"道与逻各斯"呢？我刚才讲到德里达，德里达对西方的解构，他的一个很重要的观念是逻各斯中心主义，他认为整个西方的传统是逻各斯主义，注重逻辑、注重理性，等等，所以后现代的批判，后结构主义的批判强调的是相反的方面。所以当德里达说中国没有哲学的时候，他是在称赞中国，他并不是在批评中国，他认为中国人好就好在没有逻辑，中国人好就好在只有感情、只有具体的东西，没有抽象的思维。那我们中国人听起来不太舒服。觉得我们为什么没有抽象思维，其实在物理化学这些西方发展起来的科学方面，中国人拿诺贝尔奖的已经有好几个了，说明中国人是可以有逻辑思维的，不然的话，那些非常非常有逻辑思维的东西，中国人怎么可能做得到呢？如果说，中国人压根儿就没有能力的话，中国人就不可能懂科学。但是在人文学科方面就比较容易这样讲。

所以，在西方，德里达讲西方的传统是逻各斯中心主义，他很重要的一个观念、一个例子是语言,因为这跟整个 20 世纪西方的所谓语言学的转向是有关系的。语言不光是一个工具,语言代表了思维本身,所以,维特根斯坦讲过,我们能够说出来,就是我们能想到的,我们不能说出来的,就是我们想不到的,我们想不到的东西就说不出来。不管是分析哲学也好,现象哲学也好,都把语言看成非常重要的东西,而不是简单地把语言看成工具,在这个意义上,语言跟哲学有很密切的关系。从语言的角度来讲,德里达就认为,西方拼音的文字是尽量去摸仿口头所说的语言,因此,就有一个他所谓的 hierarchy,有一个等级的关系。就是说人的思维是种内在的语言,口头的语言是直接表现内在的思维,是最近于内在思维,虽然有一点差异。可是书写的语言是从来被贬低的,认为是不能够去完全表达口头所说的语言,更不能完全表达内在的思维。这也是柏拉图刚才我举的例子,说那个 idea 的 circle 是没有办法用语言来表述的,尤其是不能用书面的语言表述,因为书面语言是死的东西。柏拉图为什么要用对话的形式来写,因为对话的形式是最能够在书写的形式上面保持口头说话的情形,所以,以对话的方式做哲学的写法,在西方有很深的传统,很长时间哲学的论文都是用对话的形式来写,有这种关系。所以,德里达认为这就代表了西方的逻各斯中心主义。

　　为什么是逻各斯呢? 因为希腊的 logos 这个词,刚好有一个双层的意义,一个意义就是思想,我们现在说逻辑学,那就是 logic,就是从 logos 那里来的,所以,很多学科的名字都是用 logic 或者 logos,比如说 biology,生物学,geology、philology。所有的 log 都是从 logos 这个词来的,代表一种学科,代表内容思维。可是 logos,同时又是口头说话的意思,就是语言的意思,所以一个人说话叫做 monologue,两个人说话叫做 dialogue,logue 就是语言的意思。赫拉克里特就讲过一个很奇怪的话,在哲学的断片里面说,你听我的 logos,但是你不要听我讲话。在希腊文里是同一个字,你听我的 logos,不要听我的 logos,这是什么意思呢? 就是你听我说的那个话,但是你要听懂的是我说话的意思,而不是我说的语言,但这两个字是同一个字,都是 logos。在中文里面，"道"恰好也是。你看钱钟书先生在评老子的时候，讲"道可道，非常道"，他说"道可道，非常道"，第一个"道"和第三"道"是指思维，第二个"道"是指语言，第一个跟第三个"道"就是道理的道，就是讲道理，所以我们中国人说道理，第二个道是道白的道，道白就是说话。所以，那个意思就是说能够说出来的道，已经不是真正意义上的道了。换句话说，真正深刻的哲学的思维是没有办法用语言来表现的，所以跟柏拉图讲的是一样的道理。钱先生在讲"道可道，非常道"这个评论的时候，就引了我刚才举的，柏拉图的第七封《哲学书简》里面的那一段话，他说这个话可以移注老子也，这句话简直就是讲的老子的那个话的意思嘛！所以，中西方的哲学思维，"道"和"logos"，这两个字恰好在希腊文和中文里面都有一个非常重要的观念，因为 logos 在希腊哲学里面是非常重要的观念，道在中国哲学当然也是非常重要的观念，不光是道家，老子是讲道，庄子是讲道，孔子也讲道，说"道不行，乘桴浮于海"，儒家也是讲道的，道在先秦都是非常重要的哲学观念。那么这个字，恰好和希腊文是一样的，就有道理的意思和道白的意思，说话和思维的意思，所以在同一个字里面都表现了语言和思维的矛盾的关系。《易经》里面说："书不尽言，言不尽意。"也是说书写的语言不能够充分地表达口头的语言，而口头的语言不能充分表达内在的意义。所以，这个东西，跟德里达讲的，可以说是一样的东西。起码是非常相近的，我不是说完全等同，但是是相近的东西。

在比较研究当中，我们不是要去求等同，等同的话，就是本来跟自己在一起的东西，只有自身是等同的，其实连自身都不能等同。希腊人说，一个人不能两次走进同一条河里面，为什么呢？因为你第二次走，一定是水都不一样啦，水都流走了嘛！对不对？所以，我们说同一条河的意思，只是说是等同的意思，不是真正意义上的同。我为什么写《道与逻各斯》这本书，主要是我到美国去以后，我就发现西方的新的理论，非常地强调东西方的绝对的不同，我刚举的 Jullien，还有谢和奈，还有 Stephen Owen，还有很多的其他的西方汉学家都有这个看法，比如说西方有哲学，中国没有哲学，西

方人有抽象思维,中国人有具体的感情,西方有真理,中国没有真理,都是
这样对立起来说的,都是把中国作为西方的他者。就是 Said《东方主义》这
本书里讲的,他们讲东方,其实是西方学者所构想的东方,不是东方的现
实。他当然是指阿拉伯文化来讲的,但是中国的情况也是差不多的,很多
汉学家讲中国的时候,并不是在讲中国,他是讲他们所理解的西方对立面,
那个对立面是不是叫中国呢? 我们自己再看。还有法国的一个很有名的
理论家,Roland Barthes(罗兰·巴尔特),写了一本书,叫 Empire of Signs,
讲日本的,就是《符号帝国》。这个符号的帝国,一开始他并不是在讲日本,
他并不是讲东方,东方对他来说是无所谓的,他不过是借日本这个名字来
讲他所设想的另外一种可能性。西方的学者基本上他们对于东方的研究、
东方的说法都过份强调文化差异,而这种情况下就没有办法做东西方的
比较。

　　再回来,钱钟书为什么在《管锥编》一开始就批评黑格尔说东方的语言
不宜于思辩? 黑格尔说德文有 Aufhebung 这个字,在德文里面既有保存又
有消灭,既有上扬又有压抑的意思,就是相反的两个意思在同一个字里面。
但中文这个易,易之三名里面有相反的意义呀! 这个变易和不易就是完全
相反的意义,可是都是同一个字。换句话说,中国的人的思维和语言里面
都表现出来有同样的对于事物矛盾的认识,对辩证的两个不同方法在同一
个东西里面有很深的认识。在这个意义上,你不能说中国人的思维里面跟
西方人的思维里面完全就是不一样的。所以,我们并不是说,天下的东西
都是一样的,而是说在你非常强调这种文化之间的差异,而使文化没有办
法做比较研究、人类就没有办法沟通的时候,我觉得有必要来讲道与 logos
其实有很多相似的地方。但是与此同时,我并不认为道与 logos 就是一回
事情。东西方当然有很多差异。其实我后来跟德里达也有讨论,他就问
我,那你认为道与 logos 不就是一回事吗? 我说当然不是一回事,因为你在
那儿说两个完全不一样,所以我说他们之间有相同的地方,如果你要说他
们两个完全一样,我可能就要说他们之间还有不同的地方。所以,你都得

要看对方,讨论问题,都是看对方讲的什么东西,然后你做一个对应来回应他们。我并不是说道与 logos 一定就是完全一样,当然不一样。既然是道与 logos,A and B,有一个 and 在里面,这两个东西就不是一回事。我的书里面大概就讲的这些东西。

学生:

中国从 21 世纪实力增强以后,国外的中国威胁论甚嚣尘上,我们中国政府不断地宣传和平崛起,双方好像各唱各的调。据我所知,中国的形象在国外并不是很好,但我还不是很确切。您是在哈佛大学,我不知道您在那儿待了多长时间,哈佛大学的学界,他们的看法是什么?还有,他们的民间的看法是什么?我所讲的是他们政界的看法,有一股很强大的势力,所谓的鹰派,那么,现在就摆在这儿,您是研究视野方面的,我现在应该以什么样的视野和模式来看待这样的问题?来解决我们之间的分歧?是不是张教授能在这方面给我们讨论一下?

张隆溪:

好!没问题。我觉得,首先第一个,中国跟美国。不要说西方这么大,就拿美国来讲吧,都有很多很多的人,都有非常不一样的看法,所以,我觉得不应该有中国的看法和美国的看法。就好像刚才我举的很多例子,希腊没有一个统一的真理观念一样,有不同的看法,中国人有十几亿,所以很难说中国人有一个统一的看法,美国人也是很多,所以,有不同的看法。基本上就包括学界,也不是统一的,可以说大部分的知识分子,我所接触到的,不光是在哈佛大学,后来我在加州大学教书教了十年,基本上一般的知识分子对中国的看法,或者一般的美国人对中国的看法,都是比较好的。在 20 世纪初,美国人是非常的 provincial,就是对于外面的了解是非常少的。在珍珠港事件刚刚爆发之后的四个月,Harold Isaacs 写的一本书叫做 *Scratches on Our Mind*,他就专门讲美国人对印度、中国的看法,他就提到,刚刚珍珠港事件爆发之后，全国有一个Gallup，就是盖勒普的统计调查，全部美国人里面，大概有60%没有办法在世界地图上指出日本在哪里，换句话说，他们海军的舰队炸得都快没了，都不知道那个飞机是从哪儿来的，90%的美国人，都没有办法区分日本跟中国，就是在他们眼里都是oriental，都是东方人，可是完全没有办法了解。可是在二战结束之前，大概在美国参战之后，很快就对日本跟中国有非常明确的区分，因为日本人是站在德国人那边的，中国人是所谓盟军，是站在他们那边的，对于日本跟中国才有一个明确的区分，知道日本在哪里，中国在哪里。基本上，我所接触到的美国人，很多对中国人都有比较友好的看法，认为很多方面中国人跟美国人很相近，都比较开朗，比较热情，其实都是很模糊的看法。

但是，确实在最近十多年，尤其在冷战结束之后，苏联解体之后，美国现在变成唯一的超级大国，所以在美国政界，就有鹰派，确实像你讲的，有不少人把中国视为美国未来的假想敌。而且由于中国现在在经济方面，在国际影响方面，确实有很大的变化，影响力也逐渐上升，经济力量也越来越强，所以美国对中国的崛起是有一种警惕的。但这种警惕，甚至在政界，也不是唯一的看法。现在美国新任的国防部长盖茨，前不久他就讲，中国的军费虽然增加，但是并不构成对美国的威胁。他这句话当然是从外交的角度来讲的，但是起码公开地这样讲，跟以前那种很明确地把中国的崛起认为是对美国的威胁，是有很大的改变的。这种讲法本身，实际上是反映美国政府内部的一种变化的看法。其实布什竞选的时候，大家都在弗罗里达那儿数多少票，不知道究竟克里胜了还是他胜了。在那点票还没有点得很清楚的时候，突然来个"911"，一下子把总统变成一个真正的总统，布什马上就成为领袖了，大家都一致对外，所谓反恐战争开始。这个对于美国的影响是非常大的。在布什刚刚上台的时候，他其实说了很多话，对中国是非常非常敌对的，他完全把中国看成敌人，或者假想的敌人。可是"911"之后，非常迅速地改变了世界的局势，因为中国也是支持美国的反恐战争，所以在这个意义上，中国就已经是盟友而不是敌人了。所以，世界局势的变化是非常大的,换句话说呢,政治家也好、一般民众也好,就拿美国人来讲,对中国人的看法,其实跟整个世界的局势变化有关系的。

但是,无论怎样,都没有一个唯一的看法,美国有那么多人,没有说美国人都是一个看法的,我觉得这个是非常重要的一点我们应该认识到的。同样的,中国也没有一个统一的看法。

那么,您刚才讲我们中国人应该怎么办?我觉得中国人非常重要的一点,是应该非常现实地认识到,我们中国现在确实发展得非常快,经济上也好,各方面也好,可是中国的问题也非常多。现在在 21 世纪刚刚才开始几年,就说 21 世纪一定是中国人的世纪,然后就有很强的民族主义的情绪,我觉得这是对中国自己非常不利的。一个真正强大的民族从来不会说自己是强大的。就像金庸小说里面的武功,样子最没武功的人,大概是武功最高的,你最好是别去惹他,凡是说自己拳足很粗的人,大概一下子就被别人打倒。我觉得这是有道理的,这也是中国文化的观念。

陈思和:

我们下面还有一刻钟的时间。刚才我发现全是男同学提问题,没有哪一位女同学提问题。那么,一刻钟时间,我们张教授最多只能回答一个问题;所以,我想请哪一位同学提?有没有?哪一位女同学?终于有一位女同学站起来啦!

学生:

张教授,您好!您今天讲的这些,到您最后的落脚点,我觉得其实您是非常赞同钱钟书先生的比较文学方面使用的方法,对吧?我觉得您到最后说的那个,提出的方法其实就是钱钟书先生的那句话,就是"东海西海,心理攸同,南学北学,道术未裂",您说的就是这么个意思,对不对?我一直非常敬佩!如果这是最后一个问题的话,我想请您结合您对钱钟书先生的比较文学方法的认识来看,对您今天的这个题目再进行点扩展可以吗?

张隆溪：

我首先要讲，钱钟书先生从来不说自己是搞比较文学的。（啊，我知道！）我第一次见到钱钟书是陪一个荷兰人，叫佛克马（Douwe Fokkema），他当时是国际比较文学学会的副会长还是秘书长，还是什么，反正是跟他一起去见钱钟书先生。那次谈话当中，他就称赞钱钟书先生说，钱钟书先生，您的著作，对比较文学方面有很高的造诣，如何如何。钱先生马上说，我不是比较文学，我这只是一种折衷主义。当然我以为是一种谦虚的说法。后来，我回去给钱先生写了一封信。钱先生又回信跟我说（非常典型的钱钟书的语言），说我那个是似谦实傲之词，我表面上很谦虚，实际上很骄傲的说法，因为，eclecticism 在 19 世纪以来，变成一个脏话，大家都认为是很坏的话，折衷主义嘛！他说，我用这个折衷主义，就是古典的意义，不是现在的意义，是 18 世纪法国的启蒙主义的哲学家伏尔泰、狄德罗，他们讲的百科全书派的定义。那个定义是什么呢？就是说不要去盲从任何一种理论，而兼采各家之长，而敢于独立思考，ose penserde lui－même，就是要敢于自己独立地去思考，这个叫做 eclecticism。他说这个我不是在谦虚。当然，他是这样讲的。但是，你实际上去看钱先生写的东西，确实不光是文学，钱先生写的东西，在某种意义上，典型地体现了中国古代的传统当中所谓文、史、哲的观念，就是中国没有把文、史、哲做一个非常细致的区分。中国的古代，苏东坡是诗人，但是他也是文人，也是画家，他也有很多政论，所以，究竟用现在学科的分类怎么分？没办法分。同样的，钱钟书的《管锥编》，你说是文学批评的著作呢？是哲学著作呢？是心理学著作呢？是语言学著作还是什么？也很难分。学科的分类到现在，使我们每个人不能不去局限于某一个领域、某一个专业，可是钱先生是超越所有这些领域和专业，很全面地去了解文化和传统，我觉得这个意义上，他在《谈艺录》的序里面才讲"西海东海，心理攸同，南学北学，道术未裂"。这是他讲自己的研究方法。我确实是非常认同这样的方法，我自己也希望能够尽量地做到这一点。所以,我觉得这是很对的,你刚才讲的是对的。我二十多年以前在北京的时候,经常和钱先生见面,跟他交往非常多,而且来往书信非常多,所以,我确实受他的影响很多。我认为在东西方的研究方面,钱钟书确实给我们树立了非常好的典范,我觉得,这个是很重要的。为什么我说,不是要以中国为中心,也不是要排斥西方的理论,也不是要拒绝西方,你看钱先生的东西,他是对中国传统有非常深的了解,对西方也有非常深的了解,所以,我觉得最理想的做学问的方法应该是那样的。当然,这是很高的标准,很难达到,可是我们每个人都去努力的话,那中国学术就有很大的希望啦!

陈思和:

我也很想说刚才这位女同学,她最后隆溪教授今天从古希腊开始讲的很多方法论,最后落实到一个实处,让张教授亮出他自己所希望的或是他理想的一种研究,我觉得这是一个非常圆满的讲座的结果,也是我们讲者和听者一个互动的共同的创举。在此我对听众和对张教授同样地表示非常热烈的感谢!我们欢迎张教授以后经常到复旦大学来,经常跟我们同学见面,提升我们的学术品味。今天的演讲就到此结束!

从乡村到城市

——社会史和文化史视野下的城市生活研究

主讲人：李孝悌

主持人：周振鹤

李孝悌

　　台湾大学历史系学士、硕士，美国哈佛大学博士。台湾中研院历史语言研究所研究员、中研院出版社总编辑。主要研究方向为明清社会与文化史、城市生活史。著有《清末的下层社会启蒙运动1901—1911》、《恋恋红尘：中国的城市、欲望与生活》等著作。主编有《中国的城市生活》。

周振鹤 | 复旦大学中国历史地理研究所教授。主要研究方向为历史政治地理与历史文化地理、东西方语言接触史、中外文化交流史等方面。

周振鹤：

李先生是台湾大学历史系毕业，然后在哈佛大学获得博士学位，现在是台湾中研究史语所的研究员。大家知道历史语言研究所和清华国学研究院在解放前，二、三十年代，是中国最重要的文史研究机关，现在我们研究历史，还要从《史语所集刊》的材料当中取得很多帮助。我想很多研究历史的硕士生、本科生都知道在期刊阅览室里，这些《史语所集刊》是很重要的东西。

我跟李孝悌先生也是第一次见面，就在这次文史研究院成立会上，所以今天晚上我和大家一样有很大的期待。现在请李先生。

李孝悌：

谢谢！我非常荣幸有机会来做这个报告！葛兆光教授当初请我时，我花了很多时间想我应该报告什么东西。葛教授写了七点文史研究院发展的方向，我对其中两点特别有感觉，愿意对此做一些延伸，一个是把西方汉学放在国际视野下去看，另一个是交错的文化史研究，因为我最近几年正在做文化史。

我先讲一下我自己受教育的过程。我在台大读了七年的历史系，但其实对这个系并不太满意。后来有机会在 1985 到美国读书,对我来说是一次非常震撼性的经验。学了这么多年的中国史,我发现自己对中国历史好像并不熟悉。我在哈佛有几位老师,主要的指导教授是孔复礼教授,我对社会史的了解主要从他而来。史华慈教授和一位西洋史的老师,则让我对中西思想史有比较多的认识。二年、三年密集的社会史训练,对我来说最大的震撼,是让我了解到中国史还有另外我完全不知道的一面。

念了几年之后,我的兴趣慢慢有一些转变。也许和社会史的训练有关,我开始对大众文化感兴趣,论文也和大众文化有关。我等下会讲做大众文化可能跟社会史做下层是有些关系的,虽然我偏向的是文化史。

做了几年大众文化后,我慢慢开始做上层,题目跟我刚开始做的上海戏曲有关系。我先后主持了两个计划,我发现自己的文学性越来越强,什么理论都放在一边,就浸淫在资料里。做了第一个三年计划后,我问同事要不要继续,有人说要,有人说不要,中间休息了一阵子,出版了第一个三年计划的第一份成果——《中国的城市生活》。

中间休息两年后,去年开始第二个三年计划——明清的城市文化与生活。一些同事开始出现疑问,问我们到底在做什么?什么是文化史?我们做的这些研究到底有什么意义?我自己也不断有类似的问题,过去几年就在想这些问题。过去两年我有很多机会到内地,去过很多不同的城市,去年又和同事去了徽州、婺源,对我来说完全是一个唤醒的过程。我从 1985年开始跟我的老师孔飞力读了大量的社会史的经典。到了徽州,去了六、七个村落,我的社会史训练完全被唤回来了,特别是在汪口村,留下了深刻的印象。汪口有两个路线,一条从山路先走再到村落。山路走到一半,我的一个同事突然说,我们走的山路下面有一个墓碑。我们仔细看了一下,是民国十六年,1927 年的墓碑,内容是讲一个妇女,因为偷采了山里的树木,受到严厉的惩罚,就是把她的墓碑变成路上的一个阶梯,让千人骑万人跨。对我来说这是一个相当强烈的震撼,现场感受到中国村落的束缚力、约制力是这么强。虽然我已经读了各种关于组织、关于宗族的研究,对我来说有很大的启发,可是这些启发跟田野经验还是有差距的。实际看了六七个村落,对我的老师所教导的中国社会史的传统,开始有了更真切的体认。另一方面,由于我自己做的东西有越来越多的文学色彩,离开了乡村,进入城市,其实是有一些罪恶感的,这点等下有机会再讲。

去年10月我有机会到芝加哥做报告,因为有一个学生在那边读书。以前去芝加哥只是走马看花,这次待了几天,又因为有特殊的经验,所以印像非常鲜明。我先是在机场困了很久,进入市区更是大雨倾盆,半夜好不容易到了学校的旅馆,又四处淹水,鞋子都淹湿了。进去没多久就停电,一连停了三天,古老的学校旅馆格外显得阴森。芝加哥大学是这么好的一所大学,芝加哥又是这么一个现代化的的城市,居然因为一场大雷雨,就停了三天电,跟台北都没法比。这似乎不是一个有效率的城市,这是我对芝加哥的一个感觉。另外一个比较强的真正知识上的影响,是我的学生带我去书店逛,买了几本书。我今天讲的一部分就来自其中,是芝大教授 William Sewell 的 *The Logic of History*。Sewell 教授最早研究法国社会史,他的父亲是一个经济学家或是数学家,对他偏向计量的社会史大概有一些影响。而他成长的时代是社会史最强的一个时代,所以他开始做法国马塞的劳工运动,就用了计量的方法。到了 1970 年代、1980 年代,整个学术界有一个明显的文化转向。Sewell 受到影响,又转向文化史。2005 年他把过去写的文章结集成书,我今天第一个要讲的,社会史与文化史的发展,即与此有关。我希望藉此,把西方学者对中国社会史的研究,放在西方本身更广大的学术脉络来考察。Sewell 由社会史转向文化史,再转回社会史的历程,和他的这本著作,给了我非常多理论和实务上的启发。

社会史与文化史是 1960 年代以来,西方的两股主要的学术思潮,他们背后有一个演进的过程,而不是我们一般所想像的,天经地义的就是在那个地方。文化史与后现代主义最重要的贡献,就是给我们一个超越点,让我们去检讨我们一向视为理所当然的观念,其本身演变的历史,和它们是怎么被创造、建构出来的。Sewell 在书中特别提到了另外一个在史丹佛

（斯坦佛）大学非常有名的法国史教授 Keith Baker，他的学术地位很高，代表作 *Inventing the French Revolution*，就是一本典型的带有后现代主义色彩的文化史作品。Baker 还另外写了一篇极具启发性的文章，追溯社会史这个观念是怎么演变出来的。17 世纪之前，"社会"一词的原意讲的是紧密的，两三个人或几个朋友间人际关系。到 17 世纪下半叶开始，社会的观念开始出现变化。各位也许知道从 17 世纪到 18 世纪间出现了一个非常重要的观念——社会契约论，社会一词的意涵也随之转变。以前只是两三个人的关系，现在则变成抽象的整体，而这个群体是要来对抗专制王权的。社会因此成为国家的反命题，是自由主义者用来对抗国家的。我看到这个地方恍然大悟，从大学开始读费孝通的《皇权与绅权》，到后来读到张仲礼的中国士绅和西方学者的各种论著，都讲到士绅社会，讲到国家与社会的关系，原来都可以追溯到 18 世纪的启蒙运动和社会一词在此时衍生出的新意涵。社会这个词原来很简单的东西，但在过去两个世纪的发展过程中，却变成一个非常神秘的庞然大物，跟我等一下要讲的文化一样，都是无所不包的，里面有各种不同内含的复杂概念。在 18 世纪慢慢发展出这样一个社会对抗国家的自由主义的观点。到了 19 世纪，又受到马克思主义出现的影响，产生新的意义。对于马克思主义来说，自由主义是个人主义和中产阶级的产物，对无产阶级一点也没有用处。社会史开始跳脱自由主义的框架，而以下阶层人民和群众为研究主体，这也是我们一般所熟悉的社会史研究的范畴。

　　第三个比较重要的变化，并对后来的社会史有重要影响的，就是社会学的出现。各位知道社会学的创始者是 18 世纪的孔德，孔德又受到了圣西蒙的影响。那个时候自然科学已经有相当的发展，有了物理学，也有了数学，启蒙哲学家受到自然科学发展的刺激，开始想怎么样去建立一套学科，可以像物理学、数学精准地探测自然世界的规律一样，去研究我们所身处的社会，社会学因而出现。社会学原来最根本的精神是要去模仿自然科学，建立一套像自然科学那么精准的律则来解释人世现象。这种精神对

1960 年代以后社会史的发展有极强的影响。我们仔细去回顾过去几十年各位所熟悉的社会史研究，不管是在中国大陆还是在西方，建立普遍性的律则，都是最明显的特色。马克思主义影响下的社会史学固然如此，在台湾和美国影响非常大的 Max Weber，在很多方面，也都以建立普遍性的诠释架构或理论为己任。他要解释在几个主要的文明中，为什么只有在西方出现了最具现代性的资本主义，而在东方社会就没有。虽然最后他归之于宗教，而和马克思讲阶级、经济力量大相径庭，但在建立普遍性的律则这一点上却完全一样。

我以前读 Lynn Hunt 等文化史家批评社会史的文章，说社会史是一门有着强烈实证主义倾向的学科，我们看看 Max Weber 的影响，应该更能了解这一点。

除了这两个最重要的社会学家，我也可以举 Theda Skocpol 的例子做进一步的阐释。Skocpol 是哈佛大学现任文理学院院长，她最主要的作品是 *States and Social Revolutions*，比较 1789 年法国大革命，1917 年俄国革命和 1949 年中国的革命。全书的分析相当复杂，不过简单来说，可以归纳到她说的一句名言："革命不是人搞出来的，革命是自己来的。"对于以前人的分析，不管是从意识形态、文化宣传或心理层次所做的解释，她都不满意。在社会学家里面，Skocpol 其实是对历史相当同情的，但对这些偏向文化思想或人文性的解释，她都觉得不具说服力。她要找寻的仍然是三大革命后一套普遍的律则。

自从 1950 年代到 1970 年代，社会史研究是西方史学界最主要的一个流派，到了 1970 年代社会史面临强烈的挑战，就是所谓的"文化转向"。"文化转向"有几个影响，一个是福柯代表的后现代，一个是法国的社会学家布尔迪厄；另外一个则是人类学，主要是吉尔兹（Clifford Geertz）。

1970 年代"文化转向"之后，在整个人文社会科学界，"文化"基本上取代了"社会"一词。可是文化这个概念基本上跟社会一样，都是非常神秘而无所不包的，有各种不同的解释。最根本的前题则是要反驳社会史家极强的实证主义倾向。

吉尔兹是各位比较熟的，他对文化人类学和文化史有很大的影响，可是他最后其实还是要跟自然科学对抗，要证明人文科学的研究和自然科学一样重要。他有一个很重要的观点，我看了觉得非常兴奋，就是他觉得人类一方面有非常生物性的一面，被遗传和基因所决定，DNA为每个人注入了一些程序，人就被这些程序所决定。另一方面，他认为文化其实为人的文化注入了另一些程序。人除了一些动物的本能，被DNA决定了基本的律则之外，也被一些文化的范畴（如宗教观、对来世的看法等）所决定。这是相当有启发性的见解。人之所以跟动物不一样，高等动物之所以跟低等动物不一样，就是人有文化。而每个文化有他不同的程序或文化的范畴，我们一旦被注入了这些程序，就受到另一些规则的限制。吉尔兹在此把文化提到一种空前的、可以和自然科学分庭抗礼的地位。

另外一点我觉得非常重要的，就是他关于民族志的一些看法。我过去两年不管是在做中国城市、做中国社会，常常想到吉尔兹关于深描或民族志的一些理论。另一方面，在来这里之前，我又一直在读 Sewell 的 *The Logic of History* 这本书，因为这跟年底我在台北要开的一个会"进入中国城市——社会史与文化史的视野"有关，我对这个会的题目很满意。用这个题目有几个意义。我一方面要跟我熟悉的中国大陆或是美国学界做社会史、做乡村的这些典范，做一个对话。另外一方面，就是"进入"这个课题。我觉得要进入一个异文化，做吉尔兹所谓的深描式的民族志的研究，其实是非常困难的。我虽然生长在台湾，可是从小就接触中国传统的东西和历史文化，自然对这个传统有相当的了解，可是第一次实际进入中国，还是非常震撼，觉得有很大的隔阂，无法真正进入。我第一次去了南京、扬州，完全没有办法进入状况，虽然读了这么多文献。我第一次觉得进入了明清扬州，是在两年前，跟欧洲和美国的一批史学家去开会。这些学者都是研究扬州的专家，还组织了一个国际扬州俱乐部。负责这次会议的两位欧洲学者，花了一年的时间筹备。每场会议都是在不同的庭园举行。有一天坐在厅堂里面开会,阳光射进来,我感觉自己就像是一个明清的士大夫,正在享受人生最美好的事物。我们还在不同的场合,看了各种戏曲演出。会议结束后,所有学者坐了两只小船,从乾隆御码头出发,还有清吹数部同行,沿途演唱各种曲艺,当地的学者还把所有演唱的曲词,根据李斗的《扬州画舫录》,全部考证出来,发给我们。几个小时后,船到平山堂,已经是黄昏时分,方丈特别出来招待我们。就在这样的场景中,在一些"外国人"的导引、安排下,我觉得我好像突然进入了那个世界。

从那次感人的经验后,我算是真正开始进入中国的城市,以后又陆陆续续去了一些村落。这些所谓的"田野"经验,让我觉得要进入一个不同的文化情境,对之有所感觉,是很不容易的。

前面提到,社会史受到社会学很大的影响,而对文化史影响极大的则是人类学。读了 Sewell 的书后,我很高兴知道文化史还有一个旁支,就是用文学数据做文化史,因为我自己这几年也用了很多文学作品。精英的审美经验,和城市生活有很大的关系,但跟乡村里广大老百姓的生活似乎有很大的差距,这时我们往往会产生道德上的焦虑。社会史研究下层,其实有很强烈的道德意涵或正义关怀。所以当我们沉浸在美学的经验里时,常常会问其代表性和真实性。可是换一个角度看,难道伟大的文学作品里所呈现的中国城市又真的是幻想和虚构的吗?当然不是,这时就回到从不同的角度、视野进入或再现中国城市的问题,这也是为什么我前面会提到社会史与文化史的视野的原因。

总结来看,美国或西方的文化史研究,受到后现代、文学批评理论及人类学很大的影响。此外,也和文学有很密切的关系。就其根本性质来看,文化史则是非常前卫、非常叛逆的研究,因为在整个西方,特别是美国,文化史研究有极强烈的抗争意涵,要挑战社会史家(或社会科学)所建构的一些看起来好像是天经地义的规律或范畴。文化史最重要的贡献就是让我们站到一个高度,去重新检讨这个建构,这时我们会发现这些建构其实是有历史的、是有过程的。他们也许是被政权,被统治者建构出来的。阴、阳这套概念，就是很典型的例子。

文化史刚开始的一个激烈抗争，就是针对着男女/阴阳这套建构而发展出来的妇女史研究。社会史处理民众，处理下层，针对着政治、外交史和自由主义的史观而发，可说是迈出了重要的一步。可是社会史家处理的下层社会中，原来是没有女性的。文化史学家则站出来，大声抗议，认为过去的历史，是由白人/男性/统治者所建构出来的历史。特别在美国，这样的文化史论述，有极强的实践意涵，和社会运动结合在一起就像洪水猛兽一样侵袭而至。

不过文化史发展了一、二十年后，内部和外部都出现批评和自我检讨的声音。一般比较大的质疑，是认为文化史处理的是轻薄短小的东西，跟社会史家所关心的基本的组织、关心平常的穷人的生活不同，越来越支离破碎，而出现意义的危机！文化史家在各个地方都面临这种置疑。Sewell等转向的文化史家，也回过头来重新肯定社会史家做的东西是有重要贡献的。他特别注意的是结构性的问题，以及像资本主义的影响等重大课题。

上面大概描述了最近一些关于社会史跟文化史发展的相关理论，以及这些研究取径是在西方什么样的学术脉络下发展出来的。接下来我就想举几个作品来说明美国汉学界是如何在这个大的学术脉络下，做中国社会史的研究。然后我打算在这个社会史研究的脉络下，审视我们做的中国城市研究，并希望藉此建立社会史跟文化史的对话。

我觉得西方中国社会史研究在过去五十年间，做得最精彩、贡献最大的，第一个就是士绅社会。从费孝通先生开始，然后1949年以后到美国去的一些汉学家，包括何炳棣、萧公权、张仲礼先生都是做士绅的，当然他们彼此在细部的意见上是有些不一样的。这个士绅社会的典范其实跟前面提到的社会与国家这套对立的概念是有关系的，士绅社会的研究就是在这个前题下展开。先是做士绅，做到县这个层级；然后开始有人做地方社会、做村落。我到了美国后，开始读这些论著，进入一个我以前从来不知道的世界。

我的老师孔飞力（Philip Kuhn）写的第一本书《中华帝国晚期的叛乱及

其敌人：1796—1864 年的军事化与社会结构》，是西方汉学界开启地方社会的典范之作，各位也许都读过。这本书有极强的理论背景，一方面受到人类学家 Freedmam 关于家族研究的影响，另外一方面则受到 Skinner 市场结构的影响。

孔飞力的学生杜赞奇（Prasenjit Duara）的《文化、权力与国家》，则是另一本有代表性的地方社会的典范研究。他用了满铁调查报告中六个村落的记载进行研究。我读了 Sewell 的书，看到西方学者对法国、对其他社会所做的社会史的研究，看到介绍 Charles Tilly 对村落与国家的研究，更了解到这些对村落的细致描写，背后往往有一些大的理论预设，企图在小的 case study 后，探讨国家与现代化的力量怎么介入，把不同村落的历史带到完全不同的方向。这样的研究视野，跟我刚讲的更大规模比较三个革命是有些类似的，都是要探讨国家在转变的过程中所扮演的角色。我不知道杜赞奇是否看到这些书，可是取径却类似，除了对六个村落细部的描写，背后也是要讨论现代化的入侵，国家的介入，对这些村落带来什么样的（负面）影响。在根本的问题上，杜赞奇的研究和西方学者的社会史研究非常相像。

除了士绅社会这个典范之外，另外一个让我印象深刻的课题则是民众叛乱。周锡瑞（Joseph Esherick）的山东义和团之乱，和裴宜理（Elizabeth Perry）的捻乱，都是典范之作。

我们先讲裴宜理。这本书处理了三个时期的民众叛乱，从捻乱到红枪会，到 20 世纪初的中国共产党。她在序言里面提到，最初她认为淮北这个地方不断地发生叛乱，一定是有一个叛乱的传统存在，这种叛乱的思想影响了民众。但在看了资料后，她改变看法，认为这个地方会变成千年盗贼的渊薮，从陈胜吴广起义开始叛乱频仍，是因为特殊的生态环境。淮北地区土质贫瘠，不利农作物生产，而且黄河跟淮水，不断改道，人们再努力，种出的作物还是不够生存。另一方面，由于清代盐区的划分和专卖制度，及当地产的长芦盐品质不佳，走私盐遂成为当地居民的重要谋生方式。

很明显地，Perry 在这里用了生态、结构性的分析手法，是一个典型的年鉴式的分析方法。各位如果熟悉法国的史学发展，就知道年鉴学派中一个最重要的理论就是 Braduel 的长时间的结构，根据布罗代尔的理解，真正影响人类历史发展的并不是每天变化的政治事件，而是类似生态环境等不变的长时间结构。裴宜理的研究可以很清楚地看到年鉴学派的影子，就是把大的舞台、大的生态环境等长时间不动的因素放在第一位，淮北的生态环境的结构性因素，是使得这个地方变成千年盗贼渊薮的一个最根本的因素。可是我觉得让她的分析变得更精彩的，是她不是一个结构决定论者，这跟前面提到的 Skocpol 不太一样，Skocpol 基本上否定了人格性的因素，所以思想、意识形态、宣传、心理因素等都没有对三大革命发生作用，Perry 却认为人的不同抉择会带来不同的结果。在同样一个环境之下，红枪会跟捻乱的性质就不一样，走私盐的捻众中，也有不同的选择和不同的下场，有的选择保家卫国，有的选择去做土匪，做叛徒。人的主观选择，带来了不同的结果。而在裴宜理看起来，所有这些抉择都是合理的。相对于人类学、社会学或文学理论，政治学对过去几十年中的历史研究影响不大，其中影响较大的就是所谓的"理性选择"（rational choice）的概念。裴宜理原来受政治学的训练，然后作历史研究。在她的分析中，淮北这些民众不管选择叛乱，选择去上海当佣、当长工，或是去走私盐，或是做别的选择，都是基于生存考量的一个合理性的选择。我觉得这也是一个相当精彩的诠释，这些人是有选择权力的，可以做 personal choice，因此结构和人的关系，不只是单纯的决定或制约性关系。

我们再回来看 Sewell，他书中的重点之一，是社会史与文化史、社会科学与历史学间的对话，这些对话中的核心课题即是结构与事件，他的书中处理了 Giddens 等很多人的相关理论。Sewell 强调历史学的特色是重视时间变化、事件和演变，但结构仍然是非常重要的。结构有各种各样的结构，有大结构，有小结构，有深层结构，有的是比较浅层的结构，可是不管什么样的结构，都可能跟人的主观行动产生互动作用，而且人的因素很可能到最后改变了整个结构。以布罗代尔为代表的年鉴学派原本很不重视事件，重视的是不变的因素，是非时间性的因素，但晚近的年鉴学派史学家也开始慢慢回到政治事件，Sewell 的看法可以与此相对照。看了 Sewell，我再回来看 Perry，更容易看出其中的共通之处。

周锡瑞关于义和团之乱起源的研究，在第一个层次，也是生态、结构式的分析，他受了 Skinner 中心/边陲和地理区划非常大的影响，进而把山东分成六个区，处理每个区的生态、人口等结构性的因素。其中的鲁西北、鲁西南同样是千年的盗贼渊薮。但在这些大的、长期的、结构性的因素外，他把科举制度及与之相关的儒家思想、教化等制度性、思想性的面向带进来，最后把民众文化的影响也一起纳入。义和团拳民在对抗外来势力的船坚炮利时，原来有的一些宗教信念和文化资源，变成他们抵御外侮的重要武器，拳民们从他们所熟悉的拳术、宗教信仰和戏曲等传统文化中找寻资源，来对抗西方的船坚炮利。各位如果稍微熟悉 E. P. Thompson 的研究，就不难看出其中的类似之处。E. P. Thompson 是英国著名的马克思主义史学家，但在他的名著《英国劳工阶级的形成》中，他却有一个非马克思主义的论证，就是这些下阶层的劳工，进入城市后渐渐发展出无产阶级的思想，但这些思想的出现，却不像原来马克思所说的，是意识形态受到经济条件的决定，而是受到原来乡村里面他们所熟悉的公平、正义、礼节等文化性因素的影响。葛兆光教授特别提到要将西方汉学放在他们自己的脉络中来考察，这是一个重要的洞见，我前面举的这些例子，都是试图将西方汉学放在西方复杂的学术、思想脉络中来检视，这样做的一个好处就是能不随便地跟着潮流走。我们知道他们在做什么，而他们背后又有多么广大的学术传统和流变。看了西方的理论，再回头看我了解的这些中国社会史的经典，特别觉得有所启发，对我们做的文化史研究，也有助于自我定位、反省，知道我们在做什么。我自己这几年的研究，文学性极强，而文学作品和创意、个人又不可分，如何面对结构、组织等课题，就成为我必须面对的挑战。

上面提到的这些美国中国社会史研究的经典都是做乡村的，但最近

一、二十年左右，开始慢慢有一批学者做中国的城市。David Strand 在
1989 年写了一本关于北京黄包车的，从社会史的观点去处理 1920 年代北
京下层的黄包车夫的生活，他虽然进入了城市，关心的仍是社会史的课题。
另一位各位可能比较熟悉的是王笛，写成都的街头文化。王笛的研究应该
同时有社会史跟文化史的视角，不过基本上处理的是比较民众性的东西。
卢汉超的"霓虹灯外"描述上海里巷居民的生活，我的另外一位老师李欧梵
研究上海摩登，研究十里扬场，声光色电，和上海的现代性，在处理的课题
上，和我们做士大夫的生活逸乐，倒比较接近，可以归入文化史的范畴。李
欧梵教授的书，让我们想到为什么在过去的研究里面没有城市，没有一个
像上海一样灿烂的物质文明。难道中国文明除了悲苦性的东西，压迫性的
东西，就没有一些辉煌的、让人比较快乐的东西吗？事实上，这些东西在艺
术、文学，在城市里面是有的，可是传统的研究都不处理。所以我看到李欧
梵教授研究上海摩登时，觉得非常兴奋。后来读到卢汉超，同样做上海，卢
汉超看的上海是完全不一样的，是讲里巷生活中间各种不堪的面目，怎么
去洗澡，去倒垃圾，倒粪便。这些民众许多是从各地移民到上海的下阶层
居民，他们在里巷中的生活，跟我们在十里扬场看到的现代化的上海，是完
全不同的两个世界，可是那也是上海。

　　关于 20 世纪中国城市史的研究，有一个取向，就是比较倾向社会史。在
另一方面，也有一批学者将焦点从现代转向传统。韩书瑞（Susan Naquin）
2000 年在加州柏克莱大学出版的 *Peking：Temples and City Life*，1400—
1900，是一本最有代表性的著作。她虽然以研究叛乱起家，但很早就注意到
文化生活的课题。在这本关于北京城市生活的巨著中，她同时结合了社会
史与文化史的取径，处理了城乡关系、明清断裂与延续，以及宗教在北京于
1600 后开始出现的强烈的城市认同中所扮演的角色等重要课题。我的同事
巫仁恕教授曾对此书写了一篇详细的介绍性文字（《明代研究通讯》第 6 期，
2003 年 12 月），值得一并参考。最近则有一些西方学者研究传统中国的城
市，梅尔清（Tobie Meyer-Fong）的扬州，是另一本深具创见的代表性著作，

她分析清初的士大夫如何借着重建平山堂、虹桥等历史景点来重建明末的士大夫文化,在选题和取径上,已有了极强的文化史倾向。

另外一位 Antonia Finnane 是澳洲的学者,她的书《说扬州》(*Speaking of Yangzhou*),也是写得非常好的一本关于扬州的研究。这个新的研究除了处理社会史学家会处理的一些问题,如移民、盐商、慈善活动、人际网络外,也开始处理一些较有文化史意味的课题,如妇女、消费、旅游、花园等。

所以综结而言,城市已经出现在新的研究视野中,而且除了现代上海、北京、成都,明清城市也受到重视。对现代城市,学者有完全不同的两个视野,一个是李欧梵的上海,一个是卢汉超的上海,一个是文化史视野下的上海,一个是社会史视野下的上海。我跟我的一些同事过去几年慢慢地转向明清,转向城市,中间有些人社会史的倾向比较强,也有人原来的训练是社会史经济史,但整体而言文化史的取向较强。可是做了几年之后我开始检讨,到底我们用文学性的资料或图像所建构出的明清的士大夫文化,代表性如何? 这些戏曲、园林、娱乐、妓女、宗教,到底跟中国城市的所谓真实面目有什么差别? 在不断的思考后,我觉得就像 Sewell 说的那样,我们也应该回来面对社会史的传统,譬如移民、网络、组织,其实都是城市里面相当重要的问题。这也是我们过去在使用文学性的数据,研究士大夫的文化时不太去处理的,可这些问题不管是在明清的城市,或是在现代的城市里面,都是无法忽视的。我最后关心的一个题目还是在各种结构,重重的组织和网络的限制之下,城市到底代表什么。我刚开始做城市,有一个很大的原因,就是要逃避各种组织的束缚。我们幻想在城市中可以找到更多的自由,更多的选择,这种感觉在我进入中国乡村的考察里面,格外强烈,所以我们会问是不是在城市里面有更多的空间,去对抗组织跟道德的压迫? Max Weber 也从不同的角度问过类似的问题,而这些主题是我们在处理乡村、处理聚落、处理民众时疏忽掉的。

可是一旦进入城乡差异这个课题,我们就要进一步追问:城乡的差异有多大?

城市里的生活方式和乡村有何不同？城市里，不管是传统的士大夫文化，还是现代上海，人们的生活品味如何不一样？他们的感官经验如何？是不是有更多的耳目之愉？城市是不是带来更多建筑上的可能性和更多建筑上的美学？但这些东西难道只有在城市里面有，乡村没有吗？乡村也有戏曲啊。乡村的老百姓就没有美感经验？没有他们的耳目之愉吗？我到宏村和徽州几个村落，最大的震撼，除了严密得令人窒息的紧密组织外，就是这些村落在建筑、景色上令人感动的美学经验，而这个美感经验是可以为一般村落民众共享的。

我现在越讲，把这个问题讲得越复杂。我们一方面想探讨城市生活中间的各种特殊的经验，想拿来跟乡村作对比，可是另外一方面，我们马上想到城乡的差距到底有多大？我们在城市中间看到的各种生活可能性，在乡村里面到底有多少？这个差异性的同义词就是连续性，中国的乡村跟中国的城市到底有多大的连续性？这也不是我现在才想到的问题，其实早在二、三十年前，已经过世的普林斯顿大学一位很有名的汉学家牟复礼（Frederick Mote），就已经问了同样的问题。特别是拿来跟欧洲、跟俄国重要的城市，像巴黎或者是莫斯科来比较，中国城乡的连续性立刻突显出来。在巴黎和莫斯科，城市跟乡村有极大的落差，进入城市就像是进入另外一个世界。但明清中国却是整合性相当高的社会。造成这种整合性的因素有很多，市场是很重要的因素。也有人认为儒家经典、科举制度乃至民众的葬礼，都是促成整合的要素。所以中国城乡的连续性，也是我们未来探讨里要问的一个问题。我当然认为明清中国的城市生活里有一些特殊动人的质素，我们透过张岱或《桃花扇》等文学作品看到的城市生活不可能是纯然虚构的。不过我觉得还是要把社会史处理的面向带进中国城市的研究中。透过社会史和文化史的路径，不但会对中国城市有不一样的看法，也许对中国的城镇，也会有不一样的看法。

我先简单地报告到这儿，我其实很愿意听各位的意见，作进一步的讨论。

提问与回答

周振鹤：

好，谢谢李孝悌研究员的精彩深刻的报告。我不知道前天在座诸位有没有听钟鸣旦先生的报告？如果听了，你就会感觉到这两个报告有截然的不同。钟鸣旦先生的报告好像就是在研究一个对象，他是在复原历史，他是在客观地在外头来复原历史。而李先生的报告就是把自己融入到研究里头去，他把自己的感情放到研究里头去。不知道大家注意到没有，我们在研究当中要注意关怀的对象，到底你要研究的东西是什么？选择什么东西作为你的关怀对象？一个很重要的东西就是研究方法，如何研究。这就是今天晚上我得到的很深刻的印象。我不知道大家感受怎么样。

里面提到很多人的著作，跟他对这些著作的观点和看法。这些著作有可讨论之处。比如说周锡瑞先生的书跟裴宜理的书，对捻乱有什么看法。比如淮北的地形，认为是千年的盗贼渊薮，那再倒推上去，可能到西周什么时候，这个阶段性因素使那个地方产生这个结果。但依我所学习的历史，我就觉得淮北这个地区只能推到千年，推到两千年就不行了。为什么？两千年的时候，淮北这个地方是好地方，农业真是立如锥，这个地方结构很好。

这些研究虽然有可讨论的东西，但是是启发我们的思维的东西。所以孔老夫子老早就教导我们不能学而不思，也不能思而不学，这两方面大家一定要注意。今天晚上李孝悌先生的报告给我们最大的启发，就是我们在学习的同时要更注意这个问题，这一点，我自己也是得到很大的启发。

后面他提到的乡村跟城市，到底中国的乡村跟城市是有那么大的区别吗？这是有意思的问题。一百年前，梁启超先生说过，西方国家是集市而成，中国的是集乡而成，这个说法是很有见地的，跟今天晚上李孝悌先生讲的东西有契合之处。所以李孝悌先生的题目是《从乡村到城市》，但我们听到的不是一个具体的研究个案，而是我们怎么样研究，如何关怀，我想这一点给大家启发很大，尤其我自己从中悟到很多东西。

我是属于 backward，往后看。李先生这个报告使我感觉他是 forward，往前看的。今天报告会给我带来很多东西，我不知道给大家怎么样启发？剩下的时间，我希望大家能够提出问题，可以把李先生本来想讲的东西，因为时间有限他不能讲得深透的，可以讲得更深透一些。现在把时间开放给大家。哪一位提问？

学生：

您刚才说乡村里存在的东西，可以从结构来解释，那么我想，如果他们的区别在于结构，那么这种结构的不同之处在哪里？

李孝悌：

我不知道我能不能回答你的这个问题。我来的时候，正在看一些明朝南京的数据，其中一两个对我特别有意义。明初的南京，基本上是照里甲制度来编户齐民，跟乡村社会的结构似乎没有太大的区别。到了16世纪初，商业的发展也许使得城市的结构变得非常不一样。城市的流动性增加，而这个发展可能也造成了原有结构的崩溃。

周先生是做地方行政的，也许等一下你可以来解释，这只是我大概的一个假设，就是在不同时期，社会的结构有不同的形态。结构主义或社会科学家，常常讲的是不会变化的结构，但历史学家重视时间的因素，重视流变，这也是 Sewell 不断强调的。变异当然可能受到很多因素的影响。他特别强调重大事件（event）对结构的影响。所以刚刚周先生讲裴宜理，也许就过于重视千年不变的结构，不知道变异性其实是在那个地方的。

以我熟悉的明代来说，明末为什么会变成一个相对开放的社会，商品经济的发展，是一个重要的因素，然后是思想的突破，几个因素加在一起，使得晚明的江南变成一个相对自由的社会。可是我在怀疑，是不是其他朝代的中国城市没有这样的现象。

学生：

您的回答让我产生另外一个问题，就我的想法，我觉得一般是这样的层次，国家、各级城市、乡村，您刚才提到城市有一些商业性的活动，商业性的结构会让城市的一些控制力崩溃。那么我想问，在这样的结构中，如果中间阶层松动了，怎么能够保证国家对于乡村的控制力加强？也就是您刚才说的："为什么说乡村有那么多的束缚力？"因为国家对乡村的控制，除了乡村地方的里甲制度这些来保证之外，也有很多是通过各级城市对乡村的管理。我的问题是这个。

李孝悌：

是。所以我就强调明初的经验，如果以明朝初年的控制来说，政府控制城市跟控制乡村是一样的。城市也有很多种，有的是行政城市，有的是军事城市，对行政军事性城市，说不定政府控制得更紧密。可是我老是觉得事情比我们想像的复杂，一方面控制很严密，可是城市还是提供了一些其他的可能性。这个还能怎么回答呢？这个也是我一直在思索的一些问题，你们觉得我还可以怎么回答这个问题？

周振鹤：

其实中国的城市跟外国的城市不大一样，城市只是一个治理中心，也有外国城市的一些基本形态，所以我赞同李先生。李先生刚才讲，在某些方面，中国的城市跟乡村是没有绝然的差别的，他就是一个县，他的统治地点所在，这个地方我们就叫做城市了。这里头聚集的一些人要有行政衙门，要有服务机构，还要聚集一些工商业者，有一些基本交易，政府就在这里。

城市的这种结构变化发生在唐宋时期。唐朝是发达的，长安是伟大的，是世界上有名的大都市，但是大家知道，就是长安还是实行了里坊制，这个坊制跟农村的里制没有基本的差异。唐朝要非常大的功臣,他家的门才能开后墙,否则的话都要从一个坊门进入。这个墙推倒是在宋朝的时候。到了晚明的时候,这种形态的变化就很厉害了。你看唐代那么伟大,坊墙一个一个地隔着,所以这是很奇怪的。一直到小的县城,县城的城墙周围,甚至这个县的范围里头,也是在整体的范围内。

最近我指导一个学生利用上海的道契去复原建立租界以前上海的这个地区如何变成城市。黄浦区这一块过去是乡村。这个乡村面貌我们怎么知道的呢?就是过去的县城里头有街道,外面的就是一些坟墓或者是一些农地,这些农地很快就变成城市了。但是在这以前,外面城郊跟城里都是统一的区划。

我过去的研究只到县为止,因为皇帝所任用的官员到县长为止。一个人的生命是有限的,我还希望能不能再延长一点,让我有时间来研究县以下里这方面的结构。但是现在初步的已经看到了,其实县里头,也跟县外在同一的架构里头。所以梁启超一百年前就说,中国是集乡而成,西方是集市而成,这是非常有道理的。也许他讲的时候没有知道这么深,但这就无形当中告诉我们一个道理,讲中西的差异,李先生已经讲过了,有些问题我也一直在想,为什么希腊出现几何学,中国就没有几何学?那是希腊科学的专利,我们所有的几何学都用数学问题来解决。这种情况双方一开始就有这样的差异,李先生刚才没有谈中西文化差异的问题,这里不再做延伸了。

李孝悌:

我也许可以换一个角度来问答这个问题。就是每一个朝代在他要控制城市的时候,有各种各样的制度,用行政组织跟税赋、徭役制度、里甲制度来控制人民。可是另外一方面,是不是在城市,确实提供了一个不同的空间?除了衙署、行政机关,城市里面还有更多的空间提供更多城市生活的可能性,园林是其中之一。去年我在芝加哥大学报告《桃花扇》,中文系出身的蔡九经教授(Judith Zeitlin)说:"我们文学一向都是处理娱乐的,你从历史的角度来看,会有什么不一样吗?"其后我到了哈佛去报告大报恩寺,从张岱等人的叙述开始,评论人梅尔清教授也特别提醒"历史中的城市"和"感情记忆中的城市"间的差别、关系。我同意文学中有许多感情的成份,可是为什么在这么多的文学作品中,很少看到像我研究的《桃花扇》或是余怀那样,对于明末南京寄予这么多的感情? 这个感情是完全虚构出来的东西吗? 还是因为他们描写的城市确实曾经如此灿烂,让人感动。在城市大的宅第里面,在园林中,在士大夫还是官员的宅第里面,提供了许多的独立的空间。我在研究清初的王士祯时,就特别强调公私两面。王士祯在清初的扬州是以"吏治"闻名,白天批公文,数量庞大,让下面的书吏写的手都受伤。可是到了晚间,在他的宅第里,他却大宴宾客,诗酒酬酢,呈现两种完全不同的生活方式。我们要问:这样的作品背后是不是有一些实质的创作的基础在里面? 园林、宅第、士大夫的欢乐场所,是不是城市跟乡村生活中一个极大的不同之处? 18 世纪是一个控制非常紧密的时代,是一个专制皇权达到高峰的时代,可是透过袁枚在随园的生活,透过戏曲情歌等资料,我其实看到另外一个不同的世界,而我猜这个世界不完全是杜撰出来的,我们是用不同的文学或是不同的资料再现另外一种真实。这个真实可能是非常复杂的,传统的社会史家用的是某些资料,问的是某些问题,再现了某一种社会事实,但却并非全貌。社会史家认为他们处理到最核心的真实,所谓"真正的真实",他们处理的是像科学律则一样的重大课题,是人民的经济社会,是"硬"的真实生活,是现实的存在。这样的认知,当然有一定的基础在,可是是不是还有其他的面向,在这样的视野中被忽略了? 透过不同的资料问不同的问题,我们就会看到不同的事实。

学生:

李老师,您的这个讲座里面提到很多 personal experience,您自己碰到的一些事情,一方面对您的研究估计会发生比较大的影响,二方面对您来说可以从一个 outsider 变成一个 insider 的这种感觉。可是我要继续问的问题就是说,这样一个 personal experience 在你们这个研究过程里面要走多远? 走多远的程度是说,在你刚刚提到的把另外一个真实变成现实而已,还是用你的 personal experience 去建构一个更宏大的什么?

李孝悌:

　　我做了几年的实证研究,然后开始对理论发生兴趣。Sewell 这本书对我是很大的一个启发,因为他把各种理论和主要的研究,做了深入浅出的介绍摘要。我前两天读到 Keith Baker 另外一篇文章,回顾文化史的发展已经繁复到什么程度,以及为何会发展出如此繁复的面貌。其中有几个原因,除了"建构"这个议题外,跟史学家越来越多也有关。在英国一地研究英国的史学家就成千上万,可以做的课题都已经做完了,新的史学家做什么? 这是一个很现实的原因。个人的回忆和生活经验因此成为研究的课题。回忆是西方史学界非常流行的一个题目,这个流行跟纳粹大屠杀的经验其实有很大的关系。看起来非常激进的或是非常前卫的文化史研究,其实跟个人或一群人的经验有关。另外像消费社会,也是从西方开始流行的,其实和研究者自己生活在一个消费社会里面有极大的关系。一个人生活在巴黎或伦敦,跟我们生活在物质匮乏的社会中的经验是很不一样的,他们会研究城市生活跟个人的经验很有关系。其他像品味的问题,穿着的问题,时装的问题,是我们现代人生活中切实存在的现象,也就成了研究的课题。Baker 又提到,现在流行做身体的历史,也有非常现代的因素,第一是艾滋病,让大家对身体非常重视,第二是现代世界是一个充满了感官欲望的世界,对 desire 非常重视。所以历史课题越变越多,有一些是根据个人的经验衍生出来,这也让文化史这个领域不断扩展出去,变得更难以掌控。

学生：

李教授，我不是学历史的学生，我今天晚上来听您讲从乡村到城市，尤其是您从文化的角度来看这些问题，那么我想，从我们谈的这个 topic 抽身出来，我们做这一块的研究，我们的目的是什么？

李孝悌：

这个问题问得很好。我为什么读了 Sewell 的书觉得非常兴奋，就是因为他一部分处理了史学跟社会科学，乃至自然科学的问题，让我们对历史学的特质或意义有更多的了解。历史学家其实充满了自卑感，不知自己到底在做什么，历史研究到底有什么意义。我从大学时代就开始不断地问，每天问，我干嘛要做这些研究？问了十几年，后来不问了。我有一个同事，跑来跟我诉苦，他说自己有很大的中年危机，不知道在做什么东西。我就安慰他，讲我自己的经验。另一方面，台湾的政治历程也给了我很大启发。台湾现在争执最大的，是身份认同问题，历史教科书的书写和历史记忆一下子变成大家都关注的问题。一个"二·二八事件"，就可以造成社会的分裂，其中当然有客观的基础，但也有很大一个程度是政客的煽动。这个时候，我们就知道历史事件和历史诠释会对社会发生多么强烈的影响。Sewell 在他的书中，特别强调事件的重要性，一个重大事件很可能完全改变了原有的社会结构和历史发展。二·二八就是一个很好的例子。

学生：

我想表达的是说，我们有很多的学者在研究 point，但是当我们把这些 point 联系起来以后，可能会找到一个 system，或者说我们会能够有机会去建构一个什么东西。您刚才几次说到构建，有机会我们可能会构建起一种，至少我们可以去借鉴和参考。

李孝悌：

我倒不觉得一定是借鉴，但至少可以帮助我们了解。马克思说哲学已经解释了历史，现在的问题是要改变历史。但我不认为我们的知识一定能够或必须做到这个地步，我在台湾一度卷入历史教科书跟历史认同的建构的争端中，但我后来觉得没有能力改变什么。历史发展往往有大的趋势、大的结构。台湾的选举就是很好的例子，选民的结构往往影响了选举的结果。我在呼吁，我的同事也在呼吁，我们不要政治人物来操控我们的历史书写，我们要有历史学家的观点和诠释，要有更专业的看法。但后来发现这些呼声没有太大的影响力。不过换个角度看，我们倒不一定每个人都要改变历史，我们的责任可能更在于如何诠释历史，重新发掘传统、文明或文化，我们学的这些知识，不管是历史，是社会科学，还是人文科学，至少可以帮我们了解社会的脉动，知道我们到底陷于一个什么样的情况。

学生：

或者说我们现在是在一个 rhythm 中国，至少让我们可以了解，我们可能借鉴以前所发生过的一切，像刚才您说到的，之前的很多学者，他们通过研究历史，他们会发现一个规律，是吗？

李孝悌：

是。

学生：

我们再回到今天的这个 topic，从乡村到城市，我们之前谈了很多是历史学的，各个朝代的乡村，和他们这些朝代的城市之间的演变、区别，那么我们有没有机会做到今天的现实社会。今天在中国，在大陆、在台湾，他们的乡村是怎么样的状况？乡村和城市之间还是存在着巨大的差别，乡村希望进入到城市，但是却有很大的阻碍。这些问题有没有可能说通过研究历史有一些通感的方式以后借鉴到现代生活。

李孝悌：

我觉得至少可以了解，譬如我刚刚举的 Perry 讲的移民，我去了汪口村，看了乡村民众大量外流，立刻就想到明清时的城乡问题，想到清末的上海的移民，想到我在上海看到的移民。很多现象和问题其实是不断存在的，我简单地回答您的这个问题。

学生：

我想问一个问题，刚才您讲到市场理论，因为市场理论跟地理分区理论在社会史研究中国问题的时候是很重要的一个理论。Skinner 认为，中国的城市和市场构建有一个特点，就是大体上是一个镇结成一个市场。我的问题是一个更大程度整和的问题，我想问的就是，这个效率有多大？因为刚才您提到中国的乡村跟城市，在现代化之前的中国是一直很有延续性的。还有一个就是中国的乡村与城市之间的断裂大概是在什么时候？因为我想，如果中国的乡村跟城市之间具有很强的连续性的话，那么就不会出现，像民国期间，或许从清末开始，出现的文化水平非常低下，以至于整个国家很难形成一个统一体的情况。所以我就想问一下，这个连续性与断裂的问题。

第二个问题是跟李老师的明清南京研究有关的。我想问的是，在您的明清南京的研究中间，因为社会史有一个做法就是对小切面还有小细节的研究特别的注重，那么像他刚才问的那个问题，我觉得是很可以理解的。因为社会史的东西我读过以后的感觉就是，它是提供了很多的真实或者说可能性，但是它很难把握一个整体，或者是一个宏观性的历史事实。那么我想问李老师的一个问题是，您在做明清南京的研究中间，是否把南京这个城市放在全国政治中间的一个位置去考虑？因为我觉得中国的城市有一个很大的特点，它跟欧洲的城市不一样，刚刚两位老师都讲到欧洲的城市，是纯商业性的,也就是说是各种经济交易而建立起来的一个市场,然后由商人组织成城市。但是中国的城市大多数是有很强的寄生性的超大规模的都市,根本就是行政城市。那么这个行政城市将会有很大的问题,即使是南京也有很强的商业性,或者是像罗·威廉写的汉口,或说像清初扬州。这种商业性或是娱乐性很强的消费城市,如果在整个中国这个帝国政治中间没有很重要的位置的话,我觉得他的商业性的发展也很困难。这就是我的问题。

李孝悌:

这几个问题其实都蛮复杂。Skinner 认为市场是六边形、分成三个等级。另外,Skinner 还有一个很重要的理论,就是中心跟边陲,周锡瑞和做浙江的 Keith Schoppa 等人用了这些概念,做了相当细致的分析。回到你关于城市的连续跟断裂的问题,Schoppa 用中心跟边陲的观念来区分浙江的现代化,先用中心边陲来区划浙江不同的区域,然后在中心区分出中心跟边陲,边陲区也有中心跟边陲,金华可能算是中心中的中心,这样较细微的区块画分,显然有助于我们讨论断裂与延续的问题。多数学者强调中国明清的整合性,但对如何达到这种整合,则有不同的看法,Skinner 借着市场理论与区间贸易,谈中国的整合。人类学家 James Watson 则特别注意到差异性,因为各地的语言差异太大,过了长江,可能就如入敌国。所以他提出死亡仪式的答案。中国太大了,我们当然要注意差异性的问题,同时也要注意到连续性的问题。这两个面向都要注意到,看你是在什么脉络去讲中国的连续跟差异。当然社会史有可能像人类学家做民族志那样做的非常小,研究一个村落一个村落。可是社会史也可能做的非常大,可能从一个小的 case,切入到一个大的问题。其实我举了好几个例子,像 Charles Tilly,像孔飞力,像杜赞奇,他们都试图从小的 case 出发,进而处理一些重大的课题。这其实牵扯到个人,看你要怎么做,你可以做得非常小,不管是做社会史还是做文化史。以美国政治史为例,分工太细,已经细到可以说是支离破碎的程度。所以,每一个学科都可能做得非常细,就要看个人的能力或是气魄，你也可能把大的或是结构性的因素给抓出来，去问那些大的问题，所有的学科研究都有可能。

学生：

李老师刚才讲了一下明清的南京，园林、士大夫还有娱乐，还有美感，但是历史学讲究的是一种特性的问题。我就想问一下李老师，您有没有考查过是在什么样的一个情境下，在什么样的一个时空，什么样地点，或是说在什么样的社会背景下，会产生这样的一个南京呢？

李孝悌：

还是回到这次演讲开始提的一些问题，我一直在讲理论，我觉得是有意义的。如果先从文学文本去看明清的南京，我们可能觉得非常特殊。可是再回去仔细想想，难道只有明末的南京有那份欢乐，那样的颓废吗？南京其实一直是颓废之都呀。再回到一个结构性的因素。文学强调个人性，强调创意，但文章也有格套、传统或结构的一面，像余怀的主题，后来有许多东施效颦之作，但没有一个人写得像余怀那么好。也有不少以明末南京为主题的戏剧作品，但《桃花扇》依然是最好的，充满着个人的创意和独特性。我们处理欢愉跟士大夫的文化，老是被人家问，你们做的这些问题我们宋代也有了，我们唐代也有了，明清的差异性到底在哪里？被问多了，我们就必须试图解释这个差异性的问题。差异性是我们必须要面对的课题，可是我今天还是愿意提出一个不同的看法，想提出这个结构性的课题，即使在文学创作里，还是有一些格套性的东西。对这一点，Swell 也说得很清楚，他用了"文化图式"（cultural schema）一辞。不光是科学家在处理结构，社会科学家在处理结构，社会史家在处理结构，我们做文化史的，难道没有看到一些经常不断出现的主题性的东西吗？我的同事石守谦先生，原来是台北故宫的院长，最近回到史语所，就在处理艺术作品里的主题的问题。另外再举一个例子，我最近突然开始对水浒感兴趣，开始接触到各种类型的水浒故事,从连续剧到昆曲,到京剧,到评弹,慢慢体会到这个故事是中国传统中多么重要的,反复出现的主题。所以不论是文学作品或艺术创作,常常有一个主题、主旋律或原型,然后有各种不断的形式和发展,每个发展和变奏都不一样。这就回到了我刚才在讲的理论的问题,就是 Geertz 讲的,其实在文化里面都可能有一些像基因一样的 DNA,在每一个文化里面可能都已经输入了一些程序。这些基本的程序一旦建立,往往就在这个文化里不断的衍生,用各种各样的形式衍生。我们一方面看到不同的创作,注意到个性、创意,可是另外一方面,我们也应该留意在个别的作品之外,可能是有一个母题在里面。我不知道这样能否回答你的问题。

周振鹤:

由于时间的关系不能再研讨下去,我们如果再研讨下去可能还会有很多问题会来问他。这个学问之道其实是很多人注意到的事情,甚至连外国传教士来传到中国都会谈到这个问题。19 世纪连李提摩太都提到做学问有纵横博专的问题,纵就是历史上的比较,横就是中外的比较,还有一般性的讨论跟专业性的研究。这次文史讲堂可能这些方面都有了。刚才有些问题,李先生回答得很客观。李先生是搞明代的,研究的明代的东西,唐代也有,宋代也有。表面上看是这样的,如果再仔细研究,就不一定了。比如唐人、宋人也都有游记的东西,但是只能写游记小品,比如柳宗元的《小石潭记》《钴鉧潭记》,但是不可能有明代的《徐霞客游记》。到了《徐霞客游记》,中国的地理学就从历史学的捆绑下解放出来了,这就是不一样了。所以有相似的地方还是有不一样的地方。做学问之道很深,但是我补充李先生讲几点,第一是关怀对象,我刚才说了我自己的体会,第二是研究方法,第三就是解释思路。

好,我们再次感谢李先生给我们做的精彩讲座。

异文化间相互思想理解的可能性

主讲人:末木文美士(Sueki Fumihiko)

主持人:吴晓明

末木文美士

　　东京大学文学博士、东京大学文学部教授。研究方向为日本佛教史与东亚思想史。著作有《日本佛教史》、《日本佛教思想史论考》、《平安初期佛教思想研究》、《读〈碧岩录〉》、《明治思想家论》、《近代日本与佛教》、《日本宗教史》、《佛教 vs. 伦理》等。

吴晓明 ｜ 复旦大学哲学学院院长，教授。研究领域为马克思主义哲学史、科学技术哲学等。

吴晓明：

各位老师、各位同学，我受复旦大学文史研究院葛兆光院长的委托，主持今天晚上复旦文史讲堂的演讲。今天晚上复旦文史讲堂的主讲人，是东京大学的末木文美士教授，他今天讲的题目是《异文化间相互思想理解的可能性》。

我首先代表复旦大学文史讲堂，对末木文美士教授的到来，表示热烈的欢迎！他来参加复旦大学文史研究院的成立典礼，同时今天晚上来做这样一次演讲。今天晚上的安排，大概末木文美士教授讲一个半小时左右，包括翻译的时间，同时留下大概半个小时左右的时间，我们可以提出问题。今天担任翻译的是广岛大学的文学博士、复旦大学历史学系的教授张翔。现在我们就请末木文美士教授演讲，我们表示欢迎！

末木文美士：

谢谢吴先生！同学们，大家好，我祝贺复旦大学文史研究院的成立！葛院长是我的老朋友，他的思想史的看法对我有很大的影响。我的专业是日本佛教史和中日佛教的关系，今天我举中日佛教的关系的例子，谈谈异文化间相互思想理解的困难和可能性。对不起，我的中国话能力很低，所以我得用日语谈一谈,请张翔先生给我当翻译。

末本文美士（张翔翻译）：

关于思想史或者说广义的文化研究,应该意识到自己的文化和其他的文化有区别,作为研究方法而言这需要非常大的勇气。真理是一个普遍的东西,实际上它是不以研究者的角度或立场为转移的,这个想法应该说是普遍存在的。如果从这个立场来说的话,无论谁研究,真理终究是真理,无论是自己的文化也好,或者他文化也好,这些方面的事情,跟真理毫无关系。对此,葛兆光院长采取自文化和他文化,或者自己和他者进行区别的立场。这个问题,我在东京大学曾经举办过的一个讨论会上,也跟葛院长做过这方面的交流,我对葛院长的立场表示赞成。在自然科学中间,到了20世纪的时候,量子物理学开始出现,真理跟研究者的存在毫无关系,这样的想法现在开始转变。何况是对人类文化的研究而言,完全的客观的普遍真理不可能存在,而且,脱离了研究主题的研究也无法成立。离开了认识自己,也无法理解他人;离开了理解他人,也无法认识自己。在研究自己的文化的时候,同时也必然遇到如何看待其他文化的问题。另外一方面而言,在研究他文化的时候,像日本的中国研究,或者在中国的日本研究,也是说对自己的文化必须要有一个充分的认识,如果没有这样的认识的话,也无法成立。

上面所讲到的是一个文化相互间的差别或者差异,但这同时还有一个时代方面的差异。人是生存在一个空间和时间的场里面,无法免除时代的局限。我们在21世纪最初的十年间,是生存在这里,但是在19世纪、20世纪,西方的科学技术得到了非常快速的发展,在作为普遍真理向世界扩散的同时,帝国主义殖民主义开始产生出来,亚洲是它的一个被害者。在中间最快地吸收了西方文化,而且达成了现代化成功的日本,是站在了一个侵略者的立场上面,同时日本侵略者的立场跟被侵略的中国、韩国形成了一种对立的历史。对这样一个过去的历史,如果没有一个正确认识的话,今天的亚洲研究也就无法成立,对亚洲人的历史研究也就无法成立。关于这样一个思想文化的研究,我们置身于现在的场合里边,对自文化和他文化、自我和他者的认识有深刻密切的联系。在这个时候形成一个很大的问题是,这样的一个研究态度不能把自文化和他文化对立起来,陷入到一个狭隘的本民族中心主义或自己文化中心主义,这是一个很重要的问题。对此,文化的区别并不是一个永恒不变的东西,也没有必要去进行一个绝对化的理解,这个问题已经广泛地被指出。具体而言,实际上,民族、国家和文化并不是一个确定的东西,用什么样的立场和角度进行研究,这跟我们现在置身于什么样的位置,而且从那里开始,想建成一个什么样的主体等问题有一个密切的联系。因此,不应该陷入到一个非常狭隘的民族主义,而是通过充分意识到他文化是个"他者",做一个明确的认识,同时也是尊重他文化,这样对自己的文化进行一个重新的审视,这是一个非常重要的方法上的问题。

　　以上是一个相对而言非常抽象的文化研究的方法论的简单介绍。下面想具体地举一些例子来对这些问题进行讨论。在中国人民大学,从2004年开始每隔两年,佛教与宗教学理论研究所召开一次中日两国佛教会议。2004年的第一次会议的主题是"本觉思想"。本觉思想在今天的中国、在日本的佛教研究中也成为了非常大的话题。在这个会议上进行了非常活泼热烈的讨论。所谓的"本觉"是来自于《大乘起信论》这本书中的。就是说我们每个人都有一种觉悟,觉悟这个词实际在印度文献里没有。在印度文献里对能够开启悟性或觉悟的可能性,称为"如来藏",或者说是"佛性"。"佛性"的概念在中国的佛教里面是非常受到重视的。"本觉"实际上是"佛性"和"如来藏"概念的发展,它的特征是非常强调悟的本来性。

　　"本觉"特别是在中国的华严宗里受到重视,是作为一个中心概念在使用。中国的华严宗在中国唐朝的中期以后,强调人心的绝对性,从这个心开始,从这个心出发,世界才开始展开。为了明确地说明心的绝对性,"本觉"这个词开始经常使用,因此中国的学者在称呼"本觉"思想时,多数是会在他的头脑里想起《大乘起信论》所展开的一个华严的思想。像这样一种把"心"作为世界的根源性的原理的华严思想,后来对儒教思想根源性的探寻带来了很大的影响。在宋明理学里面,"理"和"太极"概念的形成也是受华严本觉思想的影响,因此中国的学者对华严思想里面的"心"和"本觉"的概念非常关注,也是理所当然的。

实际上,在日本,"本觉"一词自古就有,但是"本觉思想"这个词是在近代才在日本学者中开始使用的,是一个新的概念。广泛地使用"本觉思想"这个词,是在 1970 年代以后开始的,我的指导教授田村芳朗开始使用,由于田村教授的影响力,在日本开始广泛地使用本觉思想一词。本觉思想一词实际上是来自于《大乘起信论》,跟中国华严学里非常重视的这个本觉思想并不是没有关系的,但是他们之间有一些意义上的差别与不同。就佛教而言,作为一个出世的宗教,本身是对俗世的,人间的,或是现象世界的存在,采用否定的态度,但是,在这里实际上对现象世界是一个绝对的进行肯定,进一步强调没有必要进行修行。也就是说,佛教是对俗世进行否定,但本觉思想对现实世界是肯定的。基于这样的思想,比如就地狱而言,它本身是完整的,因此没有必要从地狱中解脱出来。同时比如动物也不单单是动物,宠物也是现实状态的宠物,也是一种完全的状态,是体现一种沉浮的状态,在日本中世的天台宗里边,开始发展这样一种思想。如果有限定地说的话,他实际上是一种天台本觉思想,但是实际上,不限于天台宗,在其他宗里边也有这样的本觉思想,所以我们不叫它是天台,直接就称它为本觉思想。

本觉思想提倡对现实没有必要进行人为的改变,自然的放开就可以了。这样的一种本觉思想是与中国老庄的自然思想非常相似。但是无为自然还是经历一种脱离人为的这样一个过程,在本觉思想里面,并不认为这样的过程是必要的。在中国最为接近的思想实际上是无事禅。无事禅是把马祖的平常心是道思想推向极端化,日常生活本身就成为一种悟,坐禅和修行他认为没有必要,是彻底的主体实践的方式。与此相对,日本的本觉思想并不仅仅限于人类的实践,还包括地狱的存在和草木之物,甚至人类以外的存在，实际上包括了整个宇宙。

　　这样一种本觉思想为什么能够得到日本学者的关注呢？不单单在佛教，在整个日本中世，日本文化全体都是受到它很大的影响，中世日本文化对万物原来的状态进行欣赏。我们看到美丽的花在开放，我们觉得非常的喜悦，但是花会马上凋谢，如果凋谢就不能作为一种鉴赏或欣赏的对象。但是在中世的日本思想和文学中间，花在绽放的时候或开始凋谢的无常过程中间，还是能够发现一种美。也就是说，花在开放的时候是一种鉴赏对象，同时在凋谢的时候也能发现它的一种美。这样的想法也波及到能、茶道、花道的美学。这样一种美学的想法，实际上跟本觉思想是同样性质的东西，可以说是本觉思想影响的结果。这样的一种美学不单单在日本中世，实际上一直到现在，都被称为是日本文化的一种特征。

　　我们在说日本文化特征的时候，如果非常轻率地提这样的一个说法是非常危险的，对这个问题我们以后将作一个考察。日本学者所关注的本觉思想跟中国学者所关注的本觉思想之间有一个细微的差异，对这一点我们必须要注意。为了认识上的方便，我把以日本本觉思想为中心的对现状绝对化形态化的本觉思想称之为本觉思想 A，与此相对的，把本觉作为原理进行绝对化的这样的本觉思想称之为本觉思想 B。也就是说，日本的本觉思想是以 A 为中心，中国的本觉思想是以 B 为中心的。在日本的本觉思想中也包含着本觉思想 B 的要素，两者实际上有密切的联系。问题比较复杂，但从大的倾向而言，可以做这样的一个 A 和 B 的区分。因此在日本，如果说到本觉思想，通常是会想起本觉思想 A，在中国，如果说起本觉思想的话，会想起本觉思想 B。在学者的讨论中，本觉思想的概念未必是相同的东西。如果没有很清楚地界定时进行讨论的话，双方会发生一个议论上的错位，对此应当加以注意。

　　本觉思想的问题在日本学者中间引起非常大的讨论，是在 1980 年代的后半，那个时候掀起了一个批判佛教的运动，这个运动是以本觉思想作为了批判的对象。批判佛教是以日本佛教研究者袴谷宪昭和松本史朗这两位为中心而展开的。这个问题在美国的学者中间也开展了讨论,相关的论文编成了一本英文书被出版,题为 *Pruning the Bodhi*,中文版书名为《修剪菩提树:"批判佛教"的风暴》,这个问题开始国际化,变成了国际上大家共同关注的问题。在这个中间我也写了一篇论文,批判佛教一方面批判日本的本觉思想对不必修行这样一种现状的肯定,同时也批判从印度以来的所谓的佛性和如来藏思想本身违背了佛教的无我论。这种批判不单单包含了本觉思想 A 也包含了本觉思想 B,这样的批判使这个问题成了非常广泛的问题。2004 年中日佛教学会的会议,批判佛教的一个主导者松本史朗也参加了,跟中国方面的学者展开了激烈的讨论。这实际上是从日本开始讨论而引起国际关注的一个例子,关于本觉思想理解的差异开始表面化,在国际化中,新的问题开始出现。本觉思想起源于《大乘起信论》,以此为中心的如来藏观念,是承认它还是否认它? 在 20 世纪的前半在中国也引起了非常大的争论,这场争论对今天的中国和中国台湾的佛教也产生了很大的影响。批判佛教运动实际上并不知道在中国 20 世纪前半有过这样的讨论,又重新进行这方面的讨论,虽然中日在文化上有差异,但同样的问题在 20 世纪前半叶和在 20 世纪 70 年代开始竟然进行着同样的讨论。这个问题是作为东亚的佛教的近代化这个问题的一部分,占据了很重要的位置。这个问题引起国际关注以后,虽然是一个文化中间非常特殊的现象,实际上它和更为普遍的问题是有关联的。一方面要注意到相互理解这样的一个差异或错位,同时也需要有一种广阔的国际视野,这对我们的研究非常重要。

　　这样一种文化差异或错位的问题意识,绝不是一个新的问题,而是在文化交流开始以来,一直是沿续到今天的一个问题。作为一个例子,我们对天台宗在中国和日本的议论开始进行一番考察。天台宗实际上是由最澄和尚,在 8 世纪末的时候带到日本的。但是在日本天台教义刚刚开始的时候,对天台教义有一些不清楚的地方,日本的天台宗的僧者写了疑问,送到中国的天台僧侣那边,寻求解答。在中日之间有关天台宗的教义方面的问答形成了一本书,被命名为《唐决》。仔细地看,在《唐决》中,日本学者提了哪些问题？中国学者做了哪些回答？体现什么样的观点？通过考察我们可以知道，这中间很细的很琐碎的问题特别多，但在这里面也包含了非常意义深长的问题。

其中的一个问题就是所谓的无情（非情）成佛问题。在佛教里面，只有有心的存在，才称之为有情，它承认成佛的可能性。同时有情是轮回的，是各自在进行变化，具有变化的可能性的。动物是有情的，毫无疑问，必然带有佛性，但是植物和矿物没有成佛的可能，在植物和矿物的世界里，一个人能够通过轮回变成其他动物与动物完全不同的这样一个领域，因此在有情以外的世界，根本不存在所谓成佛的问题。但是，在中国经常提到非情成佛的问题，虽然是有不同的说法，主要是说依据佛教世界的唯心说，外面的世界实际是由心制造出来的一个东西，这个心如果是成佛的话，实际上也就是说由佛所创造实现，跟佛都成为一体化。因此所谓的非情成佛，主要是主体有情，所谓的非情成佛是复式的问题。

在讨论中间，日本方面提出所谓的非情成佛问题求教于中国方面。在日本方面而言，非情是不是也能发心修行成佛？从佛教理论来看是个非常奇怪的问题。在中国的天台并没有理解这样的问题，也就是说所谓的有情，就是具备"心"的动物或人，他发心成佛才是可能的。有情实际上就是有心，前提是有心，才可能发心然后成佛。但是，比如说植物发心修行成佛，具体是指什么样的问题？这个实际上是很难理解的。因此对佛教而言，实际上这是不存在的问题。

实际上，被询问的中国天台宗僧侣也是做了这样的回答。对于中国方面的回答，日本方面感到没有办法认同。这个里面有个叫安然的僧人，在《斟定草木成佛私记》那本书里，对中国方面的回答进行了批判。在这本书里面，延续了《唐决》中有关这个问题日本方面的疑问，批判中国的答复，也就是说，一根一根的草和木，它们各自可以发心修行成佛。在安然看来，有情的动物和非情的草木，实际上是没有本质的区别。因此有情可以发心成佛，那么草木也是可以发心修行成佛的。至于草木如何发心修行成佛的，具体的是指什么呢？安然刚进入这个问题就中断了，所以，这个问题最后没有完成，安然也没有显示他整个的解决方案。安然在其它的著作中，对这个问题从密教的立场进行详尽的解释，但是未必成功。关于这个问题，日本是很固执地坚持，每一根草或是每一棵树，都是可以发心修行成佛的，对中国方面的答复不能认同。在中国方面而言，本身这个问题产生出来就是无法理解的，所以很冷淡地处理这个问题。大概是从中国方面而言，日本方面产生这样的误解，实际上是根本不了解佛教的基础理论，所以没有必要进行全面的或者正式的回答。

　　为什么日本方面会那么固执地坚持这样一种非常奇怪的立场？没有一个很确切的理由。但是如果我做一个推测的话，也就是说，在日本把植物跟动物进行区别，这个想法是非常弱的，在日本的书籍里面，依据天的、神的秩序开始实施以前，日本的状态是草木各自言语，就是草木都在说话的意思，也就是有泛灵论这样一种说法，也就是说，一切自然物都是受到同样的对待，特别是草木，是受到特别的关注的。安然以草木成佛非常明确地提出了这个观点。这个观点在中国，通常叫做"无情成佛"或"非情成佛"。这样的说法实际上与安然的"草木成佛"是有区别的，虽然看上去好像表面是很相似的。在中国"非情"实际上包含矿物等无机物质，因此作为非情的代表不是草木，土石瓦砾都可以说是非情的代表。在日本，有这样一种俗语："草木，国土。"草木，国家的土地。也就是说草木中包含了国土这样的意味，国土本身实际上是由草木来代表的。但是，在他们那个时候没有解决草木成佛的问题，到12世纪的时候，开始有了一个解决，有一本书，作者是谁不是很明确的，叫做《草木发心修行成佛记》。根据这本书，草木的发芽、成长、衰弱、枯萎，本身表示的就是发心、修行、菩提、涅槃四个状态。也就是说草木并没有必要进行佛道的修行，它的自然的状态，本来的状态，就是草木的成佛。在其他文献中间，有一本《三十四个事书》。在这本书里面，草木没有必要成佛，草木原来的状态本身就可以了。这样一种自然观，实际上是对日本中世的能、茶道、花道，所谓日本式的文化形成了很大的影响。

这样一种想法实际上跟上面所说的日本的本觉思想相近,在这中间自然的原来状态受到尊重,而人为的活动是被给予一种否定的评价。虽然这个好像比较接近老庄的思想,但是,老庄的思想实际上就人的主体生存方式而言,承认人为的活动,是一种作为主体的生存方式而存在的。那么本觉思想 A 呢,实际上是放弃了一切主体的努力的草木的存在方式,这本身就是一种理想。

丸山真男在研究日本思想的过程中间,发现有一个"不变的古层"或"执拗的低音",跟"创造"或"作为"是相反的一个词。也就是说,丸山真男在日本的研究当中,发现了日本文化不变的要素,这个要素就是"成为",把这个跟其他文化创造、跟作为进行了区分,实际上是放弃一切人为的努力、放任现状这样一种态度。丸山真男是想通过一个负责任的个人主体性来改造社会,在这个过程中间来发现近代社会的一些特征。他的成名作是《日本政治思想史研究》,在这本书里他指出,在日本前近代社会里,也存在这样一种人为地创造社会的想法。实际上日本的法西斯,是谁都不承担责任的,放任现状是一个无责任的体制,他认为只有否定这种无责任的体制,才能够找到在第二次世界大战以后日本的一个新出路。但是丸山真男的努力未必成功,晚年的他好像是放弃了这样一种希望。也就是说,日本思想当中的"古层"的想法要变成"作为"的想法,实际上是非常困难的,所以他陷入一种非常悲观的状态里面。

那么,把某一种文化的特征,用非常短的语言、词汇来明确地指出来,以此跟其它文化进行对照的话,理解这个文化的过程实际上是非常方便的。日本的文化、日本的思想,丸山真男是想给它赋予"成为"这样一种特征,或者说以本觉思想 A 作为日本的思想来进行讨论的。这只是在一般地讨论,是大家比较喜欢的一种做法,而且它本身也不能说一定是错误的。

刚刚说到的,并不是说用很短的语言或者说是词汇来表征一种文化的说法是完全错误的,但是,以这样的方式来对这个文化或者民族的全体赋予某种特征,可能陷入到文化与民族性决定论里面。比如说皇帝制度,是到清朝为止的中国的一种传统,谁都不可能否定,对中国文化而言,皇帝制度是必不可少的,但在辛亥革命的时候,皇帝制度彻底崩溃了。那么,包含的制度、文化的事实,实际上是一种变化的东西,很武断地来确定它的特征,这是不可能的。在这个长期的历史中间,完全不改变的、今后也不会改变的东西,实际上是没有的。本来,一个民族和文化,在时代中间是改变的。在中国,不单单有汉民族,也有少数民族,少数民族是怎样地跟整个的文化发生关系的? 如果全面来看的话,文化性质也会不同。也就是说,汉民族所关联的这种文化,跟少数民族所关联的这种文化,文化性质会发生很大的差异。在日本文化的这个方面,它的文化原来大部分是从大陆所获得的,就民族而言,也是一个混血的民族,所谓的日本民族这样一个单一的民族,实际上是不存在的。具体而言,怎样来进行思想史跟文化史的研究,不应该是一个很概括地很笼统地来看整体特征,实际上还是要探讨在各自不同的空间,跟什么样的各种思想进行关联? 它有一种怎么样的内在的机构? 而且,它有什么样的变化? 要进行一个动态的考察。也就是说,像中国的皇帝制度,是代表一种"革命"思想——这里面说的革命思想是指改朝换代的这样一个传统的革命思想的说法——那么,日本的天皇实际上是没有这样一种革命思想,它是由一个家系继承下来的,把这个作为中国和日本的皇帝制度或者是天皇制度的差异来进行说明,虽然概括地说应该没什么问题,但如果光是这么说的话,对这个讨论的进展毫无作用。实际上,历史是怎样展开的,它的内在机构,它跟其它的一些相互关联,必须加以明确化。

以其他历史而言,让我们来考察一下各种宗教和思想之间是怎么样相互关联的。在中国是儒教、佛教和道教这样的三教,在日本也是儒教、佛教和神道教这样的三教。中国道教所占的位置,跟日本的神道教是比较相似的。道教可以追溯到先秦时代的老庄思想,但是,作为成体系的宗教是受到了佛教很大的影响后才开始形成的。日本的神道教同样也是,原来是一种非常本土的神的信仰,因为受到佛教的影响而开始体系化。从这一点而言,中国的道教和日本的神道教之间是有一点类似的地方。但是道教和神道教的位置,未必是完全相等的。在日本,神道教和佛教之间有一个相互的融合,并不是区分很严密的,也可以说佛教跟神道教之间是处于一种很密切的关系,来形成一个体系。神道教和佛教之间的区别,简略地说是人的出生或者新年是神道教,人的死是佛教。这样一种分工的体系,在中国的佛教和道教的关系中间是完全看不到的。在三教中间,关于儒教所起的作用,在中国和日本之间也有不同。在中国,通过科举考试,儒教在知识界里面是非常广泛的存在,它是政治理念和伦理原则,同时又是一个与非常具体的生活礼仪相关的一个东西,所以,它具有一个礼的体系。与之相对的,在日本,儒教是武士阶级的政治哲学和它的伦理体系,但未必是包含日常礼仪的这样一个东西。特别是在德川时代、江户时代,17 世纪到 19 世纪中期,比如说死亡的葬礼,就是由佛教来进行的,这个实际上是幕府的命令所决定的。儒教葬礼被禁止,由于没有伴随日常礼仪的一个体系,明治维新以后,儒教快速地就衰落了,孔子也经常被批判。但是在今天的中国,孔子作为中国文化的象征,儒教也通过新儒家来进行一种复兴。在日本现代,儒教复兴的问题完全没有考虑过。在中国、在日本都是三教,都有相互的关联,在中国文化的儒教、佛教和道教的关系和日本的儒教、佛教和神道教的关系实际上不同的地方很多。在不同的文化中间,思想的、宗教的作用在比较的时候,如果是限定某种特定的概念和思想进行比较,可能就看不到它的全貌,容易形成误解。所以各种思想和各种宗教,它本身具有一种什么样的内在结构? 相互之间是什么样的关联? 跟人的生活之间有些什么关联? 应该从这些观点出发来进行考察,这些关系随着时代的变化而变化。对一个民族的文化赋予一种固定的特征的做法是不可能的。

　　上面的演讲中我讲了不同的文化之间如何相互理解,或者说怎么样可能不容易形成误解,并以中国和日本的佛教为例,进行了一个讨论和考察。佛教对中国而言、对日本而言,都是外来思想,这一点在比较过程中间是比较便利的一个基础,通过以上的这些考察我们可以知道,中国和日本表面上看起来非常相似,从思想和现象,如果是详尽地考察的话,实际上两者之间有很多的差异。这些差异看上去似乎比较小,但是如果这些差异没有清楚地理解的话,可能会形成很大误解。

理解作为他者的异文化,实际上并不是件容易的事情,很容易引起双方的误解,尤其有时候会形成相互对立的感情。为了防止这种情况的出现,千万不要认为异文化是能够立刻理解的,或者说是很容易理解的。实际上,他者的文化难以理解的地方是很多的,对这个问题经常地在心里面应该考虑,尤其是对这个思想所置身于其中的这样一个背景,也必须进行考虑,也就是说,认识思想的相互差异。把他者作为他者进行认识,反而开启了正确理解他者的一扇大门。

我是这样考虑的。谢谢大家!

提问与回答

吴晓明:

感谢末木文美士教授的演讲!他讲的这个题目——异文化间相互思想理解的可能性——是一个人文学术当中非常广泛也非常基本的问题。如果我们把他这个问题细细追究的话,大概从狄尔泰在《历史理性批判》当中提出文化之间的不可通约性和可理解性问题,有一百年左右的时间。这个问题在人文学术当中引起了很长久的争论。末木文美士今天在他的演讲当中特别以中国文化和日本文化一些基本主题上的对照,来阐述这个问题,我认为受到了很多的启发,而且实际上是把哲学和文化研究非常密切地结合起来的一个范例。所以我认为它对于人文学术的研究来讲,应该是一个非常基本非常重要的问题。接下来有一些时间,我们进入互动的过程,就是提问和应答,大家看看有没有什么问题提出来要请教末木文美士教授的?希望大家提问的时候尽可能简短和清晰。现在开始提问,请吧。

学生：

我想提两个问题，第一个，是我自己对日本所谓的本觉思想的理解。我不认为日本的本觉思想有任何的现实意义，如果要说有什么现实意义的话，就是在日本古代的时候，可能会通过这么一种思想来标新立异，来改变自己的空白与弱势，得到一种自我文化的认同与自信。如果在近代有什么意义的话，就是这个本觉思想是您所说的日本对自己的罪责进行了开脱和消解的文化借口。当然，我只是客观地描述，不带任何的感情色彩，因为这是结构上的东西。第二个，我认为日本的本觉思想体系本身是纰漏百出的，里面有很多自相矛盾的地方，当然可能也是由于我自己的肤浅或者偏见吧。我举一个细节，你们说草木无须修行，自然原生的状态即是佛，那么为什么又要去阐发草木也会发心修行成佛呢？如果是一种原生态的是佛性，那么你们为什么又要自己来造本书，说草木也可以修行？这是没有必要的。这可能是我肤浅的理解。谢谢！

末木文美士：

本觉思想是有一个现实的意义的，实际上它对日本的美学欣赏、美学思想也好，其它的画道、茶道思想方面也好，都有很大的影响。这是一点。那么对中国的影响呢？中国的佛教思想在根源性的探索里面本觉也有意义，本觉思想中的发心、修行、成佛，在这个过程中，实际上包含了一种对根源性的探求。这样的一种思考方法，对宋明理学的根源性的探索是有一定的影响的。先从这两点给以解答吧。

吴晓明：

谢谢！我们看看还有什么问题？

学生：

我的问题很简单，就是想请教授谈一下翻译在异文化之间、在相互理解中所起到的作用。

末木文美士：

应该说翻译作用很大。比如佛教的经典翻译成各种文字，翻译成中文或翻译成其它的文字，在这里边实际上是引起了一种思想的变化，对文化的形成也有非常广泛的影响。

学生：

您好！我想问一下，自然科学史在历史上一般好像是趋同，而人文方面的历史是趋异，那么，在研究自然科学和追求自然真理的过程之中，异域文化这种差异的影响，会是什么样的？

末木文美士：

刚才所说的第二点即人文科学方面，确实应该说是大家有一个共识，是各自有各自的特性。那么，关于自然科学史是不是寻求一种文化趋同呢？我认为并不如此。比如在自然科学中间，对自然的认识方面，各自在认识的类型或是理念，在各个时代也不同。比如说，到底是地球在动还是太阳在动？在古代中世纪的时候认为是太阳在动，地球没有动，后来认为是地球在围绕着太阳动。自然科学未必会是一种普遍的、永恒不变的对自然界的认识，各个时代有各自的认识的方法和类型。

学生：

我对末木教授谈到的"非情成佛"的问题比较感兴趣，但是我相信像末木教授所说的，面对异文化的时候，不应该作粗暴的论断。我只想很虚心地请教一下，关于日本佛教泛灵论的问题。中国实际上也有泛灵论的思想，在六朝的时候，志怪里面就有很多的草木成佛或者草木通灵的故事，到了后来《西游记》、《红楼梦》这样的小说，更加典型地突出了。我想请问末木教授的是,中国的这种泛灵论,也就是说甚至草木都会通灵,和日本的泛灵论是不是同样的或者说是相似的思想?其次一个就是,如果是比较相似的话,那么,给中国的泛灵论套上一个佛教框架,它实际上也就和日本的这种草木成佛是比较相像的东西了。那么,我是不是可以把这个问题不从中国佛教和日本佛教的区别来理解,而从一个东亚世界原本的泛灵论思想和从印度传入的佛教思想之间的区别来理解?这样的理解是不是也可以成立呢?

末木文美士：

我的专业主要是日本佛教史方面的,对中国的情况也不是很了解,就唐朝这段时间而言,当时因为日本的佛教僧侣到中国接受佛教理论以后回到日本。在佛教引进日本的过程中间,双方有一个相互差异的情况产生。我说的这个问题主要是围绕这一点,其它中国方面的事情,我也不是非常的了解。这是第一个问题的回答。第二个问题,应该说印度也存在泛灵论的,这个方面包含了许多问题,可能还需要做进一步的研究。

吴晓明：

好,最后一个问题。这位女同学。

学生：

您好,我觉得日本由于地理或是历史的因素,始终是一个比较悲观的一个民族,那么您觉得在本觉论中,就像会从花草无常凋谢去发现它的美,其中是否也渗透着一种悲观或是忧患的意识呢?谢谢!就是怎么理解日本文化中间的悲观这种东西?主要是忧患意识。我也去过日本,我觉得日本可能是因为经常会有地震或一些灾难,因为它的地理因素、它的一些历史,因为它是一个小的地方,始终会面临一些人口压力,面临没有资源的危机。我的日本朋友说,他们从小就会去考虑要怎么样去生存,他们始终觉得人口是会过剩的,会没有粮食吃的,如果自己不努力的话,就会活不下去的,他们就会有这样的一种意识。我觉得这是日本民族之所以会很积极,之所以会不断去突破一些东西,包括经济会腾飞,可能这都是一个因素。他们民族常常会处在很悲观而不是很乐观的心境中,他们始终觉得必须去迫使自己,然后才可能活得很好,它一直会有这样的一种意识。那么是否说在这一意识形态当中,比如说本觉思想、佛教,都会渗透民族的这种忧患、这种悲观? 是不是说它始终会想到一些可能比较消极的东西?

张翔:

其实在花谢掉或干枯的时候,发现它的美,未必是一种很悲观很忧患的东西,也许会找到那种苦中求乐的感觉,是不是也可以做这样的理解?

学生:

我理解您的意思,我觉得他们会不会认为这种残缺凋零也是一种美的形状? 这是在走向消亡的一种过程,但是依然会觉得它很美。然后是不是想,将来它走向消亡的过程当中也有一种美? 我的想法是这个样子的。

末木文美士:

这是个非常难以回答的问题。虽然说环境问题什么的,您刚刚所说的都存在,这个担心、这个忧患意识在日本也确实存在,我希望中国人也能和日本人同样考虑这些问题,这之间到底有什么关联? 我想了半天也没有想到什么。在文学方面是不是有? 中国文化是以政治的话题为中心,日本很多是以个人的感情、爱情这方面很脆弱的东西为中心,有时候会有很多的关注和担心。

张翔:

末木先生今天的演讲很关键的一个地方,实际上是讲到丸山真男的一个问题,就是说,法西斯对现状是默认还是任其发展。实际上我跟末木文美士先生昨天也提到过这个问题。日本法西斯,从某种角度上看,是非常有做为性的,日本法西斯实际上是非常强烈地想推动某件事情的。末木先生的这个想法,在日本学术界里面是一个讨论很多的问题,就是延续了丸山真男的方法。天皇在上面,然后军部和政府之间,全部没有关系,现状似乎是完全听任这样的状态。被这样一种现状、这样一种形式推到法西斯的状态里面,这是丸山真男的说法。那么,怎么来理解日本法西斯很积极主动地去推动侵略外国的这样的事情? 怎么来理解日本文化的这样一种特性,以及它如何把这个变成了一个法西斯的问题? 如何来理解丸山真男的问题?

末木文美士:

这是丸山真男的一个想法,他认为日本文化本身是一个听任现状的形成、发展、变化,不做任何的人为的事,因为这和本觉思想有相互关联的地方。实际上,丸山先生的这个想法有进一步探讨的余地。丸山想说的是,一个民族的思维结构的问题,它的构造特征问题。日本的法西斯,最后究竟由谁提出一整套的计划? 究竟是谁来承担这样的责任? 实际上,在日本的战后处理中间是非常暧昧的,也就是说,日本天皇有没有承担责任? 其他的人根据形势做出的判断,那么,究竟是谁对这个形势来负责? 或是说,是谁来推动形势造成这样的结果? 实际上完全认为日本的前近代生活是日本文化的延续,没有谁来真正明确地来承担这个责任,丸山先生提出来这样的一个问题。对这个问题的认识,还要做进一步的探讨。我觉得这个是很重要的问题,值得我们很好地谈论的问题。

吴晓明:

好了,因为时间关系,今天复旦文史讲堂就到这里结束。让我们再次对末木先生的演讲和张翔教授的翻译表示衷心的感谢!